PREHISTORY AND THE FIRST CIVILIZATIONS
선사시대와 최초의 문명

PREHISTORY AND THE FIRST CIVILIZATIONS
ALL Rights Reserved
Copyright ⓒ Editorial Debate SA 1998
Text Copyright ⓒ J.M.Roberts 1976, 1980, 1983, 1987, 1988, 1992, 1998
Artwork and Diagram Copyright ⓒ Editorial Debate SA 1998
(for copyright in the photographs and maps see acknowledgements pages which are to be regarded as
an extension of this copyright)

Korean Translation Copyright ⓒ 2007 by ECLIO Publishing Co.,Ltd.
Korean Translation published by arrangement with Duncan Baird Publishers Ltd
through Imprima Korea Agency

이 책의 한국어판 저작권은 Imprima Korea Agency를 통해
Duncan Baird Publishers Ltd와의 독점 계약으로 이끌리오에 있습니다.
저작권법에 의해 한국 내에서 보호를 받는 저작물이므로
무단전재와 무단복제를 금합니다.

히스토리카 세계사
VOLUME 1
선사시대와 최초의 문명
PREHISTORY AND THE FIRST CIVILIZATIONS

J.M. 로버츠

이끌리오

■ 저자 서문

역사는 인류가 이루어 낸 풍요롭고 다양한 성취에 관한 이야기다

역사를 바라보는 눈은 사람마다 다르다. 역사가들도 항상 같은 주장을 하지는 않는다. 역사는 여러 사실 가운데 특정한 것을 취하는 일종의 선택일 수밖에 없기 때문이다. 이 책에서도 마찬가지다. 과거의 모든 사실을 낱낱이 밝히는 것은 불가능하다. 과거를 완전히 다시 체험할 수 없는 것처럼 말이다.

사실 역사는 기껏해야 어떤 한 세대가 중요하게 생각한 과거의 사건들을 모아 놓은 것에 지나지 않는다. 때로는 증거가 있느냐 없느냐에 따라 '중요한 사건'이냐 아니냐가 결정되기도 한다. 물론 이 모든 일은 대개 역사가들에 의해 이루어진다.

나는 역사적 중요성을 기준으로 삼아 이 책을 썼다. 따라서 인류의 삶에 큰 영향을 끼친 사건, 운동, 결정적 사실, 상황들을 설명하고자 했다. 다른 방식이 더 낫다고 생각하는 사람도 있을 수 있고, 모든 나라와 통치자의 이름을 단순하게 늘어놓는 방법이 효율적이라고 생각할 수도 있다. 하지만 나는 그보다는 오랜 세월 동안 세계 곳곳에서 인간의 신념과 제도의 바탕을 마련한 위대한 문명에 관해 이야기하고자 했다.

단순한 사실을 나열하는 것은 백과사전이지 역사 이야기가 아니다. 물론 각 연대별로 일어난 다양한 사건을 기록하는 연대기가 역사의 중요한 토대인 것은 사실이다. 하지만 나는 이 혼란스럽고 복잡한 연대기 가운데 중요한 사실만을 가려

17세기 플랑드르 유파에 속하는 이 그림의 제목은 '그림이 걸린 방 안의 감정가'로, 당대 유럽의 예술 전문가, 역사가, 학자들을 묘사하고 있다. 하지만 방 안의 그림, 소품, 도구 등은 상상으로 그린 듯하다.

내는 방법이 옳다고 생각한다. 지금부터 시작될 역사 이야기는 단순 사실만을 정리한 것이 아니라, 발전해 가는 인류에 관한 이야기다.

또한 나는 이 책에서 시간적·공간적으로 서로 멀리 떨어져 있는 지역과 개인이 어떤 관계가 있는지 보여 주고자 했다. 그렇게 하면 이 책에 등장하는 여러 지역과 개인이 인류의 발전에 어떤 기여를 했는지 좀 더 분명하게 드러낼 수 있다고 생각했기 때문이다.

물론 이 모든 것은 인간이 자연과 환경을 다룰 수 있다는 확신을 바탕으로 한 것이다. 하지만 오늘날 우리는 '인류가 실패했다'는 말을 자주 듣는다. 심지어 어떤 사람들은 역사란 인류의 어리석은 짓들을 모아 놓은 것이라거나 그보다 더 끔찍한 것이라고 말하기도 한다. 그들은 이 때문에 인구가 지나치게 많아지고, 자연이 파괴되는 등 우리가 통제할 수 없는 재앙과 마주하게 됐다고 주장한다.

그러나 이는 좀 과장된 측면이 많은 이야기다. 그동안 인류가 이루어 낸 엄청난 성과를 감안한다면 그러한 비관적인 생각은 바람직하지 않다. 결과가 항상 좋았다고 볼 순 없지만, 인간은 스스로 자신의 한계와 장애를 극복하고 끊임없이 변화하고 발전해 왔다.

역사 속에서 인간은 정말 대단한 능력을 보여 주었다. 이를테면 다른 생물들은 단지 자연 속에서 자신에게 맞는 위치를 찾아 살아남았을 뿐이지만, 인류는 처음부터 자연을 자신에 맞게 바꾸어 나갔다. 돌이나 뿔을 도구로 삼기도 했고, 불을 피워 그것이 꺼지지 않도록 다양한 노력을 기울이기도 했다. 작은 시작이었지만, 이는 인류에게 자연을 정복하기 위한 거대한 투쟁의 첫 발걸음이었다.

이처럼 인간의 역사는 자연을 정복하는 과정에서 파생된 변화에 대한 이야기라고 할 수도 있다. 이러한 이야기는 자연을 정복해 가면서 인간이 겪게 된 수많은 고통과 재앙 이야기만큼이나 재미있고 흥미롭다.

언젠가 스위스의 역사가인 부르크하르트는 "역사는 그 시작부터 시작할 수 없다"고 지적한 바 있다. 사실 그렇다. 역사는 인간에 관한 이야기지만, 우리는 최초의 인간이 누구인지조차 모른다.

보통 '역사시대'는 어떤 사실이 문자로 기록되기 시작한 시대를 뜻한다. 하지만 우리는 그 이전의 시대, 즉 '선사시대'부터 이야기를 시작해야 한다. 사실 인류가 살아온 대부분의 시간은 이 선사시대에 속한다. 문명이 태어나기 전 수만 년 동안 우리와 비슷한 사람들이 지구를 개척하고 서서히 변화해 왔다. 인간과 비슷한 생물이 지구상에 존재하지 않았던 그보다 훨씬 전인 수십만, 수백만 년 전에도 훗날 인류의 발달과 역사에 큰 영향을 미칠 일들이 일어나고 있었다. 따라서 우리는 여기서부터 이야기를 시작해야 한다. 물론 그 뒤에 나오는 주된 내용은 인류가 이루어 낸 풍요롭고 다양한 성취, 즉 문명에 관한 이야기다.

이 책을 쓰는 동안 나는 줄곧 우리 앞에 놓인 현실과 어려움을 잘 보여 줄 수 있는 시각에서 이야기를 풀어 나가려고 했다. 이번 기회를 통해 이전보다 훨씬 더 많은 독자에게 이 이야기를 들려 줄 수 있게 되어 무척 기쁘다. 이 책의 본문은 내용을 완전히 새롭게 보강했으며, 나아가 풍부한 그림과 도표, 연대표, 지도들로 내용을 보충했다. 이는 상상력이 풍부한 오늘날의 출판인들이 없었다면 이루어 내지 못했을 성과라고 할 수 있다.

J. M. 로버츠

차례 content

저자 서문 _ 4

선사시대

1 역사의 시작 _ 12

| 인류의 기원 | _ 12
지구의 변화 | 기후의 변화

| 빙하기 | _ 14
빙하기의 영향

| 원원류에서 영장류로 | _ 16
살아남은 동물들 | 원숭이와 유인원

| 인류의 흔적을 찾아서 | _ 20
인간의 뿌리 | 최초의 도구 | 올두바이 골짜기의 증거 | 점점 퍼져가는 인류의 조상들

| 호모 에렉투스 | _ 25
뇌가 커지면서 점점 인간으로 | 길어진 유아기 | 성적 사랑과 가족 | 인류 진화에서 가장 중요한 사건

| 불의 혁명 | _ 29
불이 가져다 준 변화

| 거대한 먹잇감의 사냥 | _ 30
문화와 전통 | 언어의 탄생 | 호모 에렉투스는 인간이었나

2 호모 사피엔스의 등장 _ 36
초기 인류의 유골

| 네안데르탈인의 위대한 도약 | _ 37
매장의식과 사후세계 | 네안데르탈인의 멸종

| 호모 사피엔스 사피엔스 | _ 40
　　　　구석기시대 | 기후의 변화 | 새로운 도구들

| 예술의 시작 | _ 44
　　　　예술과 종교 | 초기 예술의 발전 | 초기예술은 왜 사라졌는가 | 인종의 탄생 | 늘어나는 인구 | 구석기시대의 끝

3 문명의 가능성 _ 52

| '혁명'으로 불리는 신석기 문화 | _ 52
　　　　신석기시대의 지역적 차이 | 신체적·생리적 변화

| 농업 혁명 | _ 54
　　　　유럽으로 전파된 서아시아의 농업 | 가축의 등장

| 잉여 생산물의 영향 | _ 58
　　　　농촌 공동체와 상업 | 새로운 갈등, 전쟁 | 야금술의 등장 | 발전의 중심지

| 문명의 탄생 | _ 61
　　　　변화의 속도 | 의식적인 선택 | 인류의 유산

최초의 문명

1 초기 문명의 삶 _ 68
　　　　문명의 토대 | 문명이란 무엇인가?

| 초기 문명 | _ 70
　　　　중요한 요소들 | 도시의 탄생 | 문화적 차이

| 서아시아 | _ 74
　　　　넘쳐 나는 인구 | 서아시아 사람들 | 다양한 민족들

차례 content

2 고대의 메소포타미아 문명 _ 78
물을 다루고 땅을 일구다 | 커져 가는 집단적 조직

| 수메르 문명의 탄생 | _ 80
도시로 확대되는 고대의 성지

| 수메르 문명에서 발명된 설형문자 | _ 81
글은 어떻게 사용되었을까? | 길가메시 서사시 | 길가메시 서사시의 확산

| 수메르의 종교 | _ 85
수메르의 신들 | 죽음과 사후의 삶 | 종교와 정치의 긴밀한 관계 | 수메르의 예술 | 결혼과 여성성 | 수메르의 여성 | 수학과 기술 | 광범위한 교역망 | 농업 기술

| 메소포타미아의 역사 | _ 92
사르곤 1세 | 아카드 제국 | 수메르의 유산 | 서아시아의 새로운 민족

| 바빌로니아 제국 | _ 97
함무라비 법전 | 노예제와 사치 | 문화와 과학 | 바빌로니아의 종교 | 바빌론의 몰락

3 고대 이집트 _ 104
메소포타미아의 영향 | 자비로운 나일 강 | 신석기시대 함족의 자취 | 상이집트와 하이집트 | 이집트의 통일 | 이집트 역사의 시기 구분

| 위대한 군주의 국가 이집트 | _ 109
전지전능한 이집트의 왕 파라오 | 고대 이집트의 관료제 | 풍요로운 농업 | 이집트의 위대한 건축물 | 국력의 상징, 피라미드 | 이집트 건축물의 기술적 한계 | 별다른 성과가 없었던 천문학

| 이집트의 종교 | _ 116
죽음과 매장의식 | 다양한 종교와 성직자 계급 | 2,000년간 이어진 고대 이집트 예술 | 예술적인 상형문자 | 파피루스의 탄생 | 찬란한 문명의 진실 | 이집트의 의술 | 이집트의 농촌 생활 | 여성의 지위 | 구왕국시대 | 중왕국시대 | 신왕국시대 | 고립의 끝 | 아크나톤의 통치 | 투탕카멘 | 이집트의 쇠퇴 | 이집트의 유산

4 침략자와 침입자들 _ 136
- 고대 서아시아의 암흑시대

복잡해지는 세계 | 서아시아를 뒤바꾼 군사 기술 | 기병의 등장 | 철기의 중요성 | 장거리 교역

| 새로운 운송 수단 | _ 140
해상 운송의 발달 | 화폐의 발명 | 화폐 없이 이루어진 무역 | 문자의 역할 | 국가와 권력 | 다양해진 문화

| 초기 에게 문명 | _ 146
크레타에서 일어난 미노아 문명 | 미노아 문명의 종말 | 해상권을 장악한 미노아 문명 | 문화적 성취 | 미노아 문명의 생활상 | 미노아 문명의 정치 | 문화의 종말 | 미케네 문명이 꽃핀 그리스 | 에게 해의 암흑시대 | 도리스인과 이오니아인 | 에게 해 지역의 인구 감소 | 호메로스의 그리스 | 해상 민족 페니키아인 | 페니키아의 무역 기지 | 혼란의 시대를 맞은 서아시아 | 철을 들여온 히타이트 | 히타이트 제국의 종말 | 해상 민족 | 헤브라이인의 기원 | 셈족 계통의 사람들 | 가나안에서 일어난 사건들

| 점차 퍼져 가는 일신론 | _ 168
야훼와 헤브라이인의 약속 | 민족을 이끌어 낸 모세 | 가나안에 도착한 헤브라이인

| 헤브라이의 왕권 | _ 172
인간적인 영웅, 다윗 왕 | 번영을 이룬 솔로몬 왕 | 왕을 호령한 선지자들 | 나라를 잃은 사람들 | 메소포타미아를 휩쓴 혼란

| 아시리아 제국 | _ 178
아시리아가 남긴 기념물 | 아시리아 제국의 멸망 | 마르두크 숭배 | 메소포타미아 전통의 종말

연대표 _ 184
색인 _ 186
도판 출처 _ 188

선사시대

역사는 언제부터 시작되었을까? '역사가 시작되었을 때부터'라고 답하고 싶지만, 그런 대답은 아무런 도움이 되지 않는다. 스위스의 역사가 부르크하르트가 지적했듯이, 역사는 아무도 그 시작을 알 수 없다. 물론 인간의 혈통을 거슬러 올라가 척추동물의 출현이나 생명 자체를 탄생시킨 생물학적 기본 구조가 언제 등장했는지 추적해 볼 수는 있다. 더 나아가 지구가 탄생하게 된 환경의 변화와 우주의 기원까지 되돌아가 볼 수도 있다. 하지만 그건 지금 이야기하려고 하는 '역사'가 아니다.

역사의 시작은 상식적으로 생각해야 한다. 역사는 인류에 관한 이야기다. 인류가 무슨 일을 했고, 무슨 일을 겪었고, 무엇을 즐겼는가 등에 관한 이야기다. 역사가들이 기후의 변화나 질병의 전파 등 인간으로서는 어쩔 수 없는 자연 현상에 대해 쓰는 이유도 이것이 인간의 특정한 삶의 방식을 이해하는 데 도움을 주기 때문이다.

결국 우리가 할 수 있는 일은 최초의 인간이 언제 나타났는지 정도를 알아보는 것뿐이다. 물론 이것도 생각만큼 간단한 일이 아니다. 우선 우리가 찾는 '인류'가 무엇인지부터 알아야 하는데, 관찰 가능한 몇 가지 특징만으로 인류를 정의하는 것은 분명 한계가 있기 때문이다.

진정 인간에게 고유한 것은 어떤 재능이나 육체적 특징이 아니라 인간이 다양한 수단과 방법을 동원해 이루어 낸 성취, 즉 '역사'다. 인간은 놀랄 만큼 높은 수준의 활동과 창조력, 그리고 변화를 만들어 내는 능력으로 이러한 역사를 만들었다.

다른 동물들에게도 저마다 '문화'라고 불릴 만한 복잡한 생활방식이 있다. 하지만 변화하고 발전하는 건 오로지 인간의 문화뿐이다. 처음에는 유전적 요소와 대대로 이어져 온 본능적 행동양식이 전부였다. 여기에 의식적인 선택과 극복이 더해지면서 비로소 인간의 역사가 시작되었다.

물론 인간은 언제나 한계 속에서 역사를 만들어 나갈 수밖에 없었다. 지금은 이런 한계가 많지 않지만, 한때는 그 한계가 너무 컸기 때문에 인간이 자연의 힘에서 벗어나 스스로 극복하기 시작한 첫 발자국이 언제 내디뎠는지 확인하는 것이 불가능할 정도다. 따라서 우리는 선사시대의 기나긴 시간에 대해 모호하고 불명확한 이야기를 할 수밖에 없다. 정확한 이야기를 하기에는 증거가 너무 부족하고, 우리가 말하는 대상에 대한 정의가 아직 분명하지 않다.

사하라 사막에서는 바위 위에 그리거나 새긴 수천 개의 그림을 볼 수 있다. 대부분 출렁이는 강물, 울창한 숲 등 사라진 세계가 묘사되어 있다. 사하라 사막 중부의 선사시대 그림 중 가장 웅장한 것은 기원전 6000~1500년 사이의 그림이다. 당시 그 지역에 살았던 사람들은 가축을 기르며 아프리카 북부 타실리나제르 산맥의 암벽에 이런 그림들을 그려 놓았다.

1 역사의 시작

역사는 인간이 나타나기 이전의 시간까지 그 뿌리를 내리고 있다. 그 뿌리가 얼마나 멀리까지 뻗어 있는지는 헤아릴 수조차 없다. 만일 한 세기, 100년을 시간의 경과를 기록하는 거대한 시계의 1분이라고 가정한다면, 유럽의 백인이 아메리카대륙에 정착하기 시작한 것은 겨우 5분 전의 일이다. 그로부터 대략 15분 전에 기독교가 등장했다.

한 시간쯤 전에는 어떤 사람들이 현재의 서아시아 일대 남부 메소포타미아에 정착해서 우리가 아는 가장 오래된 문명을 건설하기 시작했다. 최초의 문자 기록이 남겨진 시기는 이때보다 훨씬 이후의 일이다. 따라서 이 거대한 시계에 맞춰 보면, 사람들이 과거를 기록하기 시작한 지 아직 한 시간도 지나지 않았다.

시계를 6~7시간 전, 혹은 그보다 좀 더 오래전으로 돌리면 우리가 최초의 인류라고 부르는 사람을 만날 수 있다. 그들은 그때 이미 서유럽에 정착해 있었다. 그리고 그들에 앞서 2~3주 전쯤 최초로 인간의 특징을 지닌 동물이 나타났다. 하지만 이 동물이 인간의 진화에 어떤 영향을 끼쳤는지에 대해서는 아직 논란이 계속되고 있다.

| 인류의 기원 |

인류의 기원을 살펴볼 때 과연 선사시대 어느 시점까지 거슬러 올라가야 하는지 고민하지 않을 수 없다. 하지만 잠시나마 그 엄청나게 크고 넓은 시간적 깊이를 생각해 보는 것도 분명 의미 있는 일이다. 왜냐하면 선사시대에는 생각보다 매우 많은 일이 일어났고, 그것이 훗날 인류에 크나큰 영향을 끼쳤기 때문이다.

인류는 어떤 가능성과 한계를 갖고 역사의 시대로 뛰어들었다. 이러한 가능성과 한계가 형성되기 시작한 것은 아주 오래전으로 인간의 특성을 지닌 동물이 나타난 300만~400만 년 전보다 한참 거슬러 올라간다. 그 긴 시간과 다양한 변화를 거쳐 비로소 인간이 등장했던 것이다.

현재의 대륙들이 하나로 붙어 있었던 '판게아'라는 커다란 대륙은 약 2억 년 전부터 갈라지기 시작했다. 남아메리카대륙이 아프리카대륙과 분리되었고, 인도대륙도 갈라져 나와 나중에 아시아대륙과 합쳐졌다. 오스트레일리아대륙과 남극대륙도 천천히 분리되었다.

호미니드의 진화

동물학자들이 인간과 침팬지, 고릴라, 오랑우탄, 긴팔원숭이 같은 동물을 통틀어 부르기 위해 사용하는 분류 명칭이 '호미니드'다. 이들은 약 2400만 년 전, 신생대 제3기의 네 번째 시대인 마이오세 초기부터 진화하기 시작했다. 우리에게 최초로 알려진 호미니드는 400만 년 전에 살았던 '오스트랄로피테쿠스'다. 그리고 인간과 같은 종류라고 볼 수 있는 집단은 200만 년 전에 살았던 '호모 하빌리스'다. 인간이라고 볼 수 있는 호모 사피엔스는 약 20만 년 전에 등장했다. 네안데르탈인 같은 초기의 인류는 우리와 다른 특징도 있지만, 3만 년 전 크로마뇽에서 살았던 이들은 우리와 구분하기 어려울 정도로 비슷했다.

소용돌이 모양의 그림은 호미니드의 진화에서 중요한 사건들이 각각 언제 일어났는지 보여 준다.

사실 현재 우리가 당연하게 받아들이는 신체구조와 정신구조의 대부분은 그 당시 이미 결정되었다고 할 수 있다. 인간과 비슷한 동물이 영장류에서 독립적으로 진화되어 나온 이 과정은 매우 중요한 의미를 지닌다. 그 분기점이 우리가 역사 탐험을 위해 출발할 첫 정거장이기 때문이다. 여기서 우리는 더 많은 변화와 발전을 위해 인간이 적극적이고 의식적으로 행동했던 흔적을 처음으로 찾을 수 있다.

지구의 변화

지구는 그 자체로 역사를 쓰고 있다. 식물과 동물의 화석뿐만 아니라, 지리적 모양새와 지층에 기록된 변화는 수억 년간 지속된 웅장한 규모의 드라마를 전해 주고 있다. 지구의 모습은 여러 차례 몰라볼 정도로 달라졌다. 거대한 골짜기가 생겼다가 사라졌고, 바다에 접한 육지가 높아지거나 낮아졌다. 때로는 아주 넓은 지역이 초목에 뒤덮이기도 했다. 수많은 식물과 동물이 나타나 번성하고 그 대부분은 다시 멸종했다.

그런데 놀랍게도 이런 '극적인' 사건들은 상상도 할 수 없을 만큼 아주 느리게 이뤄졌다. 아무리 빨라도 최소 몇 세기가 걸렸으며, 심지어 수백만 년에 걸친 사건도 있었다. 물론 이러한 변화가 진행되는 동안 당시 동물들은 이를 전혀 느끼지 못했다. 마치 2주 정도밖에 살지 못하는 나비가 계절의 변화를 깨닫지 못하는 것과 다름없다. 하지만 당시 지구는 다양한 종들이 살아갈 수 있는 거대한 서식지로 점차 자리를 잡아 가고 있었다.

기후의 변화

지구의 변화 속도를 조절하는 주요인은 기후이다. 약 4천만 년 전, 오랫동안 계속된 온난

동물의 진화

척추동물은 고생대 캄브리아기에 나타난다. 그들은 수중동물이었다. 나중에 여기서 양서류가 생겨나고, 건조한 육지 위로 올라서는 최초의 척추동물이 나타난다. 많은 어류와 양서류가 고생대의 마지막인 페름기(2억 7000만 년 전부터 2억 3000만 년 전까지의 약 4000만 년간 계속된 시대이다) 말에 멸종되었다. 그 뒤 공룡을 비롯한 파충류가 지배하던 중생대가 시작되었다. 조류는 공룡에서 진화해 백악기 동안 하늘을 날아다녔다. 그러나 포유류는 신생대(제3기와 제4기) 전까지는 번성하지 못했다.

이 표는 고생대부터 신생대까지 동물들의 진화를 보여 준다.

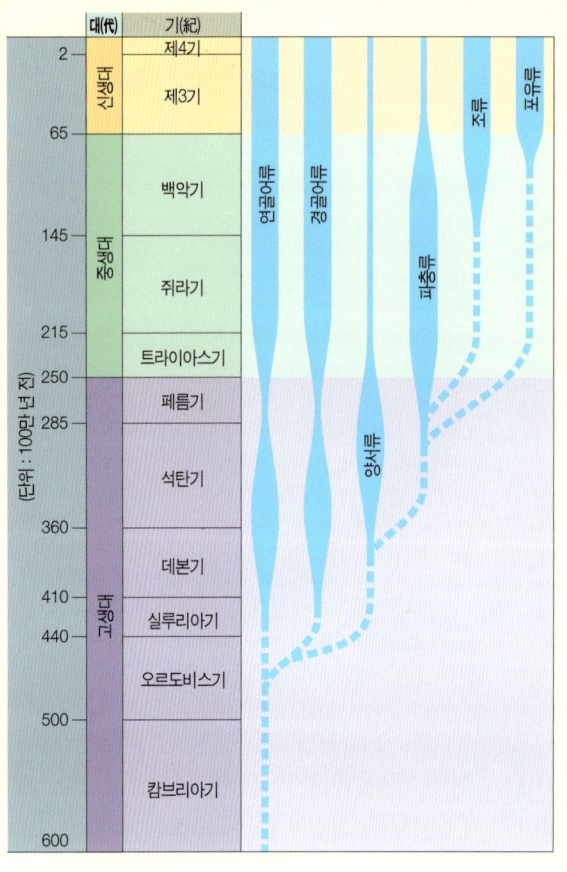

해당하는 종도 있었지만, 점차 현재 우리가 볼 수 있는 포유동물로 변화해 갔다. 물론 우리 인간도 여기에 속한다.

이러한 진화 과정은 수백만 년에 걸친 천문학적 주기에 의해 결정되었다고 할 수 있다. 태양을 향한 지구의 위치가 변하자 기후도 변했다. 기온은 반복적으로 요동쳤다. 추운 기후가 찾아왔다가 다시 건조 기후가 찾아오는 등 극단적인 변화가 일어나면서 살아남을 수 없는 생물들은 멸종해 버렸다. 만약 이 생물들이 다른 시간, 다른 장소에 있었다면, 살아남아 새로운 서식지로 퍼져 나갈 수도 있었을 것이다.

지금으로부터 약 400만 년 전, 그 어느 때보다 빠르고 격렬한 기후 변화가 시작되었다. 물론 여기서 '빠르다'라는 말은 이전 시기에 비해 빠르다는 뜻이다. 실제로는 수만 년 동안 진행된 것이며, 단지 기후가 잘 바뀌지 않던 이전 수백만 년과 비교할 때 빨라 보이는 것뿐이다.

한 기후가 변하기 시작했다. 그전까지의 환경은 공룡 같은 몸집이 큰 파충류가 살기에 유리했다. 당시 남극대륙은 이미 오스트레일리아대륙과 나뉘어 있었고, 얼음으로 뒤덮인 빙원 같은 곳은 지구 어디에서도 찾아볼 수 없었다. 그러나 혹독한 추위가 닥치면서 생물들이 살아온 환경이 급격히 변화되자, 거대한 파충류들은 사라져 버렸다.

새로운 기후조건에서 살기에 알맞은 다른 동물들이 있었다. 이미 약 2억 년 전에 나타났던 일부 포유동물도 그중 하나였다. 포유동물은 지구 전체, 혹은 상당 부분을 파충류로부터 물려받아 그들이 살던 곳을 새롭게 차지했다. 포유동물은 중간에 멸종되거나 도

| 빙하기 |

5만~10만 년 동안 지속된 빙하시대에 지구는 북반구의 드넓은 지역이 빙하로 뒤덮여 있었다. 빙하는 유럽대륙의 대부분과 아메리카대륙, 오늘날의 뉴욕까지 이어졌다. 빙하의 두께는 1.6km가 넘기도 했다.

이러한 빙하기*는 약 300만 년 전 처음 시작된 뒤 모두 17~19차례 일어난 것으로 추

---

*빙하기와 간빙기

빙하기란 지표면의 많은 부분이 빙하로 덮여 있던 추운 시기를 뜻한다. 그러한 빙하기가 이어지다가 기온이 올라가서 빙하가 어느 정도 녹게 되는 시기가 오는데, 이를 '간빙기'라고 한다. 우리가 살고 있는 현재도 마지막 빙하기 이후에 찾아온 간빙기인 셈이다.

정된다. 가장 최근의 빙하기는 1만 년 전에 끝이 났다. 우리는 이 마지막 빙하기 이후의 따뜻한 시기에 살고 있다. 빙하기가 미친 영향은 현재 지구의 모든 지역에서 찾아볼 수 있으며, 이는 선사시대의 역사를 설명하는 데 매우 중요한 역할을 한다. 우리는 인류 진화의 실마리를 빙하기와 연관지어 생각해 볼 수 있다.

빙하기의 영향

빙하기는 선사시대 생명체와 생명체의 진화에 크나큰 영향을 끼쳤다. 빙하가 진행되던 지역은 재앙에 가까운 변화를 겪어야 했다. 땅이 얼음으로 뒤덮이면서 그곳에 살던 수많은 생물체들은 멸종했다. 그리고 지금까지도 지구상의 많은 인류가 수천 세기 전 이러한 빙하기가 만들어 낸 풍경 속에서 살고 있다.

빙하기가 끝날 때쯤에도 얼음이 녹아 해안가가 범람하면서 피해를 입는 지역이 생겨났다. 북극지방에 적응한 동물들은 서식지가 파괴되었다. 하지만 새로운 환경에서 다시 새롭게 적응을 해 나가는 동물들도 있었다. 이 동물들은 빙하기가 끝나고 얼음이 녹으면서 새로이 드러난 육지로 퍼져 나갔다.

지구 전체의 진화 과정 측면에서 보면, 빙하기는 빙하에 직접적으로 영향을 받는 지역 바깥에 훨씬 더 큰 영향을 미쳤다. 빙하에서 수천 km 떨어진 지역에서는 기후가 추워졌다 따뜻해졌다를 반복하면서 환경의 변화가 많이 일어났다. 예를 들면 빙하로 인해 불모지가 생기거나 빙하가 녹으면서 넓은 초원이 생겼다. 그 결과 동물들은 새로운 곳으로 퍼져 나갈 수 있었다. 이런 식으로 퍼져 나간 동물 중 일부가 인간의 진화와 관련이 있다. 지금까지의 관찰에 따르면, 이러한 진화의 가장 중요한 무대는 빙하가 만들어진 곳에서 멀리 떨어진 아프리카에 있었다.

기후는 오늘날에도 중요한 관심의 대상이다. 이는 가뭄과 홍수가 얼마나 큰 피해를 불러오는지 생각해 보면 금세 알 수 있다. 하지만 지금 수백만 명에게 영향을 미치는 강력한 가뭄이나 홍수가 오더라도, 전 지구적 차

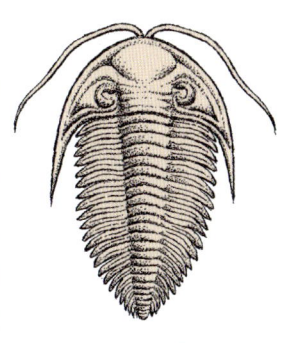

지구에 사는 수많은 동물들의 기원은 이미 5억 5천만 년 전쯤부터 찾아볼 수 있다. 물론 그때는 동물이 오로지 물에서 생활하고 있을 때였다. 삼엽충은 종류만 1,000개 이상이 되는 해양 절지동물의 하위 부류로 이 동물 집단의 특징을 잘 보여 준다.

빙하 작용

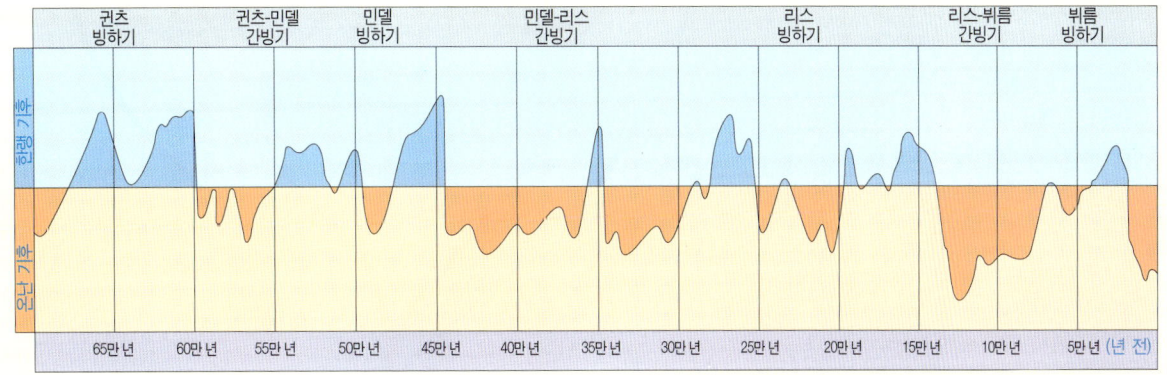

이 도표는 지구상의 주요 빙기와 간빙기들을 나타낸 것이다.

수많은 연구를 통해 200만 년 전에 시작된 제4기(신생대의 마지막 시기)의 온도 변화를 추정할 수 있었다. 가장 추울 때는 땅 위를 덮고 있는 빙하의 양이 증가했다. 따라서 바닷물이 얼음이 되어 해수면이 낮아졌다. 알프스 산맥 일대에 마지막으로 왔던 빙하기들은 각각 귄츠, 민델, 리스, 뷔름이라는 이름이 붙여졌다. 각 빙하기 뒤에는 간빙기라고 불리는 온난한 시기가 뒤따랐다. 빙하기와 간빙기의 연대는 대략적으로 추정할 뿐이다.

원에서 지형 변화와 식량 사정을 좌지우지했던 선사시대의 기후 변화만큼 강력하지는 않을 것이다.

최근까지도 인간은 기후에 따라 어디서 어떻게 살지를 결정했다. 이러한 제약 때문에 인간에게는 기술이 필요했다. 아주 오래전 고기잡이나 불 피우는 기술 등을 알게 된 사람들은 자신에게 맞는 새로운 환경을 만들어 낼 수 있었을 것이다. 변화된 환경 속에서 이전과 다른 먹이를 구했다는 것은 앞으로도 다양한 먹이를 찾을 수 있고, 채집에서 수렵으로, 그리고 다시 재배와 사육으로 먹이를 구하는 방법이 나아질 수 있다는 것을 뜻했다. 이처럼 기후는 빙하기 훨씬 이전부터, 그리고 인간과 유사한 동물이 나타나기 이전부터 인간이 살아가야 할 환경을 만들어 왔다. 나아가 결국에는 그 환경에 살아남을 수 있는 인간의 유전자를 결정지었다.

원원류에서 영장류로

여기서 잠시 지금까지 이야기해 온 시대보다 더 이전 시대를 돌아봐야 할 것 같다. 약 5500만 년 전 이야기인데, 당시 원시 포유동물은 크게 두 종류로 나뉘어 있었다. 하나는 쥐와 같은 설치류처럼 생긴 것으로 이들은 땅에서 살았다. 하지만 다른 하나는 나무 위로 올라가 살았다.

이 둘은 사는 환경이 달라서 먹이를 차지

포유동물의 가계도

포유동물은 중생대 트라이아스기에 처음으로 등장했다. 하지만 포유동물은 공룡들의 시대인 쥐라기와 백악기에는 비교적 적은 수만이 살고 있었다. 포유동물은 약 6500만 년 전 공룡들이 멸종된 뒤에야 세력을 넓힐 수 있었다. 쥐라기의 포유동물은 원수류, 후수류, 진수류 세 가지 커다란 집단으로 나뉜다. 원수류는 알을 낳는 오늘날의 오리너구리, 바늘두더지 같은 단공류 동물이며, 후수류는 새끼가 태어난 뒤에도 어미의 주머니에서 성장하는 동물이다. 진수류는 오늘날의 포유동물 중 원수류와 후수류를 제외한 나머지 모든 동물이다. 영장류를 포함해 오늘날의 포유동물 중 가장 오래된 화석은 제3기 초기까지 거슬러 올라간다.

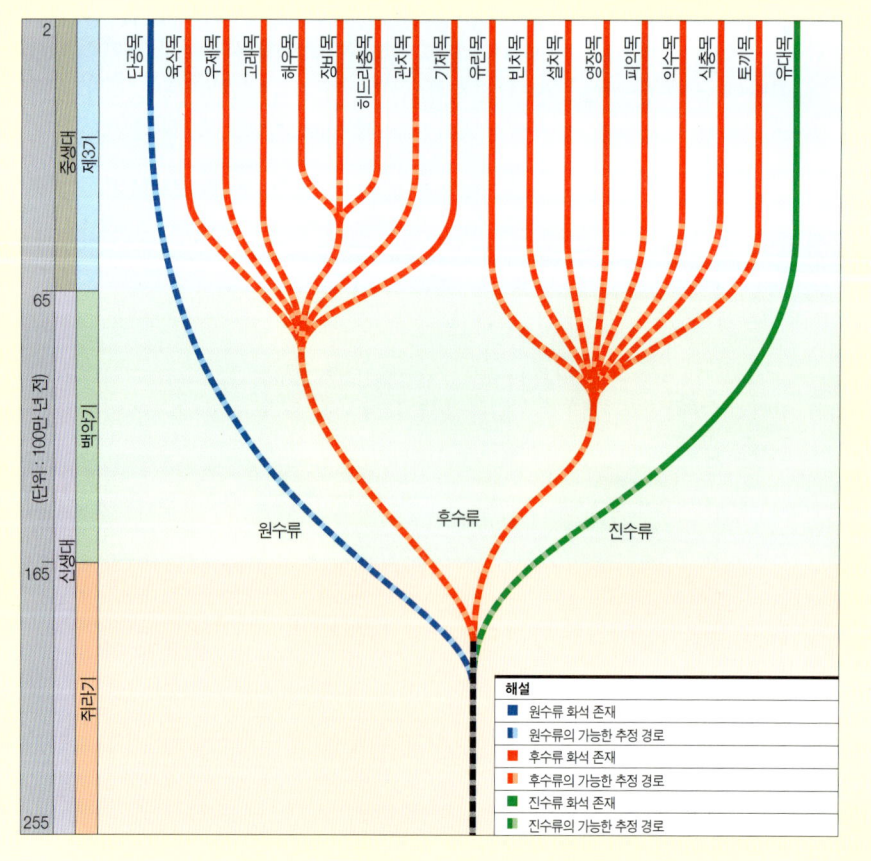

이 도표에서 포유동물이 세 가지 주요 집단으로 나뉘는 모습을 볼 수 있다.

초목이 드넓게 펼쳐진 독특한 풍경의 사바나(열대초원). 오늘날 아프리카의 드넓은 지역은 열대초원으로 뒤덮여 있다. 최초의 호미니드는 이런 환경에서 진화해 나왔다.

하기 위해 경쟁할 필요가 별로 없었고, 각각 살아남아 오늘날 우리가 알고 있는 동물들의 조상이 되었다. 이 가운데 나무 위에서 살았던 동물들을 우리는 '원원류'*라고 부른다. 이들은 최초 영장류의 조상이며 우리는 이들의 후손이다.

살아남은 동물들

'조상'이라는 단어가 어색하게 느껴질 수도 있을 것이다. 사실 원원류는 우리와 수백만 세대나 차이가 나며, 진화 과정에서 수많은 '단절' 또한 존재했다. 그러나 우리의 가장 먼 조상이 나무 위에서 살았다는 사실에 주목해야 한다. 왜냐하면 원원류에서 진화한 동물들은 살아남기 위해서 숲과 나무를 비롯한 자연 곳곳에서 발생하는 불확실하고 예상치 못한 상황에 대처할 수 있는 능력을 지녀야 했기 때문이다. 그늘 속에 도사리고 있는 갑작스러운 위험, 손에 쥐면 금방 부러지는 나뭇가지 등 다양한 조건과 위협에 대처하고 적응하는 동물들만이 살아남을 수 있었다. 이러한 능력은 자손에게 대대로 유전되었다. 그리고 이 과정에서 쓸모없는 유전인자들은 모두 사라졌다.

살아남은 동물들 중 일부는 긴 발가락을 가지고 있었다. 환경에 적응해 가면서 이 발가락은 점차 손가락으로 변했고, 마침내 엄지와 네 개의 손가락이 되었다. 유인원의 또 다른 조상은 이미 입체적 시각이 발달하기 시작했고, 후각의 중요성은 점차 줄어들고 있었다.

원원류는 몸집이 작은 동물이다. 오늘날의 나무두더쥐라는 동물을 보면 과거 원원류가 어떻게 생겼는지 짐작할 수 있다. 원원류는 인간뿐만 아니라 원숭이와도 많이 다르다. 하지만 수백만 년 동안 원원류는 인간이 탄생할 수 있는 여러 조건을 만들어 나가고 있었다.

무엇보다 그들이 살아온 지역의 지형적·지리적 특성은 진화 과정에 큰 변수로 작용했다. 이는 다른 종과의 교류를 차단했고, 다른 종과 따로 떨어져 살면서 종의 분화가 효과적으로 이뤄지도록 촉진시켰다. 이런 고립

*원원류
척추동물 포유강 영장목에 속하는 동물. 흔히 영장류로 알고 있는 동물들 중에서도 지능이 낮은 원시적인 부류가 바로 원원류다. 원숭이와 비슷하며 야행성인 경우가 많다. 안경원숭이, 여우원숭이 등이 있다.

침팬지를 연구하면 할수록 이 총명한 동물과 인간 사이에서 더 많은 유사점을 발견하게 된다. 침팬지는 해부학적으로 몸의 구조가 우리보다 고릴라에 더 유사하지만, 유전학적으로는 우리와 훨씬 더 가깝다.

된 지역에서 오늘날 볼 수 있는 수많은 포유동물의 조상이 나타났다. 그중에는 최초의 원숭이와 유인원도 있었다. 이들은 늦어도 3,500만 년 전쯤 나타났을 것이다.

원숭이와 유인원

원숭이와 유인원의 탄생은 진화의 역사에서 매우 획기적인 진전이었다. 이들은 이전의 어떤 동물보다도 물건을 다루는 기술이 뛰어났다. 또한 이들 내에서도 체격이나 나무를 타는 기술이 서로 차이가 나는 종들이 있었다. 이 과정에서 생리적·심리적 진화도 일어났는지는 명확히 알 수 없다. 그러나 시력이 발달하고 공간을 인식하는 능력이 발달할 때 동물의 의식 수준이 성장하듯, 물건을 다루는 능력이 발달하면서 그들의 의식도 어느 정도 성장했을 것으로 보인다. 아마 이들 중 일부는 이미 색깔을 구분할 수 있었을 것이다.

최초 영장류의 두뇌는 이전에 존재했던 그 어떤 조상의 두뇌보다 훨씬 복잡해져 있었고, 크기도 더 컸다. 어느 시점에서 그중 일부의 뇌가 더욱 복잡해지고 물리적 능력 또한 더욱 발달했을 것이다. 이들은 마침내 그저 조각조각 흩어진 감각의 덩어리였던 주변을 어느 정도나마 '사물들이 존재하는 구체적인 세계'로 바라보기 시작했다. 이 과정을 통해 이들은 자연에 순응하는 단계를 넘어 자연을 이용하고 정복하는 단계에 가까워졌다.

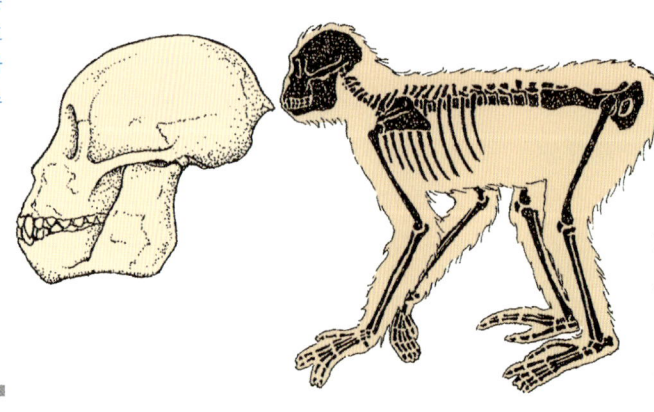

프로콘술의 두개골과 골격. 1800만 년 전의 프로콘술은 우리가 알고 있는 최초의 호미니드로 손꼽힌다. 아프리카에서 유래된 드리오피테쿠스과에 속하며, 나무 위에서 살았을 것으로 추정된다. 커다란 두개골 같은 일부 특징은 침팬지나 고릴라를 비롯한 오늘날의 인류와 유사하다.

유인원의 진화

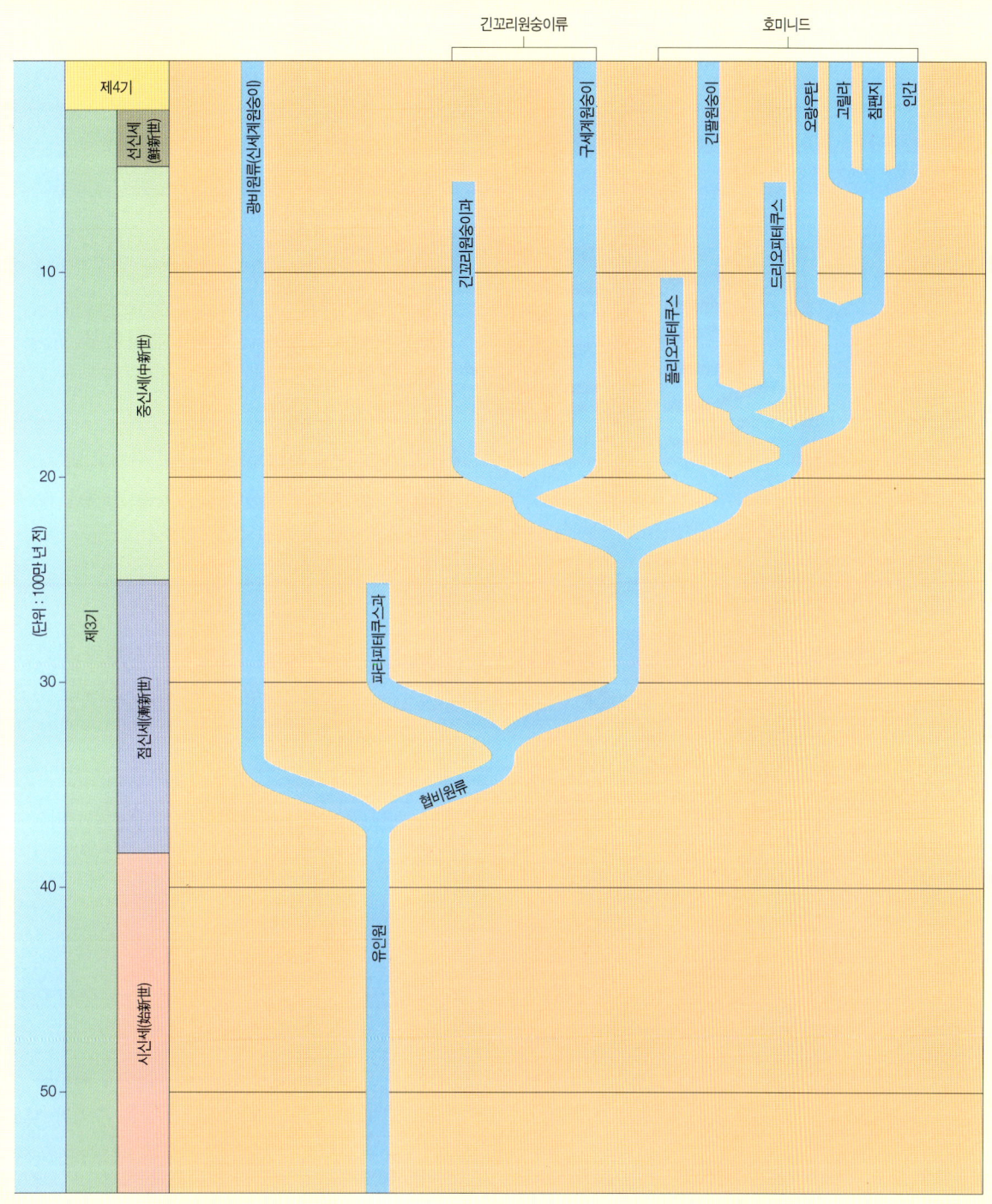

유인원(동물학적 이름은 진원류)은 영장류의 하위 부류다. 제3기의 두 번째 세(世)인 점신세에 유인원은 둘로 갈라졌다. 하나는 협비원류이고 다른 하나는 광비원류다. 중신세 초에 협비원류는 긴꼬리원숭이류와 호미니드로 갈라진다. 호미니드로 확인된 가장 오래된 속은 중신세 말에 멸종된 드리오피테쿠스다. 오늘날 호미니드는 긴팔원숭이과와 사람과로 나뉘고, 사람과는 다시 오랑우탄, 고릴라, 침팬지, 인간으로 나뉜다. 인간의 조상과 침팬지는 500만 년 전에 갈려졌을 것으로 추정된다.

1970년경 에티오피아의 하다르에서 작업을 하던 프랑스와 미국의 조사팀이 거의 완벽한 암컷 호미니드의 유골을 발견했다. '루시'라는 별명이 붙은 이 암컷은 320만 년 전에 살았던 것으로 생각된다. 골반뼈를 사용해 직립 보행을 했으며, 키가 120cm였음을 알 수 있다. 루시는 오스트랄로피테쿠스 아파렌시스라는 종으로 분류되었다.

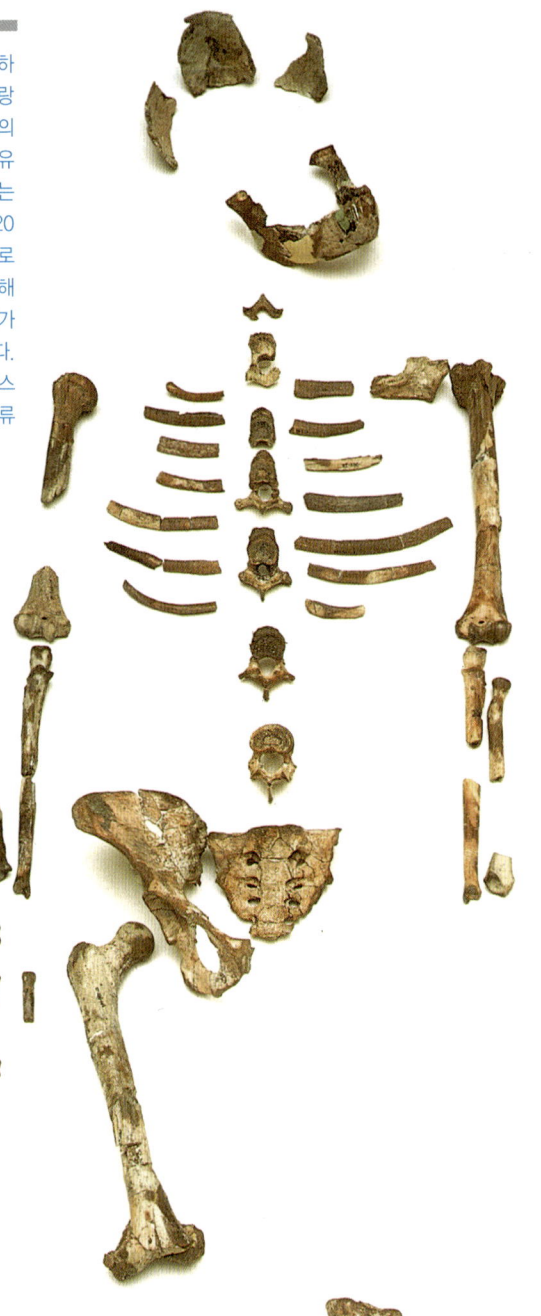

＊호미니드
정확하게 어디서부터 어디까지를 '호미니드'라고 규정할 수는 없다. 단지 분류상 유인원과(科)에 속하는 동물 중 인간으로 진화하는 부류를 호미니드라 한다. 넓은 의미에서는 모든 원시인류와 현대의 인간을 통틀어 뜻하기도 한다.

약 2500만~3000만 년 전, 기후가 건조해지면서 숲이 줄어들자, 숲을 차지하려는 경쟁이 치열해졌다. 그 경쟁은 숲과 초원이 만나는 곳에서 많이 나타났다. 숲에 있는 보금자리를 지킬 만큼 강하지는 못했지만 열대 초원으로 먹이를 찾아다닐 수 있었던 일부 영장류는 새로운 지역을 도전과 기회의 땅으로 삼았다.

아마도 그들은 고릴라나 침팬지보다 인간과 비슷한 자세와 움직임을 보였을 것이다. 두 발로 일어서고 쉽게 움직일 수 있는 능력 덕분에 다양한 짐을 운반할 수 있었다. 특히 식량을 옮기는 것이 가능했다. 덕분에 위험하고 넓은 초원을 샅샅이 뒤지고 난 뒤, 보다 안전한 보금자리로 식량을 가져올 수 있었다. 그것은 분명 인간이 갖고 있는 특징이었다. 대부분의 동물은 발견한 그 자리에서 먹이를 먹지만 인간은 그렇지 않다.

이동하거나 싸우는 행위 외에 다른 일을 하기 위해 앞발을 사용할 수 있다는 것도 또 다른 가능성을 의미했다. 최초의 '도구'가 무엇이었는지는 알 수 없다. 하지만 인간이 아닌 다른 영장류도 손 안에 물건을 쥐고 방어를 위해 흔들거나, 때로는 그것을 식량 찾는 데에 쓰려고 한다는 사실이 확인되었다.

| 인류의 흔적을 찾아서 |

드디어 인간과 대형 유인원이 속하는 생물 집단을 살펴볼 때가 되었다. 충분한 자료는 아니지만, 여러 고고학적 증거를 통해 약 1500만~1600만 년 전, 환경에 잘 적응한 종들이 아프리카와 유럽, 아시아에 넓게 퍼져 살았던 사실이 밝혀졌다. 이들은 아마도 나무 위에서 생활했을 것이다. 또한 몸집이 그다지 크지 않았던 것으로 짐작된다. 몸무게는 약 18kg 정도였을 것이다.

그러나 이 동물의 직계 조상이나 직계 후손을 알 수 있는 명확한 증거는 발견되지 않았다. 만일 발견되었다 하더라도, 영장류가 이때부터 두 방향으로 진화해 나갔다는 사실은 변함이 없을 것이다. 한 쪽은 침팬지와 고릴라로, 다른 한 쪽은 인간으로 진화해 간 것이다. 그 가운데 인간으로 뻗어나간 계통을 '호미니드'*라고 부른다.

그런데 케냐에서 발견된 최초의 호미니드 화석은 기껏해야 450만~500만 년 전의 것이다. 약 1천만 년 동안 고고학적 기록이 분명하지 않은 셈이다. 아마도 이 기간에는 엄청난 지질학적·지리학적 변화가 일어났던 것으로 보인다.

이같은 거대한 변화가 지구에 일어나고 난 뒤 하나의 진화 계통으로 새롭게 등장한 것이 아프리카의 작은 호미니드이다. 현재 이 호미니드는 '오스트랄로피테쿠스'*로 불린다. 오스트랄로피테쿠스에 속하는 가장 오래된 화석은 400만 년 전의 것으로 에티오피아에서 발견되었다. 이들 오스트랄로피테쿠스는 케냐와 남아프리카공화국의 트란스발 등 서로 지리적으로 멀리 떨어진 곳에서 그 후 200만 년에 걸쳐 분포한 것으로 확인되었다.

지난 25년 동안 오스트랄로피테쿠스 계통에 대한 많은 자료가 발견되면서 인류의 기원을 추측할 수 있는 시기가 300만 년 정도 늘어났다. 물론 논쟁거리가 많이 남아 있지만, 인간 종에게 공통의 조상이 있다면 그 조상은 오스트랄로피테쿠스 계통에 속할 가능성이 매우 크다. 하지만 오스트랄로피테쿠스와 그 당시 함께 존재했던 비슷한 계통의 동물들을 최초의 유인원, 인간에 가까운 유인원 그리고 일부 인간의 특성을 지닌 다른 동물 등으로 각각 구분하기는 매우 어렵다. 이처럼 최초의 인류에 대한 연구는 여전히 해결하기 어려운 문제가 많다.

인간의 뿌리

오스트랄로피테쿠스 중 일부는 생물의 분류단계*상 인간에 더 가까운 '사람속(屬)'의 동물들과 같은 시기에 살고 있었다. 사람속의 동물들은 분명 오스트랄로피테쿠스와 관계가 있었으며, 약 200만 년 전 아프리카 일부 지역에서 최초로 명확한 모습을 드러냈다.

그러나 사람속의 한 종이 남긴 유골의 연대를 측정해 본 결과, 그보다 약 150만 년이나 앞선 것으로 밝혀졌다. 최근에는 케냐 북부의 루돌프 호수 근처에서 몸집이 더 큰 사람속 동물의 유골이 발견되어 혼란을 더욱

◀ 올두바이 골짜기에서 발견된 두개골. 파란트로푸스 보이세이라고 불린다.

*오스트랄로피테쿠스

두 발로 서서 걷고, 간단한 도구를 사용했던 오스트랄로피테쿠스. 흔히 이들로부터 인류가 시작되었다고 본다. '남방의 원숭이'라는 뜻의 오스트랄로피테쿠스는 아프리카 초원지대에서 종종 발견되었다.

*생물의 분류단계

생물의 분류에는 상위부터 하위까지 순서대로 '종·속·과·목·강·문·계'의 단계가 있다. 각 단계 밑에 '아목, 아족' 같은 하위 단계를 만들어 더 자세히 구분하기도 한다. 예를 들어 인간은 '동물계〉척추동물문〉포유강〉영장목〉유인원과〉호미니드속(사람속)〉인간'으로 구분된다.

고생물학자 루이스 리키(1903~1972)의 사진이 그의 중요한 업적 중 하나인 호모 하빌리스의 최초 유골과 함께 놓여 있다. 루이스 리키는 1960년 올두바이 골짜기에서 이 유골을 발견했다. 두개골과 턱, 손가락에서 나온 뼛조각들은 파란트로푸스 보이세이라고 이름 붙인 이들 역시 170만 년 전 인간 부류의 한 종과 함께 살았다는 증거가 되었다.

역사의 시작 21

최초의 호미니드

가장 오래된 호미니드의 유골들은 모두 아프리카 동부와 남부에서 발견되었다. 이 사실은 인간의 진화가 이 지역에서 시작되었다는 것을 뜻한다. 가장 오래된 종인 오스트랄로피테쿠스 아파렌시스와 파란트로푸스 로부스투스는 아프리카 동부에 살았고, 오스트랄로피테쿠스 아프리카누스와 파란트로푸스 보이세이는 아프리카 남부에 살았다. 호모 하빌리스는 이 양쪽 지역에서 모두 살았던 것으로 여겨진다. 많은 전문가들이 아프리카의 화석 유골 일부를 앞에서 언급한 종들과 별개로 구분 지어야 한다고 주장한다. 하지만 이들이 현재 가장 분명하게 확인되는 종들이기 때문에, 여기서는 따로 구분하지는 않았다. 지도에는 이들의 이름만을 표시했다.

부추기고 있다. 키는 약 160cm에 두뇌는 오늘날 침팬지의 두 배 크기였다. 이 동물은 '1470번 인간'이라는 볼품없는 이름으로 불렸다. 1470번이라는 숫자는 케냐 박물관이 정한 유골의 일련 번호였다.

이처럼 아직 발견된 증거가 많지 않기 때문에 전문가들은 계속 논쟁을 벌이고 있다. 이런 가운데 섣불리 결론을 내는 것은 옳지 않은 일일 것이다.

다만 인간의 고유한 특징 중 일부가 200만 년 전에 이미 존재했다는 사실만은 의심할 여지가 없다. 예컨대 오스트랄로피테쿠스에 속하는 동물들은 현대인보다 몸집이 훨씬 작았지만 다리뼈와 발 등은 유인원보다 인간과 더 닮았다. 그들은 유인원과 달리 똑바로 서서 걸었으며, 오랜 시간 달리거나 짐을 운반할 수 있었다. 또 손을 보면 인간처럼 손가락 끝이 평평했다.

최초의 도구

최초의 도구라고 할 수 있을 만한 흔적은 사람속(屬)의 초기에 속하는 호모 하빌리스로부터 발견되었다. 도구를 이용하는 능력은 인간에게만 있었던 것은 아니지만, 도구를 만드는 능력은 오래전부터 인간의 고유한 특징으로 여겨졌다. 이것은 자연 속에서 먹고사는 문제를 해결하는 방법이 좀 더 발전했음을 뜻한다.

가장 오래된 도구는 에티오피아에서 발견된 것으로 자갈을 깨서 날카로운 모서리를 만든 단순한 것들이었다. 이 도구들은 약 250만 년 전에 만들어진 것으로 추정된다. 호모 하빌리스는 종종 준비해 놓은 장소로 일부러 자갈을 들고 왔는데, 이것은 이들이 어떤 목적의식을 갖고 도구를 만들었음을 의미한다. 나중에는 같은 모양의 단순한 도구들이 선사시대의 세계 전역에 존재했다. 예컨대 100만 년 전에는 같은 종류의 석기가 서아시아에 위치한 요르단 계곡에서 사용되고 있었다.

선사시대의 인간과 그 선조에 관한 이런 증거물들은 아프리카를 비롯한 다양한 지역에서 발견되었다. 이런 유물들은 그들이 살았던 지역의 위치와 문화에 관해 많은 정보를 전해 준다.

탄자니아의 올두바이 골짜기에서는 이제까지 발견된 것 중 가장 오래된 구조물의 흔적을 볼 수 있다. 이 구조물은 190만 년 전에 세워진 돌로 만든 바람막이였다. 여기에는 고기를 먹은 증거도 남아 있었다. 골수와 뇌를 파먹기 위해 부서뜨린 뼈들이 남아 있었던 것이다.

올두바이 골짜기의 증거

올두바이 골짜기의 유물은 많은 생각을 하게 한다. 이곳에 돌과 고기를 가져왔다는 사실은 어미들이 먹이를 구하기 위해 돌아다니는 기간 동안 새끼들이 홀로 남아 있었음을 뜻한다. 호미니드 외에 다른 영장류의 새끼들은 그렇지 않았다.

어쩌면 이것은 '가정(家庭)'이라는 인간 제도의 시작이었을지도 모른다. 영장류 중 오직 인간에게만 가정이 있다. 일반적으로 가정은 남성이 먹이를 찾아내 가지고 돌아오는 동안 여성과 자식들이 머물러 있는 곳이다. 이렇게 성별로 경제적 역할을 구분하는 일이 당시부터 점차 이루어졌을지도 모른다. 먹이가 생긴 자리에서 먹어치우지 않고 다른 곳에 있는 가족을 위해 당장의 식욕을 참았다는 것은 어느 정도 사고와 계획 능력이 있었

올두바이 골짜기에서 발견된 유골의 분포

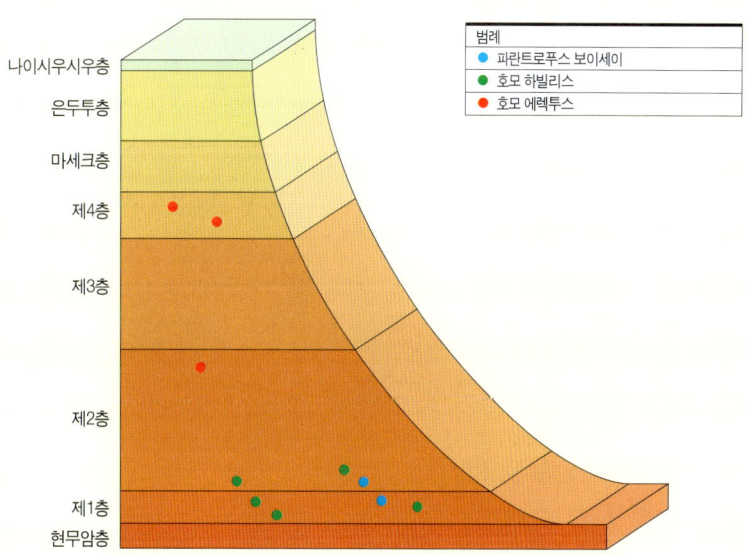

올두바이 골짜기는 인류의 기원에 대해 방대한 정보를 제공한다. 위의 그림에서 볼 수 있듯이 150만~200만 년 전에 살았던 파란트로푸스 보이세이와 호모 하빌리스의 화석은 가장 오래된 층(그림의 아래쪽 부분)에서 발견되었다. 보다 최근의 지층(그림의 위쪽 부분)에서는 호모 에렉투스의 유골이 발견되었다.

음을 뜻한다. 대부분의 다른 영장류는 이렇게 하지 못했다.

실제로 사냥을 했는지 안 했는지는 확실하지 않다. 사냥 후 버려진 썩은 고기를 찾아다녔을 수도 있기 때문이다. 어쨌든 올두바이 골짜기에서는 매우 오래전부터 호미니드가 거대한 동물의 고기를 먹고 있었다.

하지만 이런 증거들은 아주 일부분의 사실만을 알려 줄 뿐이다. 따라서 올두바이 골짜기가 있는 동아프리카 지역만이 인류가 나타나기에 가장 알맞은 장소였다고 추정할 수는 없다. 단지 초기 호미니드 유골의 보존과 발굴에 동아프리카라는 지역이 유리했기 때문에 우리는 이곳에서 그들의 흔적을 확인하는 것이다.

또한 이곳에서 발견된 많은 호미니드 유물 가운데 어떤 것을 특별히 인류의 직접적인 조상이라고 결론 내릴 수도 없다. 그들 모두가 인류 이전에 살았던 동물에 불과할 수도 있다. 그러나 분명한 것은 호미니드가 인간을 생각나게 할 만큼 창조적인 방법으로 놀라운 능력을 보여 주었다는 사실이다. 현재 우리가 최초로 도구를 만든 호모 하빌리스의 후손이 아니라고 말하는 사람은 아마도 없을 것이다.

점점 퍼져 가는 인류의 조상들

원시 인류에 속하는 동물들은 가정이 생기면서 좀 더 살아남기가 쉬웠을 것이다. 가정은 질병이나 사고의 위험으로부터 하나의 보호막이 될 수 있었다. 아무리 사소한 도움이라 하더라도, 그것은 '멸종'이나 진화 과정상의 '도태'

아프리카 밖으로 퍼져 나간 호모 에렉투스의 분포

호모 에렉투스는 확실하게 사람 속(屬)에 속하는 가장 오래된 종이다. 아프리카에 있는 가장 오래된 호모 에렉투스의 유골은 올두바이에서 발견되었으며, 120만 년 전의 것으로 추정된다. 루돌프 호수 인근의 쿠비 포라와 나리오코토메에서 발견된 유골은 160만 년 전의 것으로, 일부 전문가들에 따르면 이것 역시 호모 에렉투스에 속한다고 한다. 호모 에렉투스는 아프리카 이외의 지역에서 화석 유골이 발견된 최초의 사람과 종이기도 하다. 오랫동안 호모 에렉투스는 약 100만 년 전에 아프리카 너머로 퍼져 나갔다고 믿어 왔다. 하지만 1989년, 160만 년 전의 것으로 추정되는 턱뼈 하나가 오늘날의 러시아 지역인 그루지야의 드마니시에서 발견되었다. 이 때문에 논쟁이 다시 시작되고 있다.

등을 피해 가는 데 큰 힘이 되었을 것이다.

무엇보다 가정은 이들이 그 뒤 약 100만 년 동안 아메리카대륙과 오스트레일리아대륙을 제외한 세계 대부분의 지역에 어떻게 퍼져 나갔는지 그 단서를 제공해 준다. 한 종족이 퍼져 나간 것인지, 비슷한 종들이 각기 다른 지역에서 진화한 것인지는 확실하지는 않지만, 동아프리카의 호미니드가 도구 제작 능력을 아시아와 인도, 그리고 유럽에 퍼뜨렸다는 것은 분명한 사실로 보인다.

이들은 서로 다른 수많은 지역에 정착해 살아갔다. 이는 호미니드가 환경 변화에 적응하는 능력이 뛰어났음을 말해 준다. 하지만 이들이 과연 어떻게 이런 능력을 갖게 되었고, 여러 지역으로 성공적으로 퍼져 나갈 수 있었던 행동양식의 비밀이 무엇이었는지는 아직도 확인되지 않고 있다. 인간 이전에는 어떤 포유류도 그토록 넓은 지역에 퍼져서 살았던 적이 없다. 물론 훗날 인간은 결국 지구 전체를 차지하게 되는데, 이는 생물학적으로 인간만이 이뤄 낸 단 하나밖에 없는 결과이자 놀라운 성취라고 할 수 있다.

| 호모 에렉투스 |

인류 진화의 다음 단계는 신체상의 변화였다. 400만 년 이전에 호미니드가 인간과 비슷한 방향으로 변화되고 난 뒤 200만 년 만에 두뇌 크기가 오스트랄로피테쿠스보다 두 배 정도 큰 집단이 탄생했다. 이 과정에서 가장 주목할 만한 존재는 호모 에렉투스다. 25만 년 전에 번성했던 이들을 기점으로 인류 진화의 가장 핵심적인 부분들이 진행되었다고 할 수 있다.

호모 에렉투스는 25만 년 전에 번성했지만 이전에 이미 적어도 50만 년 이상 지구상에 존재해 왔다. 지금까지 확인된 가장 오래된 유골은 약 150만 년 전의 것이다. 이들은 인간이 속해 있는 호미니드의 한 종인 호모 사피엔스보다도 훨씬 오랫동안 생존했다.

호모 에렉투스가 아프리카에서 나타나 유럽과 아시아로 퍼져 나갔다는 사실을 알 수 있는 흔적은 수없이 많이 확인되고 있다. 특히 화석이 아닌 특정 유물을 통해 호모 에렉투스가 퍼져 나간 지역과 그렇지 않은 지역을 구분할 수 있는데, 그 유물은 '주먹도끼'다. 이 석기시대 유물은 주로 커다란 동물의 껍질을 벗기고 살을 잘라 내는 데 사용된 듯하다. 이는 대대로 이어져 온 유전적 발전의 산물로서, 이후 호모 에렉투스의 생존 가능성은 의심할 필요가 없었다.

뇌가 커지면서 점점 인간으로

호모 에렉투스 이후의 진화 단계는 뚜렷하게 구분하기가 어렵다. 사실 인간의 선사시대는 각 단계를 명확하게 나눌 수 없다. 하지만 분명한 것은 호모 에렉투스는 조상으로부터 직립 자세를 물려받았을 뿐 아니라 현대인과 비슷한 크기의 두뇌를 갖고 있었다. 그들의 두뇌 구조가 어떠했는지 정확히 알 수는 없

◀ 란텐인의 두개골 모양과 아래턱뼈. 1963년과 1964년 중국 란텐 지역을 발굴하는 과정에서 발견되었다. 이 유골은 호모 에렉투스가 아프리카 이외의 지역으로 퍼져 나갔음을 입증하는 증거다.

두개골 크기

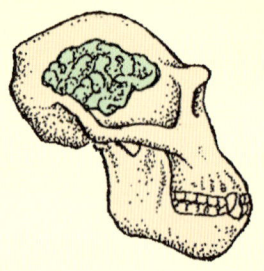
침팬지 두개골

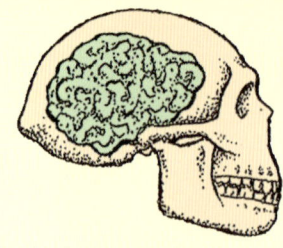
오스트랄로피테쿠스 두개골

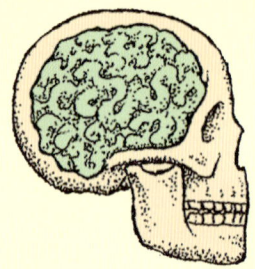
현대인 두개골

호미니드의 두개골이 커지는 것은 진화의 중요한 증거임에 틀림없다. 유별나게 커진 인간의 두뇌를 담기 위해서는 두개골이 커질 수밖에 없었다. 그림에서 보듯이 오스트랄로피테쿠스는 몸통 크기와 비교해 볼 때 침팬지나 고릴라보다 두개골 크기가 더 크다. 호모 하빌리스와 호모 에렉투스의 유골을 조사한 결과, 다양한 측면에서 현대인처럼 생리학적 조건이 변해 갔음을 알 수 있었다.

지만, 몸통의 크기를 고려해 볼 때 두뇌 크기와 지능 사이에는 어느 정도 관련이 있었던 것이 틀림없다. 따라서 두뇌가 점점 커지면서 현대와 같은 인간의 특징이 서서히 확립되어 갔고 엄청난 진전이 이루어졌다.

길어진 유아기

호모 에렉투스는 이전과 확실한 차별성이 있었다. 이들은 조상으로부터 직립 자세를 물려받았을 뿐만 아니라 현대인과 비슷한 크기의 두뇌를 갖고 있었다.

두뇌 크기가 커진다는 것은 어떤 생물체가 인간의 모습에 가까워져 가는 기나긴 진화의 과정 가운데 엄청난 진전을 의미했다.

커다란 두뇌는 두개골을 비롯한 다른 신체상의 여러 변화를 가져왔다. 태아의 두뇌가 커지면서 암컷의 골반도 커다란 머리를 가진 아기를 뱃속에서 키우고 낳을 수 있도록 변해야 했다. 또한 출산 뒤 성장 기간도 길어졌다. 태아의 신체적 성숙에 필요할 만큼 암컷 자궁 속의 크기가 충분치 않기 때문이다.

인간은 태어난 후 오랫동안 어머니의 보호가 필요했다. 유아기가 늘어나고 미성숙 상태가 길어지자 아기는 더욱 오래 어머니에게 의존하게 되었다. 아기 스스로 식량을 얻을 수 있을 때까지는 오랜 시간이 걸렸다. 미성숙 기간이 길어지기 시작한 것은 호모 에렉투스 때부터일 텐데, 오늘날에도 교육 과정이 진행되는 동안에는 사회가 젊은이들을 책임지도록 되어 있다.

이처럼 신체적·사회적으로 여러 변화가 일어나면서 새끼를 많이 낳는 것보다 적은 수라도 잘 보살피는 게 더 중요해졌다. 이에 따라 성별에 따른 역할 분담은 더욱더 확실하게 구분되었다. 아기를 낳은 암컷은 모성에 묶여 있을 수밖에 없었다. 다른 한편 먹이를 얻는 과정은 더욱더 힘들어졌는데, 이는 초기 인류의 몸집이 커지면서 더 많은 양질의 먹이가 필요해졌기 때문이다. 이제 수컷들은 먹이를 구하기 위해 길고 고된 협동 작업에 매달려야만 했다.

심리적인 면에서도 큰 변화가 일어났다. 유아기가 길어지면서 집단보다 개인이 중시되는 분위기가 만들어졌다. 이는 학습과 기억이 갈수록 중요해지고, 복잡한 기술이 등장하면서 더욱 두드러졌다. 이 지점은 바로 자연적·물리적 습성만 갖추고 있던 인간이 학습을 통해 전통과 문화, 그리고 의식적 통제로 나아가는 '위대한 사건'의 시발점이라고 할 수 있다.

성적 사랑과 가족

호모 에렉투스의 암컷에게 발정기가 없어졌다는 것은 또 다른 중요한 생리적 변화였다. 언제부터 이런 변화가 일어났는지는 알 수 없지만, 발정기가 사라지면서 암컷의 짝짓기 리듬은 다른 동물들과 크게 달라졌다. 발정기는 암컷이 냄새 등으로 수컷을 유혹해 짝짓기를 하는 일정한 기간을 말하는데, 이것이 완전히 사라져 버린 것이다.

이러한 변화는 길어진 유아기와 깊은 관련이 있었다. 암컷의 참을 수 없는 발정기가 주기적으로 계속 일어난다면, 그 새끼들은 매번 무관심하게 방치되어 살아남기가 어려웠을 것이다. 따라서 발정기의 상실은 생존을 위한 필수 요소라고 할 수 있었다. 물론 쉽게 조절할 수 없는 문제이기 때문에 이 과정은

1959년 프랑스의 테라 아마타에서 정교하게 배치된 돌과 기둥이 세워졌던 구멍이 발견되었다. 이것은 23만 년 전에 위의 그림과 같은 오두막이 존재했음을 뜻한다. 하지만 일부 전문가는 호모 에렉투스가 과연 이런 오두막을 지을 수 있었을지 의문을 제기하고 있다.

아주 오랜 기간에 걸쳐 이루어졌을 것이다.

발정기가 없어짐에 따라 이제 암컷은 자연의 리듬에서 벗어나 개인적 선택에 의한 짝짓기가 가능해졌다. 마침내 인간에게 '성적 사랑'이라는 개념이 탄생되는 매우 길고 불명확한 길의 출발점에 서게 될 것이다.

유아가 부모에게 의존하는 기간이 늘어난 것과 개인적 선택에 따른 짝짓기는 아버지, 어머니, 자식으로 이루어진 안정된 '가족'의 탄생으로 나아가고 있었다. 심지어 아직 정신적으로는 어리지만 성적으로는 성숙한 젊

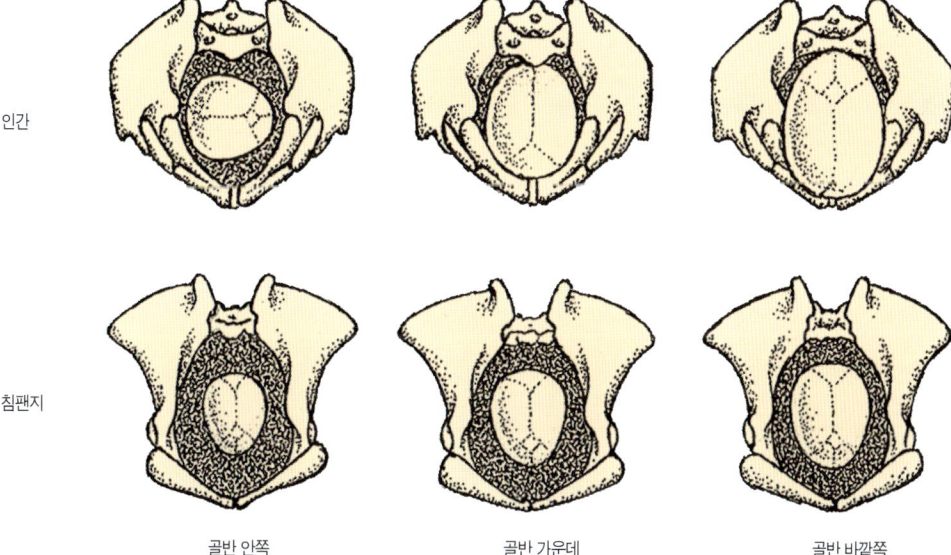

인간

침팬지

골반 안쪽 　 골반 가운데 　 골반 바깥쪽

인간과 침팬지의 출산. 두뇌가 커지면서 진화는 했지만, 그로 인해 출산은 점점 어려워졌다. 암컷 침팬지의 골반은 새끼의 머리가 통과할 수 있을 만큼 충분히 넓지만 인간은 이 공간이 한계에 이르렀다. 그런데도 불구하고 인간의 아기는 다른 영장류의 새끼에 비해서 발달 단계상 무척 이른 시기에 태어난다.

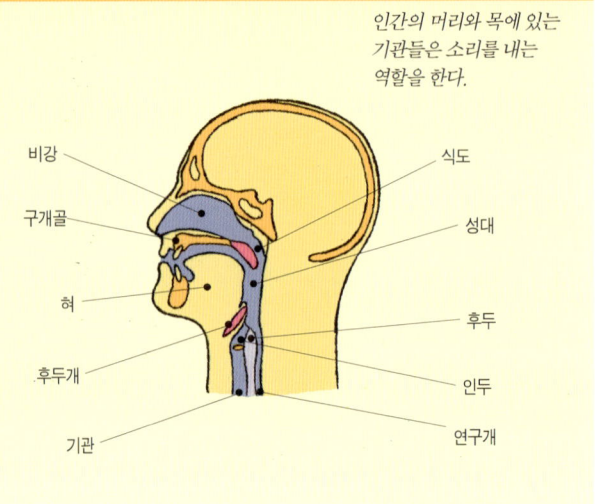

구어(口語)

후두의 구조를 만들어 내는 유전자가 생긴 것은 인간 진화의 주요한 발전이었다. 이로써 겨우 몇 개의 소리가 아닌 수십 개의 서로 다른 소리를 낼 수 있게 되었고, 마침내 구어가 탄생했다. 인간의 경우, 공명실에 후두가 있기 때문에 소리의 조절이 가능하다. 침팬지의 후두는 이처럼 정교하게 소리를 조절하지 못한다. 따라서 침팬지는 언어에 필요한 폭넓은 범위의 소리를 낼 수 없다.

인간의 머리와 목에 있는 기관들은 소리를 내는 역할을 한다.

이런 종류의 주먹도끼는 150만 년 전부터 15만 년 전까지 오랫동안 아프리카, 유럽, 서아시아의 넓은 지역에서 만들어졌다. 사진에서 보듯이, 대부분의 주먹도끼는 양쪽을 깨서 만들었다.

은 수컷들이 가족 안에서 짝짓기를 할까 봐 근친상간의 금기가 생겨났다고 생각하는 사람들도 있다. 언제든 짝짓기가 가능한 암컷들과 오랫동안 가깝게 지내야 했기 때문에 근친상간의 위험이 있었을 것이고, 따라서 이를 방지하기 위해 금기시하게 되었다는 것이다.

인류 진화에서 가장 중요한 사건

그러나 성적인 문제는 조심스럽게 접근해야 할 필요가 있다. 우선 증거를 통해 알 수 있는 부분이 너무나 적다. 게다가 매우 오랜 기간에 걸쳐 진행된 일이다.

호모 에렉투스는 적어도 150만 년 전부터 활동한 것으로 보이며, 100만 년 동안 생존했다. 이는 신체적·심리적·기술적으로 상당한 진화가 일어나기에 충분한 시간이다. 가장 오래전의 호모 에렉투스는 가장 최근의 호모 에렉투스와 상당히 다르다는 이야기다. 그래서 일부 학자는 가장 최근의 호모 에렉투스 가운데 일부를 호미니드 단계에서 한걸음 더 나아가 진화한 형태에 속하는 것으로 구분하기도 한다.

확실히 호모 에렉투스가 존재하는 동안 일어난 변화는 인류 진화 과정에서 가장 중요한 사건들로 가득했다. 그들은 자연환경을 다룰 수 있는 능력을 가진 최초의 존재였다. 게다가 호모 에렉투스는 그들의 문화를 엿볼 수 있게 하는 주먹도끼 외에도, 가장 오래된 주거 흔적과 최초의 목제 창, 용기(나무 그릇) 등을 남겼다. 나뭇가지로 만든 오두막 형태의 주거 흔적은 어떤 경우 길이가 15m에 이르렀고, 바닥에는 돌판이나 가죽이 깔려 있었다.

이러한 창조적인 일들은 호모 에렉투스가 새로운 수준의 지적 능력을 가지고 있었음을 말해 준다. 이들은 일을 시작하기 전에 우선 어떤 사물을 만들어야 하고, 그 과정이 어떠해야 하는지에 관해 '개념'을 형성했을 것이다.

또한 수많은 석기에서 볼 수 있듯이, 그들은 삼각형, 원형, 타원형 등의 간단한 형태를 계속해서 만들면서 규칙적인 모양을 내기 위해 많은 노력을 한 것으로 보인다. 여기서 미적 감각의 싹이 움트기 시작하는 것을 발견할 수도 있지 않을까?

다양한 석기들

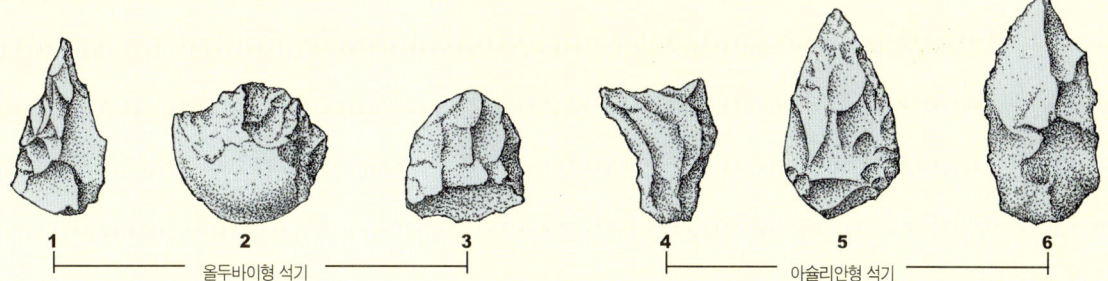

1	2	3	4	5	6
올두바이형 석기			아슐리안형 석기		

이 그림은 올두바이 문화와 석기시대의 또 다른 문화인 아슐리안 문화*에서 나온 초기 석기를 묘사한 것이다. 석기의 이름은 각각 최초로 발견된 아프리카와 프랑스의 지역 이름에서 따온 것이다. 1과 3의 그림은 호모 하빌리스가 사용한 올두바이형 찍개이고, 2의 그림은 올두바이형 석영제 긁개로 150만 년 전에 사용되었으며 도살된 코끼리의 유골과 함께 발견되었다. 4의 그림은 규암 조각으로 만든 아슐리안형 자르개이며, 5의 그림은 호모 에렉투스에 의해 흔히 사용되었던 아슐리안형 긁개이다. 6의 그림은 아슐리안형 뗀석기다.

불의 혁명

선사시대의 가장 커다란 기술적·문화적 진보는 누군가 불을 다루는 방법을 터득하면서 이루어졌다. 그간 불을 사용했다는 가장 오래된 증거는 중국에서 발견되었고, 그 시기는 30만~50만 년 전으로 추정되었다. 하지만 최근에 발견된 남아프리카공화국 북동부 트란스발에서 발견된 증거는 많은 학자들에게 원시 인류가 그전부터 불을 사용하고 있었다는 확신을 심어 주었다.

그러나 호모 에렉투스뿐만 아니라 그 뒤의 원시 인류도 한동안 불을 피우는 방법을 몰랐을 것이다. 다만, 호모 에렉투스가 불을 사용할 줄 알았다는 데는 논란의 여지가 없다. 불에 대한 지식이 얼마나 중요했는가는 후대의 수많은 민족 설화에서도 잘 알 수 있다. 거의 모든 민족 설화에서 영웅적 인물이나 마법의 짐승이 처음으로 불을 얻는 이야기가 나온다.

여기에는 자연의 질서를 지배하는 초자연적 존재에 대한 인간의 저항이 담겨 있다. 그리스 신화에서는 프로메테우스가 신으로부터 불을 훔친다. 물론 믿을 수 있는 사실은 아니지만 이 이야기는 중요한 의미를 담고 있다. 최초의 불은 어쩌면 천연 가스가 폭발하거나 화산 활동이 일어난 곳에서 얻었을지 모른다는 사실이다.

모든 면에서 불은 혁명적 도구였다. 하지만 선사시대에서 '혁명'은 수천 년이 걸린다는 것을 잊어서는 안 된다. 불은 빛과 따뜻함을 주었다. 이제 인간은 춥고 어두운 곳에서도 살 수 있게 되었다. 호모 에렉투스가 동굴을 차지할 수 있었던 것도 분명 불이 있었기에 가능한 일이었다. 그들은 불로 동물들을 내쫓고 동굴을 지켰다. 아마도 그들이 불을 사용해야겠다는 생각이 처음 든 것은 거대한 동물을 사냥할 때였을 것이다.

불의 사용으로 기술도 함께 발전했다. 불에 달궈 만든 창은 더욱 단단해졌고, 요리가 가능해지자 씨앗처럼 소화하기 힘든 것도 식량으로 사용할 수 있게 되었다. 맛이 없거나 쓴 풀도 먹을 수 있게 되었다. 아마 이 때문에 식물에 대한 관심도 생겨났을 것이다. 아무도 모르고 있었지만, 이미 생물학이 싹트고 있었던 것이다.

*아슐리안 문화의 석기
아슐리안 문화는 최초로 표준화된 석기를 만들기 시작했다. 아슐리안이라는 용어는 프랑스 북부 솜므 지방의 '생트-아슐' 유적지에서 비롯된 것이다. 그들의 석기는 매우 뛰어난 형태로 오랫동안 그 형태를 유지해 왔다.

호모 에렉투스가 불을 다루는 법을 발견한 후, 불은 모든 인간 사회에 막대한 영향을 끼쳤다. 이는 네안데르탈인들의 공동생활에서도 중요한 역할을 했다. 위의 그림은 후대에 등장하는 네안데르탈인들의 생활상을 표현한 것이다.

불이 가져다 준 변화

불은 인간의 지능과 진화에도 직접적인 영향을 미쳤다. 뜨거운 불을 다루기 위해서는 여러 가지 생각과 판단이 필요했고, 이는 진화의 과정에 중요한 요소였다. 게다가 불이 주는 빛과 온기는 안락함과 신비함 같은 심리적인 영향도 주었다.

어둠이 찾아온 뒤 원시 인류들은 불 주위로 모여 앉았을 것이다. 그들은 분명 그들 무리가 위험한 환경을 이겨 낼 수 있는 작지만 중요한 집단임을 알고 있었을 것이다. 기원을 알기는 어렵지만, 집단 간의 새로운 교류를 통해 언어가 발달하고, 집단 자체도 체계를 갖춰 나갔을 것이다.

그러다가 불을 잘 다루는 사람들이 등장하면서 그들은 존경과 두려움, 신비로움에 둘러싸인 중요한 존재가 되었다. 그들에게 생사가 달려 있을지도 모르기 때문이었다. 그 전문가들은 인간을 많은 제약에서 해방시킨 불을 관리하고 보호했으며, 불의 관리가 어느 때보다 중요할 때는 집단의 우두머리가 되기도 했다.

하지만 이 새로운 힘은 무엇보다 인간의 진화에 큰 영향력을 미치고 있었다. 불은 밤과 낮, 그리고 계절의 빈틈없는 질서를 허물기 시작했다. 조상들을 오랫동안 붙잡아 두었던 거대한 자연의 순리마저 깨뜨렸다. 이제 과거처럼 지루하고 반복적인 일들은 줄어들었다. 그리고 불을 통해 자유로운 여가시간을 누릴 가능성까지 생겨났다.

| 거대한 먹잇감의 사냥 |

호모 에렉투스의 거대한 먹잇감 사냥 역시 진화 과정에서 또 다른 의미 있는 진전이었다. 원래 채소만 먹던 원시 인류는 죽은 짐승의 고기를 주워 먹으면서 잡식 동물로 변해 있었다. 그들은 고기를 먹고 단백질을 섭취하게 되자, 쉴 새 없이 풀을 뜯어 먹어야 하는 상황에서 벗어나 힘을 아낄 수 있게 되었다.

먹이를 얻은 곳에서 당장 먹어치우지 않고 함께 먹기 위해 보금자리로 가지고 돌아가는 일 역시 이때쯤 시작되었다. 이는 의식적으로 자신을 억제할 수 있는 능력이 생겨났음을 뜻한다. 올두바이에서는 원시 인류가 코끼리, 기린, 물소 등을 먹었다는 것이 확인되었다. 하지만 고고학적 발견에 따르면, 그들은 오랫동안 작은 동물의 고기를 훨씬 많이 먹었던 것으로 보인다. 이러한 흐름이 완전히 뒤바뀌는 시기는 약 3만 년 전 이후다.

여기서 우리는 몸집이 크고 기술이 뛰어난 호모 에렉투스가 어떻게 오스트랄로피테쿠스와 그 비슷한 종들을 제치고 번성했는지 알 수 있다. 새로운 음식은 충분한 영양 섭취를 가능하게 했지만, 다른 한편으로는 새로운 환경과 맞닥뜨리게 했다. 우선 고기를 구하기 위해서는 사냥 기술을 익혀야만 했다.

스페인의 토랄바와 암브로나 등 호모 에렉투스가 살았던 지역에서는 수많은 코끼리 유골이 발견되었다. 호모 에렉투스는 거대한 먹잇감을 사냥했던 것 같다. 물론 그들은 이미 죽은 동물의 고기를 먹는 일종의 '청소 동물'이었을 수도 있다.

또한 먹잇감이 될 만한 동물들을 찾아 새로운 지역을 탐색하거나 이주하는 일이 자주 생겼다. 원시 인류는 특히 매머드나 원시 코뿔소가 좋아하는 장소를 찾아다니고는 했다.

또한 거대한 짐승을 붙잡아 죽이고 그 고기를 저미는 기술은 후대에도 물려줘야만 했다. 이러한 기술은 그전의 어떤 기술보다도 엄청나게 중요했기 때문이다. 더욱이 이런 기술에는 협력이 필요했다. 많은 인원이 협력을 해야 사냥감을 한 곳으로 내모는 등의 복잡한 작업을 할 수 있었기 때문이다. 그들은 아마도 이 과정에서 불을 이용했을 것이다.

호모 에렉투스는 몸무게가 무거운 동물들을 절벽에서 떨어뜨리거나 자신들이 안전하게 사냥할 수 있는 장소로 몰았는데, 이렇게 함정으로 모는 것 이외에 다른 무기는 별로 없었던 것으로 보인다. 그러나 목표물을 죽였다고 해서 모든 문제가 끝나는 것은 아니었다.

아프리카 보츠와나의 칼라하리 사막에 사는 산족(부시먼족) 사람들. 그들의 생활 조건은 1만 년 전 아프리카에서 살았던 그들의 조상들과 비슷하다.

역사의 시작

고고학 유적지에 숨겨져 있는 정보를 밝혀 내려면 수년에 걸쳐 세심하게 발굴 작업을 해내야만 한다. 사진에서 보는 발굴지는 스페인의 '아타푸에르카'라는 곳이다. 이곳은 수많은 호모 에렉투스의 유골이 발굴되어 특히 중요하게 여겨지는 장소다.

오로지 나무나 돌만을 이용해 죽은 짐승의 시체를 잘라서 보금자리로 가져가야 했기 때문이다. 보금자리로 고기를 가져온다는 것은 여가시간이 생긴다는 것을 의미하기도 했다. 영양가 없는 풀들을 찾아 애써 돌아다니는 일에서 한동안 벗어날 수 있었기 때문이다.

문화와 전통

진화가 수백만 년 동안 진행된다는 것을 감안했을 때, 이때의 변화 속도는 그전에 비해 훨씬 빨라져 있었다. 아직 그들은 인간이 아니었지만, 점점 더 인간에 가까워지고 있었다. 동물들 가운데 가장 위대한 종이 서서히 그 모습을 드러내고 있었던 것이다.

이 시기에는 어렴풋하게나마 진정한 의미의 '사회'도 확인할 수 있다. 예를 들면 협력을 통해 사냥을 한다거나 다양한 지식을 후손에게 대대로 전해 주는 행위가 그렇다. 이제 원시 인류에게 일어나는 변화의 주요한 힘은 유전적 돌연변이나 자연적 도태가 아니라 문화와 전통이 되었다. 진화 과정에서 다른 동물보다 더 앞서 나가기 위해서는 '기억'이라는 기술 역시 중요한 요소였다.

경험도 매우 중요했다. 당시에는 어떤 방법이나 기술에 대한 지식이 실험이나 분석보다는 경험을 통해 만들어지고 있었다. 자연히 경험이 풍부한 연장자들의 역할이 크게 부각되었다. 그들은 어떻게 일을 처리하고 어떤 방법이 효과가 있는지 잘 알고 있었다. 보금자리에 남아 있든, 거대한 먹잇감을 사냥하러 나가든, 그들은 유용한 정보를 줄 수 있었다. 집단은 그들을 기꺼이 부양했다. 물론 그들은 무리의 연장자라 하더라도 그다지 나이가 많지는 않았을 것이다. 아마도 그들 대부분은 40세 이상을 살지 못했을 것이기 때문이다.

언어의 탄생

어떤 말을 들었을 때 생각을 할 수 있고, 이를 기억할 능력이 뛰어난 집단은 다른 동물들보다 더욱 오래 살아남을 수밖에 없다. 사실 선사시대의 언어를 설명할 만한 근거는 거의 없다. 현대적 형태의 언어는 호모 에렉투스가 멸종되고 한참 뒤에 등장했다. 그러나 거대한 먹잇감을 사냥하기 위해서는 어느 정도 의사소통이 필요했을 것이다.

사실 모든 영장류는 의미가 담긴 신호를 만들어 낸다. 한때 호미니드가 내는 소리도 다른 동물의 울음소리와 별로 다를 것이 없었을 것이다. 그러나 그들은 어느 시점부터 그 울음소리를 서로 다르게 배열하고 조합할 수 있는 소리로 잘게 나누기 시작했던 것으로 보인다. 이로써 말이 시작됐고, 서로 다른 메시지를 전달할 수 있는 가능성이 생겼다. 이는 문법의 오래된 뿌리가 되었을 것이다.

경험과 기술을 쌓고, 언어를 통해 생각을 정확하게 표현해 낼 수 있는 집단이 나타나면서 진화 역시 엄청나게 빨라졌다. 다른 변화 역시 계속되고 있었다. 언어가 탄생하고 진화해 온 수만 년 동안, 그들은 시력도 좋아졌고 다양한 사물을 다루는 능력도 커졌다. 도구를 이용해 다양한 물건을 만드는 일도 계속되고 있었다. 이런 과정을 통해 지적 능력은 점점 더 커져 갔고, 마침내 사물의 개념을 인식하면서 추상적인 사고도 할 수 있게 되었다.

호모 에렉투스는 인간이었나

우리는 여전히 모든 것을 확실하게 말할 수 없는 선사시대 이야기를 하고 있다. 그것은 마치 안개 속을 걸어가는 것과 같다. 어떤 때는 인간 같고 어떤 때는 인간 같지 않은 생물체를 조금이나마 이해하기 위해 노력하고 있다.

분명한 사실은, 그들의 정신세계와 기억 능력은 우리와 상상도 할 수 없을 만큼 크게 달랐다는 것이다. 하지만 호모 에렉투스는 인간이 지닌 특징들을 분명히 갖고 있었다. 신체적으로 그들에게는 우리와 비슷한 크기의 두뇌가 있었다. 또한 기술을 이용해 도구와 살 곳을 만들고, 불을 써서 동굴을 차지했으며, 밖으로 나가 먹이를 사냥하거나 채집했다.

호모 에렉투스는 이처럼 복잡한 일들을 훈련된 집단을 통해 해냈다. 따라서 호모 에렉투스는 언어로 생각을 나눌 수 있는 능력이 있었던 것이 틀림없다. 또한 사냥 집단의 기본 단위는 성별에 따른 행동양식의 구분이 뚜렷한 '가족'의 기원이 되었을 것이다. 그리고 불을 다루는 전문가와 정보 제공자 역할을 하는 연장자가 다른 이들의 사냥, 채집, 노동을 통해 부양받는 등 사회 조직은 더욱 복잡했을 것으로 보인다. 협력을 통해 얻은 먹이를 서로 나누어 먹는 사회 질서도 잡혀 있었을 것이다.

유럽에서 발견된 78만 년 전 호미니드의 두개골 조각. 유럽에서 가장 오래된 이 두개골 조각은 스페인 고고학 팀이 스페인 아타푸에르카에서 발견한 것이다.

역사의 시작

다양한 연대 측정법

고고학적 유골이나 유물의 연대를 측정하기 위해서는 다양한 기술이 동원된다. 예를 들어 지층학은 땅속의 지층이나 특정한 지역의 암석이 발견되는 순서를 연구하는 학문이다. 이외에도 연구자들은 몇 가지 물리적·생물학적 기법을 쓸 수 있지만, 연대 측정에 가장 흔히 사용되는 방법은 탄소 14, 칼륨, 우라늄 같은 원소의 방사능을 이용한 화학적 기법이다. 이중 가장 널리 이용되며 가장 믿을 만한 것은 탄소 연대 측정법이다. 탄소 14는 일정한 비율로 질소 14로 변하며, 이런 변화는 온도의 변화에 영향을 받지 않는다. 어떤 표본 내에 들어 있는 탄소 원자의 수가 반으로 줄어드는 데는 5730년이 걸리는데, 이는 탄소 연대 측정이 상당히 정확한 시대 측정 수단이라는 것을 의미한다.

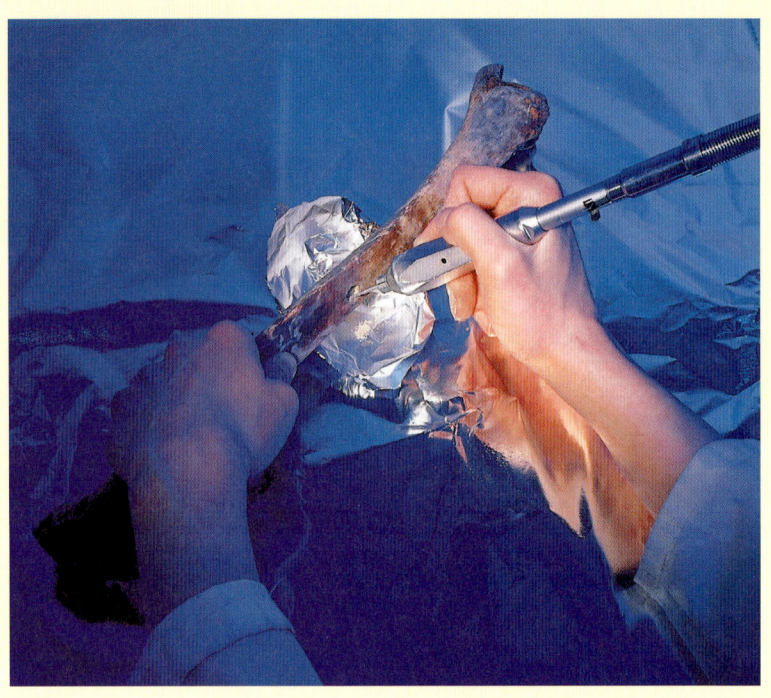

한 연구자가 고고학 유물로부터 표본을 채취하고 있다. 유물의 시대를 알아 내기 위해서 주로 탄소 연대 측정법으로 표본을 검사한다.

계속 강조하지만 정확히 선사시대 어느 때쯤 이런 일들이 일어났는지는 아무도 알 수 없다. 다만, 잊지 말아야 할 것은 그 뒤에 나타나는 '인간의 역사'가 이런 과정 없이는 상상조차 할 수 없다는 사실이다. 두뇌가 약간 더 크고 복잡해진 호모 에렉투스의 한 부류가 호모 사피엔스로 진화됐을 때도, 이미 엄청난 진보가 이루어지고 난 뒤였다. 호모 에렉투스가 인간인지 아닌지의 문제는 사실 중요한 것이 아니다.

▶ 고고학 발굴 팀이 미국 로스앤젤레스의 라브레아 발굴 현장에서 작업을 하고 있다. 이 발굴지는 세계에서 보기 드물 정도로 화석이 많이 발견된 곳이다.

역사의 시작 35

2 호모 사피엔스의 등장

호모 사피엔스의 겉모습은 매우 주목할 만하다. 완전하지는 않지만, 마침내 인간의 모습을 찾아볼 수 있기 때문이다. 이 진화의 단계는 또 하나의 큰 도약이었다. 이제 인간의 드라마가 본격적으로 시작되는 것이다. 그러나 이러한 진화는 한순간에 일어난 것이 아니라 서서히 진행된 것이었다. 또한 모든 곳에서 동시에 일어난 것도 아니었다.

사실 진화의 시기를 추측할 수 있는 자료는 현대인에 가까운 초기 인간의 뼈밖에 없다. 이 중 일부는 이전 호미니드들과 수천 년 정도 같은 시기에 살았다. 또 다른 일부는 잘못된 길로 들어서 곧 멸종하고 말았다. 진화의 길은 험난했고, 자연에 적응하지 못한 초기 인간은 여지없이 멸종되었다.

이전보다 훨씬 빨라지긴 했지만, 여전히 인간은 매우 천천히 진화하고 있었다. 따라서 우리가 지금 다루고 있는 약 20만 년이 넘는 세월 중, 과연 어느 때 진정한 인간의 '조상'이 처음 나타났는지는 아무도 모른다. 뿐만 아니라 호모 에렉투스와 현대인을 구분 짓는 신체적·정신적 기준을 세우는 것조차 쉬운 일이 아니다. 물론 우리의 조상이 아프리카에서 나타났다는 것만은 분명한 사실이다.

프랑스 피레네 산맥에서 발견된 이 두개골은 20만 년이 넘은 것으로, 호모 에렉투스와 호모 사피엔스 사피엔스의 중간 단계에 해당한다. 이처럼 중간 단계의 화석이 있다는 것은, 호모 사피엔스가 호모 에렉투스에서 진화되어 나왔다는 주장을 뒷받침한다.

초기 인류의 유골

초기 인류의 화석은 발견된 것이 많지 않아 이에 대한 논란이 끊이지 않고 있다. 그중 유럽에서 발견된 두 개의 두개골이 있는데, 약 20만 년 전 간빙기 때의 것으로 보인다. 이때의 기후는 지금과 아주 달라서, 코끼리들이 아열대 기후의 영국 템스 계곡에서 풀을 뜯고 사자의 조상이 영국 요크셔 지방에서 서성거리고 있는 모습을 볼 수 있었다.

발견된 장소에서 이름을 딴 '스완즈컴'이라고 부르는 두개골이 있다. 영국에서 발견된 이 두개골은 뇌가 약 1300cc 정도로 꽤 큰 편이다. 하지만 뇌가 큰 것 말고는 현대인과 비슷한 점이 별로 없다. 따라서 스완즈컴인(人)은 호모 사피엔스였다 하더라도 상당히 초기 형태였을 것이다.

독일에서도 '슈타인하임'이라는 두개골이 발견되었다. 이것 역시 호모 사피엔스와 다르게 생겼지만 두뇌는 컸다. 그러나 이들이 호모 사피엔스보다 호모 에렉투스와 더 많이 닮았다 하더라도, 당시의 원시 인류를 초기 호모 사피엔스의 조상으로 보는 데는 별 무리가 없을 듯하다.

인류 진화의 흔적은 그 뒤에 찾아온 빙하기로 인해 잠시 사라지게 된다. 그러다가 13만 년 전 다시 따뜻한 기후가 찾아오면서 인간의 유골이 재등장한다. 이 뼈로 인해 많은 논란이 일긴 했지만, 이것이 인류 진화의 커다란 진전을 보여 준다는 사실은 의심할 여지가 없다.

초기 인류의 기원

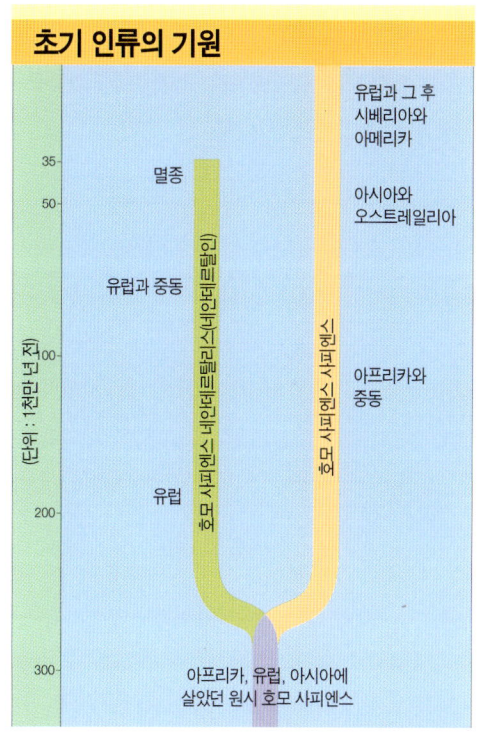

바로 이때부터 아직 충분하지는 않지만, 인류에 대한 고고학적 자료가 꽤 풍부해지는 시기로 들어서게 된다. 유럽에서부터 이야기를 시작해 보면, '인간'이라고 할 만한 원시 인류가 약 10만 년 전부터 유럽에서 살았다. 현재의 프랑스 남서부 지역인 도르도뉴* 지역에서는 약 5만 년 동안 인간이 살았던 동굴들이 발견되었다. 이곳 사람들의 문화는 엄청난 기후 변화에도 완전히 없어지지 않았다. 따뜻한 간빙기부터 마지막 빙하기의 중반까지 그들은 흔적을 남겨 놓았다. 주변의 자연환경이 크게 변했는데도 이처럼 인간들이 살아남았다는 사실은 매우 의미가 깊다. 당시 이들은 어떠한 환경에도 적응할 수 있는 뛰어난 문화를 이미 만들어 놓았던 것이다.

| 네안데르탈인의 위대한 도약 |

이렇게 유럽에서 초기 문화를 만들어 낸 사람들은 대체로 현대인과 비슷한 부분이 많았다. 하지만 여전히 신체 구조는 달랐다. 이들의 뼈는 독일의 네안데르탈에서 최초로 발견되었는데, 특히 두개골의 형태가 무척 흥미로운 모습이었다. 그래서 처음에는 한동안 어떤 결함이 있는 현대인의 유골로 생각되기도 했다. 이 두개골은 과학적 방법으로 설명할 수 없는 부분이 상당히 많았다.

지금은 네안데르탈인이 70만 년 전 아프리카에서 건너온 호모 에렉투스에서 시작되었다고 보고 있다. 우선 호모 에렉투스에서 수많은 유전적 변화를 거쳐 네안데르탈인으로 변하기 이전 형태인 프레네안데르탈인이 등장했다. 그리고 여기서 마침내 최종적인 형태의 네안데르탈인이 진화해 나왔다. 이들의 독특한 특징을 보여 주는 뼈들은 오직 유럽에서만 발견되었다.

일부 학자들은 이 독특한 진화의 계통을

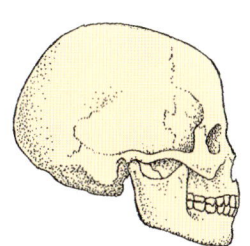

호모 사피엔스

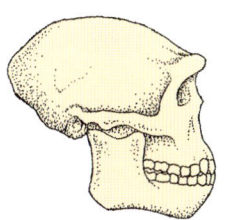

호모 에렉투스

자바 섬에서 나온 구석기 말의 호모 에렉투스 두개골과 유럽의 호모 사피엔스 두개골을 묘사한 그림으로 이 두 종의 차이가 분명하게 드러나 있다. 호모 사피엔스는 두개골이 크고 이마가 넓으며 턱이 작다. 또한 이도 작고 턱 끝이 뾰족하다.

＊도르도뉴의 동굴
'라스코 동굴 벽화'로 유명한 도르도뉴 동굴은 10대 소년들에 의해 우연히 발견되었다. 이 동굴의 벽화에는 동물을 많이 잡기 바라던 당시 사람들의 바람이 담겨 있다.

연대표(기원전 400만~10만 년)

기원전 400만 년	기원전 300만 년	기원전 200만 년	기원전 100만 년	기원전 23만~3만 년 네안데르탈인 / 현대의 호모 사피엔스	기원전 10만 년
오스트랄로피테쿠스의 출현		호모 하빌리스	기원전 100만 년 호모 에렉투스	기원전 25만 년 호모 사피엔스	
제3기			제4기		

호모 사피엔스의 등장

네안데르탈인의 유골이 발견된 지역

네안데르탈인이 만든 이 석기는 '무스테리안 석기'라고 불린다. 이 석기가 발견된 '르 무스티에'라는 프랑스 지방의 지명을 딴 이름이다. 이런 석기는 대단히 많이 발견되었다.

빙하기 때 생겨난 네안데르탈인의 하위 단계로 보고 있다. 다른 네안데르탈인에 대한 증거는 모로코, 사하라 북부, 팔레스타인, 서아시아와 이란 등에서도 발견되었다. 중앙아시아와 중국에서도 그 흔적을 찾아볼 수 있는데, 이 지역 네안데르탈인 유골은 20만 년 전의 것으로 보인다. 이처럼 네안데르탈인은 많은 지역에서 매우 성공적으로 살아남았다.

8만 년 전에는 이미 네안데르탈인들이 만든 물건이 유럽과 아시아 전역에 퍼져 있었다. 하지만 기술 수준이나 물건의 모양은 지역마다 달랐다. 또한 아프리카의 일부 지역에서는 10만 년 이전에 사용됐던 기술의 흔적이 확인되었다. 신체구조가 현대인과 매우 비슷한 원시 인류가 남긴 흔적인데, 이들은 후기 호모 에렉투스에서 따로 진화해 나왔다. 이들의 기술은 네안데르탈인의 기술보다 더욱 널리 퍼져 있었다.

이처럼 원시시대부터 문화는 이미 여러 갈래로 나뉘고 있었다. 이제 집단마다 각각의 문화적 전통들이 생겨나기 시작했다. 인류는 이때부터 자기 지역을 중심으로 생각하고 움직이는 '지역주의'가 있었던 셈이다.

신체구조가 현대인과 비슷한 다른 종들처럼, 네안데르탈인도 두 발로 걸었으며 두뇌가 컸다. 그 최초의 유골을 보면 짐작할 수 있듯, 물론 그들은 우리가 속하는 아종인 호모 사피엔스 사피엔스보다도 미개했다. 하지만 그들은 놀라운 지적 능력으로 진화 과정에서 엄청난 도약을 이룬 존재였다.

이를테면, 네안데르탈인들은 옷을 입었던 것으로 보인다. 동물의 가죽과 털을 얻기 위해 긁개를 사용한 것을 보면 알 수 있다. 이는 그들이 환경 변화에 적응하기 위해 기술을 발달시켰다는 사실을 확인시켜 준다. 이것은 대단히 획기적인 발전이었다.

매장의식과 사후세계

네안데르탈인들이 보여 준 가장 놀라운 문화 가운데 하나가 매장의식이다. 죽은 사람을 땅에 묻는 매장이라는 행위는 그 자체가 당시의 문화를 연구하는 데 매우 중요하다. 당시 사회에서 사용했던 물건들이 무덤에 함께 묻히기 때문이다. 네안데르탈인의 무덤은 한 걸음 더 나아가 이보다 더 많은 것을 알게 해 주었다. 그들의 무덤에서 제사의식 또는 의례를 행한 증거가 최초로 발견된 것이다.

여기에는 엄청난 뜻이 담겨 있을지도 모른다. 우즈베키스탄의 사마르칸트 지역 근처에서는 매장된 네안데르탈인 소년의 뼈가 발견되었는데, 그 시체 주위에는 뿔이 원 모양으로 놓여 있었다. 이것은 특정 동물이나 식물을 집단의 상징으로 섬기는 토템 숭배 신앙과 관련이 있어 보인다.

이런 상상을 한번 해보자. 북부 이라크 지역에서 공동체를 이루고 살던 네안데르탈인들이 하루는 먼 곳으로 나가 꽃과 풀을 따온다. 그리고 그들은 꽃과 풀을 죽은 동료 주위에 슬며시 놓는다. 죽은 사람을 기리기 위해서다.

정성을 들여 죽은 사람을 묻는 행위는 인간 개인에 대한 관심이 그만큼 높아졌음을 의미한다. 빙하기라는 힘든 환경 속에서 살아남기 위해서는 서로서로 도울 수밖에 없었을 것이다. 따라서 상대방과 인간 개인에 대한 관심 역시 커졌을 테고, 서로에 대한 의존이 커지자 함께 살던 누군가가 죽었을 때 그 슬픔과 상실감 역시 깊어졌을 것이다.

그 이상의 상황도 일어났다. 죽기 몇 년 전 오른팔을 잃은 네안데르탈인의 유골이 발견된 적이 있다. 그는 아마 다른 이들에게 의지해서 살아야 했을 것이다. 신체적 장애 때문에 함께 살아가는 데 별 도움이 되지도 않았을 것이다. 하지만 그가 속한 집단은 죽기 전까지 그를 먹여 살린 듯하다.

이라크 샤니다르 동굴에서 발견된 네안데르탈인의 유골. 주위에서 꽃가루를 찾아볼 수 있었다. 인간의 시신과 함께 꽃을 묻었을지도 모른다. 아니면 천장이 무너져 꽃가루가 묻은 흙이 시신 위로 떨어졌을 수도 있다.

두개골 크기의 비교

최초로 발견된 네안데르탈인 유골 중 하나는 여성의 두개골로 1848년 영국의 지브롤터 지방의 한 채석장에서 발견되었다. 그 후 1856년 독일 네안데르 계곡에서도 뉴골이 발견되었고 이들을 네안데르탈인이라고 부르게 되었다. 처음에는 이런 유골을 중요하게 생각하지 않았다. 그러나 라 샤펠로생(1908)과 라 페라시(1909)에서 유사한 유골이 발견되면서 네안데르탈에서 발견된 유골이 원시인의 것이라는 것이 확인되었다. 네안데르탈인 유골은 기형의 현대인 유골이 아닌 원시인의 유골이었던 것이다. 현재까지 발견된 네안데르탈인의 표본은 거의 500개에 이른다. 네안데르탈인은 23만~3만 년 전에 유럽과 서아시아에 살았다.

라 샤펠 로생의 두개골

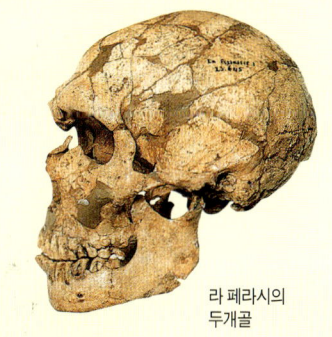

라 페라시의 두개골

네안데르탈인은 키가 작고 체구가 단단했는데 이는 추운 기후에 알맞은 체형이었다.

호모 사피엔스의 등장

이보다 훨씬 더 대담한 주장도 있다. 매장의식은 죽음 후의 삶에 대해 생각하기 시작했다는 증거라는 것이다. 만일 이것이 사실이라면, 네안데르탈인은 당시 이미 눈에 보이지 않는 세계까지 관심을 두고 있었다는 이야기다. 이는 삶은 환영이고 실재는 보이지 않는 다른 곳에 있으며, 사물은 보이는 그대로가 아니라는 이야기가 담긴 오래된 신화들이 바로 여기서 비롯되었다는 추측도 가능하게 한다.

이처럼 네안데르탈인 시대에는 매우 중대한 변화가 계속되었다. 그들이 살던 동굴에서 동물과 관련된 제사의식의 증거가 나왔듯이, 정성을 들인 매장의식도 환경을 극복하기 위한 새로운 시도일 수 있었다. 인간의 두뇌는 이미 자신이 원하는 것들을 구분해 낼 수 있었고, 이를 제사의식 등을 통해 표현해 내고 있었다. 여전히 미약하고 불확실하며 서툴렀지만, 인간의 정신은 이제 그 찬란한 모습을 서서히 드러내고 있었다. 위대한 항해가 막 시작된 것이다.

네안데르탈인의 멸종

네안데르탈인에게는 매장의식 외에도 또 다른 놀라운 습성이 있었다. 전쟁이 바로 그것이다. 이들의 전쟁은 사람을 먹는 식인 습관과 관련이 있었다. 상대방의 뇌를 먹기 위해 전쟁을 했던 것이다. 이를 통해 그들이 눈에 보이지 않는 세계, 즉 영혼 또는 정신에 대한 관념이 있었음을 또다시 확인할 수 있다. 그들은 때때로 뛰어난 능력을 빼앗기 위해 상대의 뇌를 먹었다.

그러나 네안데르탈인은 이렇게 놀라운 진화의 단계에 이르렀음에도 결국 멸종하고 말았다. 오랫동안 넓은 지역에서 훌륭하게 잘 살았지만, 세계를 차지하지는 못했다. 호모 사피엔스의 아종인 호모 사피엔스 사피엔스가 이들보다도 살아남기에 더 유리한 조건을 갖고 있었다. 결국 세계를 차지하고 오늘날 인류의 직접적 조상이 된 것은 호모 사피엔스 사피엔스였다.

| 호모 사피엔스 사피엔스 |

호모 사피엔스 사피엔스는 얼굴이 작고 머리뼈가 가벼우며 팔과 다리가 곧았다. 그들은 멸종하지 않고 약 2만 년에 걸쳐 많은 지역으로 퍼져 나갔다. 현대인은 모두 이 종에 속한다. 많은 학자들이 호모 사피엔스 사피엔스의 탄생을 약 10만 년 전 아프리카에서 다른 지역으로 퍼져 나온 또 다른 무리로부터 찾아야 한다고 주장한다. 그리고 그로부터 5만 년 동안 현대인과 신체 구조가 거의 똑같은 호모 사피엔스 사피엔스들이 서아시아와 유럽 동남부 대부분의 지역에서 살았다고 본다.

이들이 왜 아프리카에서 그곳으로 갔는지 정확히는 알 수 없다. 다만 높은 수준까지 발

1930년대에 호모 사피엔스 유골이 이스라엘 카르멜 산의 스쿨 동굴에서 많이 발견되었다. 사진은 '스쿨 4'라고 불리는 성인 남성의 두개골과 여러 뼈들이다. 최근의 조사에 따르면, 10만 년 전에 이 스쿨 동굴에서 인류가 살았다고 한다. 그들의 유골은 크로마뇽인의 유골보다 세 배나 오래되었고, 고전적 네안데르탈인과 같은 시대에 살았다. 하지만 이 유골은 현대인과 신체 구조가 비슷하다.

초기 호모 사피엔스의 유골이 묻혀있는 지역들

1868년 신체 구조가 현대인과 비슷한 인간의 유골이 프랑스 크로마뇽에서 발견되었다. 현재 이 유골은 3만 년 전의 것으로 추정된다. 보다 최근의 발견에 따르면, 호모 사피엔스는 10만 년 이전에 아프리카에서 나타난 것으로 보인다. 지도에 표시된 점은 호모 사피엔스의 가장 오래된 표본이 발견된 장소들이며, 화살표는 이들의 이동 경로를 추측하여 그린 것이다. 이 추측이 옳다면, 네안데르탈인은 현대인의 직계 조상이 아니며, 현대인은 아프리카의 다른 한 집단에서 유래된다.

달된 사냥 기술을 활용하기에는 너무나 더운 열대의 남쪽보다는 북쪽이 더 낫다는 판단을 했을 가능성은 있다. 하지만 그들은 북쪽에서 매우 건조한 환경과 마주쳐야만 했다. 그런 점에서 오늘날의 이스라엘과 레바논에 해당하는 산맥과 바다 연안 지역은 그들이 자리를 잡고, 현대인이 탄생하는 데 좋은 환경이 되었을 것이다.

구석기시대

인류학자들 가운데는 3만 년 이상 된 화석 유골은 호모 사피엔스 사피엔스의 것으로 보지 않는 사람도 있다. 하지만 현대인과 비슷한 인간의 증거는 약 5만 년 전부터 마지막 빙하기가 끝나는 기원전 9000년경까지 수없이 많이 확인되고 있다. 이 기간을 보통 후기 구석기시대라고 부른다. 구석기는 '돌로 만든 오래된 도구'라는 뜻이다. 흔히 구석기시대를 '석기시대'라고 부르기도 한다. 하지만 선사시대를 설명하는 다른 용어들처럼 이런 명칭에는 좀 더 신중한 구분이 필요하다.

'후기'와 '전기' 구석기시대를 간단히 구분해 보자. 말 그대로 후기 구석기시대는 전기 구석기시대보다 좀 더 최근의 시대를 뜻한다. 구석기시대의 유물은 거의 모두 돌로 만들어졌다. 금속 유물은 하나도 없다. 금속은 나중에 등장하는데, 고대 로마의 한 시인은 석기시대 다음의 시대를 청동기시대와 철기시대로 이름 붙였다.

물론 이는 그 당시 문화나 기술과 관련된 이름이다. 이런 이름은 당시 사람들이 어떻게 살았는지 쉽게 이해하게 해 준다. 처음에는 도구나 무기를 돌로 만들었고, 그 뒤에는 청동으로, 또 그 뒤에는 철로 만들었다는 것을 알려 주는 것이다.

하지만 이런 구분에는 단점도 있다. 무엇보다 현재 우리에게 많은 정보를 전해 주고 있는 석기 유물을 훨씬 더 오랜 기간 사용한 존재는 인간이 아니라 원시 인류, 즉 호미니드라는 사실이다. 그들은 인간의 특성을 갖고 있기는 했지만 그것은 일부분에 지나지 않았다. 유럽에서 만든 시대 구분은 이런 점

아메리카대륙 이주

인간이 어떻게 아메리카대륙으로 들어가 살게 되었는지에 대해서는 여전히 많은 사실이 불명확하다. 하지만 여러 증거에 따르면, 호모 사피엔스는 동북아시아에서 아메리카로 이동한 듯하다. 빙하기에 최초의 이주가 시작되었던 것으로 생각된다. 이때 해수면이 낮아져 '베링기아' 라는 육로가 생겼다. 호모 사피엔스는 알래스카를 지나 해안이나 빙하 사이의 좁은 길을 따라 내륙으로 더 깊이 들어갔다. 남아메리카에서 발견된 증거에 따르면, 호모 사피엔스는 약 4만 년 전에 아메리카대륙에 도착한 것으로 보인다. 4만 년 전은 이전에 추정했던 것보다 훨씬 이른 시기다.

약간만 다른 인간이 이미 아프리카에서 훨씬 더 일찍 나타났지만 유골이 가장 많이 발견된 곳이 아프리카가 아닌 유럽이기 때문에, 현재는 여기서 나오는 여러 증거를 바탕으로 종을 구분하고 있다.

기후의 변화

선사시대의 기후는 일정하지 않았다. 대체로 추웠지만 가끔씩 급격한 변화가 생기기도 했다. 약 2만 년 전에는 그 전 100만 년 동안 볼 수 없었던 매우 혹독한 추위가 온 적도 있었다. 이러한 기후 변화는 인간의 진화에 언제나 큰 영향을 미치는 요소였다.

3만 년 전, 인간이 최초로 아메리카 대륙에 도착할 수 있었던 것도 바로 이 기후 변화 덕분이었다. 아시아를 지나온 호모 사피엔스는 현재 베링 해협으로 불리는 북아메리카의 알래스카 근처를 건너갔다. 아마도 그들은 빙하나 육지로 건너갔을 것이다. 당시는 많은 양의 바닷물이 거대한 빙하로 얼어붙어 있어서 바다가 그다지 깊지 않았다. 그래서 육지가 바다 위로 드러나 그 위를 걸어 다닐 수가 있었다.

그들은 다시 사냥감을 쫓아 수천 년 동안 남쪽으로 이동했다. 그리고 마침내 인간이 살지 않는 마지막 대륙으로 들어갔다. 아메리카대륙이 바로 그곳이다.

그러나 빙하가 녹으면서 전 지구적으로 큰 변화가 일어났다. 물론 새로운 현상은 아니었다. 오랜 기간에 걸쳐 계속 반복해 일어나고 있는 일이었다. 하지만 이번에는 중요한 차이가 있었다. 바로 인간이 거기에 살고 있었던 것이다. 그들은 다른 동물이나 이전의 원시 인류와는 차원이 달랐다. 급격한 환경

에서 많은 혼란을 준다. 실제 유럽식 분류에 적합하지 않은 증거들이 세계 곳곳에서 계속 나타나고 있는 상황이다. 심지어 유럽 내에서조차 마찬가지다.

학자들 사이에서 좀 더 세밀한 시대 구분이 제시되는 것은 이 때문이다. 그들은 석기시대를 전기·중기·후기 구석기시대, 중석기시대, 신석기시대로 구분하고 있다. 유럽에서는 마지막 빙하기가 끝날 때까지를 구석기시대라고 부르기도 하는데, 이는 문제를 더욱 복잡하게 만들 뿐이다. 이것은 오직 연대순에 따른 분류이기 때문이다.

호모 사피엔스 사피엔스는 후기 구석기시대 초반인 약 4만 년 전에 지구상에 등장한 것으로 보인다. 물론 이들의 신체구조는 현대인과 같다. 호모 사피엔스 사피엔스와는

변화에 어떤 방식으로 대응해야 하는지 잘 알고 있는 존재였던 것이다. 자연과 환경을 자신의 뜻대로 통제하려는 인간의 노력은 이제 그들을 '역사의 시대'로 이끌고 있었다.

새로운 도구들

호모 사피엔스가 주로 사용한 도구는 석기였다. 그들은 이전과 달리 사용 목적에 따라 훨씬 다양한 석기를 만들었을 뿐 아니라, 제작 방식도 뛰어났다. 그들은 세밀하게 다듬은 큰 돌에서 작은 조각을 떼어 석기를 만들었다. 이처럼 다양하고 정교해진 도구는 인류가 그만큼 빨리 진화하고 있다는 증거였다.

후기 구석기시대에는 또한 새로운 재료가 사용되었다. 원래부터 쓰던 나무와 부싯돌에 뼈와 뿔도 함께 쓰기 시작한 것이다. 덕분에 사람들은 새로운 물건을 만들 수 있게 되었다. 뼈로 만든 바늘로는 훨씬 더 정교한 옷을 만들 수 있었다. 뼈나 뿔의 뾰족한 끝부분으로 돌을 다듬어서 만든 부싯돌 날은 너무나 얇고 날카로워 실제 생활에 쓰였을지 궁금할 정도다. 뼛가루에 점토를 섞은 최초의 '혼합 물질' 역시 이때 나타났다.

무기도 많이 발전했다. 작은 부싯돌을 많이 만들기 시작했고, 또 그 모양이 갈수록 단순해졌다. 그들은 부싯돌을 이용한 이전보다 높은 수준의 무기를 개발했던 것으로 보인다. 같은 시기 창 던지는 기구, 활과 화살, 작살도 만들어졌다.

작살은 처음에는 포유동물을, 나중에는 물고기를 잡는 데 쓰였다. 이는 사냥과 먹잇감의 대상이 좀 더 다양해졌음을 의미한다. 이

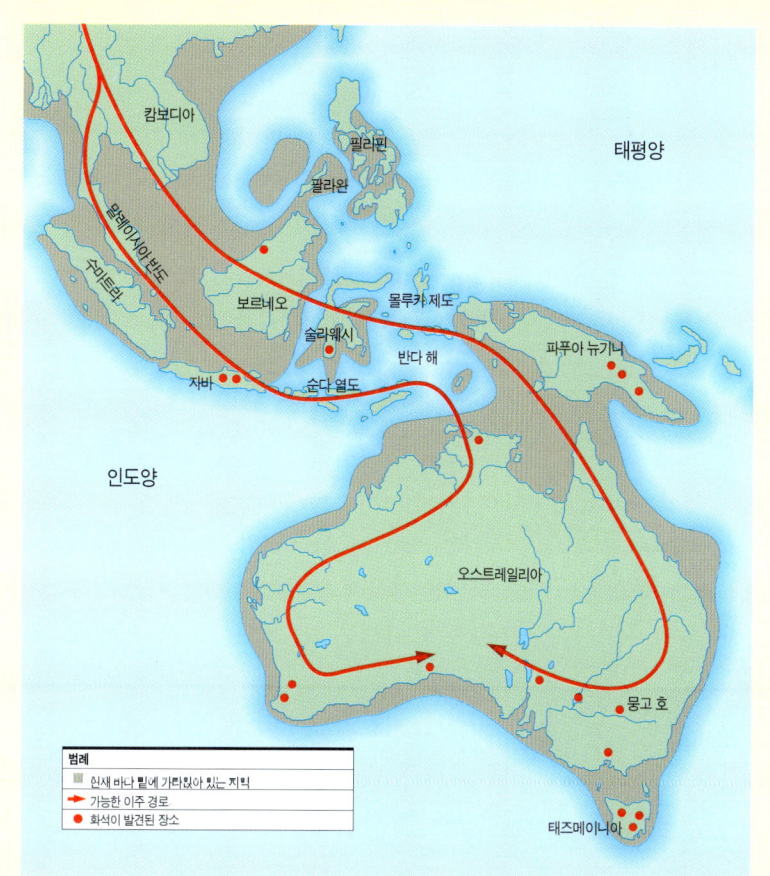

오스트레일리아대륙 이주

호모 사피엔스는 약 5만 5000년 전에 인도네시아의 반다 해를 건너서 오스트레일리아대륙에 도착했다. 3만 년 전에 오스트레일리아대륙에 살았던 호모 사피엔스의 유골은 두 가지다. 이 때문에 일부 전문가들은 전혀 다른 호모 사피엔스가 두 차례 이주했다고 본다. 하지만 이 두 호모 사피엔스 집단의 차이는 오스트레일리아대륙 안에서 생겨났을 수도 있다.

보다 훨씬 전인 약 60만 년 전에도 원시 인류는 중국을 비롯한 여러 지역에서 현대의 오징어, 조개 같은 연체동물을 잡아먹은 것으로 확인되었다. 이제 이런 물속의 생물들은 작살이나 그물 같은 도구로 보다 손쉽게 잡을 수 있는 먹잇감이 되었다. 육지에서의 사냥도 마찬가지로 크게 발전했다. 빙하기가 끝나면서 숲과 초원이 늘어나고, 순록과 야생 들소 등 동물들의 습성과 움직임을 인간이 더 잘 파악하게 되면서 가능해진 일들이었다.

예술의 시작

후기 구석기시대 사람들이 남긴 유산 가운데 가장 놀랍고 신비로운 것은 그들의 예술이다. 그들이 존재했다는 확신을 심어 준 것도 다른 무엇보다 바로 이 예술이었다. 원시 인류나 심지어 그 이전의 종들도 진흙에 무늬를 새기거나, 몸에 색칠을 하거나, 몸을 리듬 있게 움직여 춤을 추거나, 꽃을 일정한 모양으로 펼쳐 놓았을지 모른다. 하지만 그들이 실제 그랬는지는 확인할 수가 없다. 그 사실을 알려 줄 만한 어떠한 증거도 남겨 놓지 않았기 때문이다.

약 5만~6만 년 전 누군가 모아 놓은 것으로 보이는 붉은색 안료가 발견되었다. 하지만 그가 왜 그랬는지는 모른다. 어느 네안데르탈인의 묘석에는 두 개의 움푹 파인 자국이 있는데, 어떤 이는 이것이 현재 존재하는 가장 오래된 예술이라고 주장하기도 한다.

하지만 이보다 훨씬 풍부하고 믿을 만한 최초의 증거는 유럽에서 발견된 약 3만 5000년 전의 벽화라고 할 수 있다. 그리고 그 뒤 그와 비슷한 아주 많은 수의 예술적 증거가 세계 곳곳에서 확인되기 시작했다. 어떠한 예고나 징조도 없이 기술적으로나 미적으로 대단히 뛰어난 예술적 성과가 거의 완벽한 모습으로 등장한 것이다. 이때의 예술에는 오늘날에도 여전히 이용되는 시각 예술의 기본 기법이 상당 부분 담겨 있다. 그러나 그들의 예술은 수천 년간 지속되다가 사라져 버렸다. 갑자기 나타나 뿌리를 확인할 수 없었던 이 예술은 후대로 이어지지도 못했다.

이처럼 유럽의 예술은 시간적으로나 공간적으로 연결되지 않는 부분이 있다. 이는 아직 발견되지 않은 무언가가 있을지 모른다는 추측을 낳는다. 아프리카의 동굴들에서는 선사시대의 그림과 조각들이 매우 많이 발견되고 있다. 이런 예술품들은 2만 7000년 전으로 거슬러 올라간 때로부터 19세기까지 계속 만들어졌다. 오스트레일리아에는 적어도 2만 년 전의 동굴 벽화가 있다. 이처럼 구석기시대의 예술은 유럽에만 있었던 것이 아니었다. 하지만 지금까지는 유럽에서 발견된 예술품들에 대한 연구가 가장 많이 진행된 상태다.

후기 구석기시대에 서유럽에서 나타난 예술은 확실히 독보적이었다. 그것은 다른 시대와 비교도 할 수 없을 만큼 거대하고 강력한 인상을 심어 주는 것이었다. 물론 이러한 예술적 성과물들은 발견되지 않았을 뿐 다른 지역에서도 존재했을 가능성이 높다. 우리는 무엇이 왜 만들어졌는지 잘 알지 못하는 것처럼, 무엇이 사라졌는지도 제대로 알지 못한다. 몸짓이나 소리, 아니면 쉽게 없어질 수 있는 재료로 무엇인가 표현되거나 만들어졌다가 사라졌을 가능성도 있다. 하지만 그것이 무엇인지 정확히 알 수 없다.

예술과 종교

당시 유럽의 예술적 성과물들은 주로 프랑스 남서부와 스페인 북부지역에서 발견되었다. 그 형태는 크게 세 가지로 나뉘는데 돌이나 뼈, 진흙으로 만든 작은 조각상(주로 여성), 장식을 한 도구나 무기, 동굴 벽화가 그것이다. 동굴 벽화와

후기 구석기시대의 특징적인 석기. 정교하게 다듬은 부싯돌 촉(왼쪽)은 기원전 2만 5000~2만 년 전 프랑스와 스페인에서 나타난 솔뤼트레 문화*의 전형적인 석기다. 뼈 작살은 이후에 등장하는 마들렌 문화*에서 출토되었다.

*솔뤼트레 문화와 마들렌 문화

솔뤼트레 문화란 남서부 유럽, 특히 프랑스와 스페인 지역을 중심으로 발달한 후기 구석기시대 문화를 뜻한다. 이 문화는 찌르개, 삭기, 골각기 등이 특징적으로 나타났다.
솔뤼트레 문화 이후 나타난 마들렌 문화는 후기 구석기시대 마지막 문화에 속한다. 이때 새롭고 다양한 골각기가 등장했고, 인류는 그림을 그리고 조각을 하기도 했다.

후기 구석기시대의 오리냐크 문화에서 출토된 부싯돌(왼쪽)과 뼈로 만든 도구.

1994년 12월 탐험가들이 프랑스 아르데슈 계곡에서 쇼베 동굴을 찾아냈다. 동굴 안에는 300개 이상의 벽화가 있었다. 방사성 탄소 연대 측정법을 통해 이 벽화들은 3만 년 이상 된 것으로 밝혀졌다. 따라서 이 벽화들은 지금까지 발견된 그림 가운데 가장 오래된 그림이다. 아름다운 말 머리 모습에서 알 수 있듯이 그 솜씨가 대단했던 것으로 보인다.

프랑스 레스퓌그에서 출토된 이 조각상은 2만 3000년 전의 것으로 구석기시대의 이상적인 여인상을 보여 준다. 조각상의 엉덩이는 지둔(脂臀)의 특징을 드러낸다. 지둔이란 엉덩이에 과도한 지방이 축적되어 있는 상태를 말하는 것으로, 오랫동안 음식을 먹지 못할 때를 대비하여 에너지를 저장해 두기 위해 적응한 형태이다.

*샤머니즘
시베리아 북부의 원주민들에게서 시작된 일종의 원시 종교. 무당을 뜻하는 샤먼이 신령이나 죽은 이의 영혼을 불러내어, 길흉을 판단하거나 예언을 하도록 하는 것이다.

장식품에는 동물 그림이 가장 많았다.

학자들은 그 그림이 무엇을 뜻하며, 그리고 특히 세심하게 주의를 기울인 그림의 순서가 무엇을 의미하는지 연구를 거듭했다. 매우 섬세하게 묘사된 수많은 동물은 사냥의 주 대상임이 분명했다. 그리고 그림을 그린 순서에도 특정한 질서가 반영되어 있을 가능성이 컸다. 하지만 그 이상의 뭔가를 확인하기는 어려웠다.

후기 구석기시대 사람들은 예술 작품에 구체적인 의미를 담으려고 했다. 분명하지는 않지만, 벽화에는 종교적인, 혹은 주술적인 의미가 담겨 있었던 것으로 보인다. 아프리카에서 발견된 동굴이나 바위에 새겨진 그림들에는 초자연적 존재를 숭배하는 샤머니즘* 의식이 분명하게 나타났다. 그들은 동굴의 깊숙한 곳, 다가가기 어려운 곳에 벽화를 그려 놓았다. 이는 그들이 그림을 그리거나 그림을 바라보면서 어떤 특별한 의식을 치렀다는 사실을 강력하게 암시한다. 그들은 이처럼 어두운 곳에서 의식을 치르기 위해 불을 사용했을 것이다.

유럽의 동굴 벽화 앞에서도 이와 비슷한 풍경이 펼쳐졌을 것이다. 종교의 탄생은 네안데르탈인의 매장의식에서 처음 엿볼 수 있었지만, 이보다 훨씬 더 본격화된 것은 후기 구석기시대 사람들에 의해서였다. 그들 역시 정성을 들여 매장의식을 치렀다. 후기 구석기시대 사람들의 예술은 좀 더 체계화되고 정리된 종교에 관한 최초의 유물이었다.

초기 예술의 발전

유럽의 예술은 오랜 기간에 걸쳐 생겨나고 발전하다가 결국 사라졌다. 이 과정은 약 3만 년 동안 이어졌다. 3만 5000년 전 뼈와 상아를 장식하고 색칠한 예술품이 처음으로 등장했고, 그로부터 1만 5000년 정도 뒤에 회화, 조각 등 최초의 조형미술이 나타났다.

곧이어 선사시대 미학의 절정이라고 할 수 있는 거대 동굴 벽화가 그 모습을 드러내기 시작했다. 그들은 다양한 동물과 신비로운 상징적 무늬로 가득 수놓은 이 동굴을 성스러운 공간으로 여겼다. 현대인들은 길게 이어진 이 거대한 벽화 동굴을 '구석기시대의 성당'이라고 부르곤 한다. 그들이 이룬 위대한 예술적 수준과 규모로 볼 때 이러한 비유는 매우 적절하다고 할 것이다.

동굴 벽화의 시대는 약 5000년 동안 이어졌다. 특정 문화가 아주 오랜 기간 큰 변화 없이 유지된 셈이다. 이는 지구상에서 꽃피운 문명의 전체 역사만큼이나 긴 기간이었다. 이를 통해 당시에는 문화적 흐름이 외부의 영향에 크게 흔들리지 않았다는 사실을 알 수 있다. 나아가 선사시대 문화는 다른 지역과 별 교류 없이 지리적으로 고립되어 있었다고 볼 수 있다.

인류 초기 예술의 생명은 기원전 9000년 경까지 이어졌다. 이때는 수사슴을 다른 동물들보다 훨씬 더 많이 그리거나 만들었는데, 이는 이전에 많이 그렸던 순록과 매머드가 빙하기가 끝나면서 사라졌다는 사실을 반영한다. 그 후 유럽 최초의 위대한 예술적 성과는 화려하고 아름답게 장식한 도구와 무기들이 대거 쏟아져 나온 뒤 끝이 났다. 규모나 질적으로 이 수준을 뛰어넘는 예술은 더 이상 찾아볼 수 없었다. 장식된 자갈 몇 개가 발견됐을 뿐이다. 다시 위대한 예술을 만나기 위해서는 6000년 이상을 더 기다려야 했다.

구석기시대의 비너스

흔히 '구석기시대의 비너스'라고 알려진 이런 작은 여인상은 대부분 2만 1000~2만 9000년 전 것으로 피레네 산맥부터 러시아까지 유럽 전역에서 발견된다. 부분적으로, 혹은 완전히 벌거벗은 여인이 표현되었고 가슴과 엉덩이가 매우 크며 일부는 임신을 하고 있다. 조각상의 머리와 팔, 다리는 그다지 관심이 없었는지 간단하게 처리되었다. 이들 여인상은 아이를 많이 낳으려는 의식과 관련된 것으로 보인다. 이 여인상이 수많은 지역에서 발견된 것은, 이것이 광범위한 지역에서 수천 년간 공통된 문화적 상상이었다는 것을 뜻한다.

초기 예술은 왜 사라졌는가

그렇다면 인류 초기의 예술은 왜 사라졌을까? 그 과정은 너무나 갑작스러웠다. 후기 구석기시대의 예술이 존재했던 시기와 그 이후의 차이는 어마어마했다. 그런데도 이 수수께끼와도 같은 종말이 언제, 어떤 순서로 찾아왔는지 전혀 알 수가 없다.

어떤 학자들은 기후에서 그 원인을 찾는다. 원래 동굴 벽화는 그들이 잡고자 하는 사냥감들의 움직임과 규모에 어떤 주술적인 영향을 미치기 위한 것이었다. 그러나 마지막 빙하기가 끝나가면서 추운 곳에 살던 순록의 수가 점차 줄어들었다. 그래서 사람들은 순록을 계속 잡을 수 있게 해달라고 애타게 빌었을 것이다. 하지만 시간이 흐를수록 빙하는 사라져갔고, 초기 인간이 적응했던 환경도 바뀌어 갔다. 자연을 자신의 뜻대로 움직일 수 있다는 희망 역시 사그라지고 있었다.

하지만 호모 사피엔스는 그렇게 무기력하지 않았다. 그들은 새로운 환경에 도전할 자세가 되어 있었다. 하지만, 적어도 새로운 환경에 적응하는 동안에는 최초의 예술을 포기하고 문화적 빈곤을 감수할 수밖에 없었던 것으로 보인다.

인종의 탄생

후기 구석기시대에는 인간에게 중대한 유전적 변화가 있었던 것으로 보인다. 진화는 이제 사회적 차원에서 진행되는 현상이었다. 현대의 인종과 그들의 지역적 분포는 이미

인종의 분할

다양한 인류 집단의 DNA를 연구한 결과에 의하면, 오늘날의 인류는 하나의 계통에서 시작되었다고 한다. 이 계통은 약 10만 년 전부터 둘로 갈라지기 시작하고, 그 과정은 구석기시대 말까지 계속된다. 아래 그림은 루이지 루카 카발리 스포르자라는 사람의 연구를 토대로 그린 것이다. 이 그림을 통해, 아프리카계에서 다른 나머지 인구 집단이 처음으로 갈라져 나오는 것을 알 수 있다.

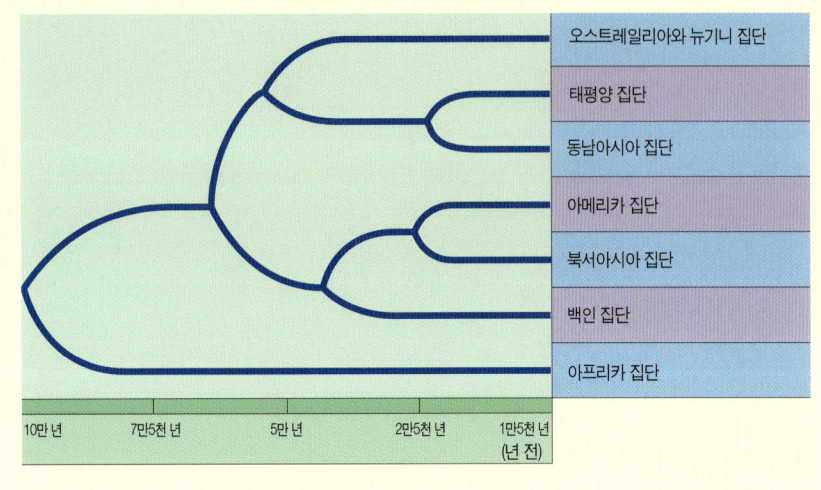

후기 구석기시대 말에 대체로 정해져 있었다. 호모 사피엔스는 지리적·기후적 차이로 인해 각 지역마다 피부색과 머리카락, 두개골의 모양, 얼굴뼈의 구조가 다양하게 나뉘고 있었다. 이를테면 중국에서 발견된 초기 호모 사피엔스의 유골에서는 몽골 인종의 특성을 찾아볼 수 있다.

기원전 1만 년경이면 현재의 모든 주요 인종이 나타났다고 할 수 있다. 그들은 각각 여러 지역에 흩어져 살았는데, 인종의 대이동이 시작된 것은 서기 1500년 이후 유럽 문명이 세계를 지배하면서부터였다.

구석기시대에 인간들은 지구 곳곳으로 나가고 있었다. 아메리카대륙, 오스트레일리아대륙 등 발을 들여놓지 않은 땅이 없었다. 3만~1만 5000년 전에는 몽골 인종이 아메리카대륙으로 널리 퍼져 나갔다. 오스트레일리아대륙에서 발견된 최초의 구석기 유적지는 3만 5000년의 것이다. 호모 사피엔스는 아마도 동남아시아에서 바다를 건너 이곳으로 들어갔을 것이다.

늘어나는 인구

후기 구석기시대에도 지구는 여전히 썰렁했다. 어떤 계산법에 따르면, 네안데르탈인 시대인 약 5만 년 전 프랑스에는 2만 명이 살고 있었다고 한다. 그리고 전 세계적으로는 1천만 명 정도가 살고 있었을 것으로 보았다. 한 학자의 표현을 빌리자면 당시 지구는 '사냥감으로 가득한 인간의 사막'이었다. 사냥감은 넘쳐나는데, 이를 잡아먹을 인간의 수는 매우 적었다는 이야기다.

이렇게 적은 수의 인간이 존재했던 당시 지구를 상상해 본다면, 문화적 변화가 여전히 매우 느리게 진행되고 있었음을 알 수 있다. 구석기시대에 인간은 이전보다 훨씬 더 많은 능력과 엄청난 발전상을 보여 주었지만, 보다 먼 곳으로 그 지식을 퍼뜨리는 데는 여전히 수천 년의 세월이 걸렸다. 한 개인은 다른 집단 혹은 다른 부족의 사람과 한 번도 만나지 않고 평생을 살 수 있었다. 다른 문화권의 사람이라면 더 이상 말할 것도 없었다. 후기 구석기시대 사람들이 모여 살던 집단에 대해 알

뼈나 뿔, 돌에 구석기시대 동굴 벽화와 비슷한 그림들이 많이 새겨져 있는 것이 발견되었다. 이 어깨뼈 조각은 스페인 칸타브리아의 카스티요 동굴에서 출토되었다.

알타미라 동굴의 벽화 구역도

▲ 최초의 구석기시대 벽화는 스페인 칸타브리아의 알타미라 동굴에서 발견되었다. 1만 2000년 전 깜빡이는 횃불 아래서 누군가가 이 멋진 들소를 그렸을 것이다. 아마도 이것은 그가 치르던 의식의 일부였을 것이다.

호모 사피엔스의 등장 49

프랑스 센 계곡의 프랭스뱅 유적지에는 둥근 모양의 흔적이 땅 위에 수없이 많다. 그러한 흔적의 끝에는 불을 피우던 자리가 있다. 그곳은 약 1만 년 전 순록 사냥꾼들이 살던 곳이었다. 기둥을 세운 흔적은 찾아볼 수 없지만 그림과 비슷한 가벼운 천막을 지었을 것으로 짐작된다. 빙 둘러 세운 막대기 위로는 동물의 가죽을 씌웠을 것이다.

나무에서 내려온 영장류의 후손들은 도구를 만드는 능력을 키웠고, 자연 속에 살 곳을 마련하는 방법도 배웠다. 또한 불을 마음대로 다루고, 짐승들을 사냥했으며, 때로는 그 짐승들의 가죽과 고기를 활용하기도 했다. 그들은 오랜 기간 이러한 노력을 거쳐 오면서 자연의 순리에서 점차 벗어나 상당 수준의 독립된 삶을 쟁취할 수 있었다.

이제 인간은 협동해서 일할 만큼 높은 수준의 사회 조직까지 만들어 냈다. 남성과 여성, 성별에 따른 일의 분담 역시 뚜렷해졌다. 여러 문제를 처리하는 과정에서 언어로 생각을 전달하는 능력 또한 생겨났고, 종교의 뿌리라고 할 수 있는 제사의식도 행해졌다. 그리고 마침내 위대하고 놀라운 예술을 탄생시켰다. 후기 구석기 사회에서 달이 지구를 한 바퀴 도는 시간을 기준으로 만든 역법인 태음력을 사용했다는 주장도 있다.

려진 사실은 별로 없다. 다만 그 전 시대보다 집단의 규모가 크고 안정적이었던 것만은 분명해 보인다.

구석기시대의 가장 오래된 구조물 유적은 당시 사냥을 했던 사람들이 남긴 것이다. 그들은 오늘날의 체코공화국과 슬로바키아공화국 근처에서 살았다. 기원전 1만 년경 프랑스 일부 지역에서는 400~600명이 살 수 있는 주거지가 만들어져 있었다. 물론 이 집단이 어떻게 구성되었고, 어떤 질서로 운영되었는지는 확인할 수 없다. 다만 이 시대에 성별에 따른 일 구분이 점점 더 뚜렷해지고 있었다는 것만은 분명하다. 먹잇감이 다양해지면서 남성에겐 더 높은 사냥 기술이 요구되었다. 동시에 정착지에서는 점차 다양한 식물을 재배해 먹을 수 있는 가능성이 생겨나고 있었다. 이는 주로 여성의 몫이었다.

선사시대 이후 인간은 확실히 지능이 상당히 높았으며, 이미 사물을 객관화하고 추상화할 수 있는 능력을 갖추고 있었다. 이러한 힘 덕분에 선사시대 인간은 또 한 차례의 위대한 진전을 앞두고 있었다. 바로 농경 기술의 발견이었다.

구석기시대의 끝

기원전 9000년경, 지금과 같은 지구의 모습이 모두 갖춰지고 난 뒤 인류는 지형적으로 상당히 안정된 시기를 보내 왔다. 당시의 세계는 완전히 인간이 지배하고 있었다.

라스코 동굴의 벽화 구역도

현재 알려진 바로는 구석기 시대의 벽화가 그려진 동굴은 유럽에 무려 200개 이상 있다. 대부분의 그림은 기원전 1만 5000~1만 년 사이에 지속된 마들렌 문화에 속하며, 그중 90%의 그림이 프랑스와 스페인에서 발견되었다. 사진은 프랑스 도르도뉴의 라스코 동굴에서 발견된 그림이다. 이 그림은 구석기시대 벽화 가운데서 매우 인상적인 그림 중 하나로 손꼽힌다.

3 문명의 가능성

호모 사피엔스는 수만 년 동안 인류 문명을 향한 긴 여정을 펼쳐 왔다. 그리고 마지막 빙하기가 끝난 기원전 9000년경 이들의 여정은 마침내 마침표를 찍는다. 이제 진정한 역사의 시대가 시작될 차례가 된 것이다.

그로부터 약 5000~6000년 후 인류에게 중대한 변화가 연이어 찾아왔다. 그중 가장 큰 변화는 식량의 증가였다. 이로써 인간의 발전 속도는 놀랍도록 빨라졌다. 또한 모든 영역에서 눈부신 변화가 진행되었다. 최근 250년간 계속되어 온 산업혁명을 제외하고 인류 역사상 이에 견줄 만한 큰 변화는 인류 역사상 찾아볼 수가 없다.

'혁명'으로 불리는 신석기 문화

어떤 학자는 선사시대의 마지막을 특징짓는 이러한 변화를 '신석기 혁명'이란 말로 정리한다. 그렇다면 신석기시대는 어떤 시대 구

스페인 동부에서는 중석기 문화의 동굴 벽화가 많이 발견된다. 코굴의 로카 델 모로스에서 발견된 아래의 그림 역시 그 가운데 하나로 사람들의 모습을 자세히 묘사하고 있다.

사슴이 전속력으로 뛰어가고 있는 이 그림은 스페인 동부에서 발견된 수많은 동물 그림 중 하나로 카스텔론 지방의 가술로 계곡에 있는 암석에서 발견되었다.

분에 따른 용어일까?

고고학자들은 구석기시대 다음을 중석기시대, 그리고 그다음을 신석기시대라고 부른다. 또 어떤 학자는 여기에 네 번째 시대로 금석병용시대를 추가하기도 한다. 금석병용시대는 석기와 청동기가 함께 쓰인 시대를 말한다.

다른 기준이 더해지기도 하지만, 보통 신석기시대는 원래 돌에 어떤 타격을 가해 만든 '뗀석기'에서 벗어나 돌의 전면을 갈아 만든 '간(마제)석기'를 사용한 시기를 말한다. 사실 이는 그다지 놀랄 만한 변화처럼 보이지 않을 수 있다. 그렇게 본다면 신석기 혁명이라는 말은커녕 신석기시대에 일부 역사가들이 보인 흥분 자체를 이해할 수 없을 것이다.

그렇다면 신석기 혁명은 잘못된 용어일까? 사실 그다지 석설한 표현은 아니나. 그 안에 서로 다른 개념이 너무 많이 포함되어 있기 때문이다. 하지만 이 단어는 신석기시대의 중요하고 복잡한 변화를 최대한 파악해 보려는 시도라는 점에서 나름대로 의미가 있다. 신석기시대의 진실을 알아보기 위한 노력도 이러한 태도로 접근해야 할 필요가 있다. 대체 어떤 점 때문에 신석기시대는 '혁명'으로까지 불리는 것일까?

신석기시대의 지역적 차이

신석기시대가 모든 곳에서 동시에 시작된 것은 아니었다. 지역마다 발전한 시기와 끝난 시기가 각각 달랐다. 어떤 곳은 다른 곳보다 수천 년이나 오래 지속되기도 했다. 더구나 신석기시대의 시작은 그 전 시대의 끝과 선명하게 구분되지 않는다. 그 사이에는 문화적으로 뚜렷하게 구분하기 어려운 모호한 시기가 넓게 퍼져 있었다.

또한 신석기 문화 안에서도 각 사회는 서로 다른 수준의 기술과 자원을 가지고 있었다. 간석기 외에 진흙을 말리거나 구워 도기를 만들어 낸 사회가 있는가 하면, 동물을 기르거나 곡물을 재배하는 법을 알아낸 사회도 있었다. 각 지역마다 발전은 느리게 진행됐고, 문자 문명이 출현하기 전까지는 수준이 모두 제각각이었다.

하지만 이런 한계가 있었음에도 신석기 문화는 분명 문명의 모태였으며, 문명의 전제조

스페인의 동굴 벽화는 인류가 오래전부터 활과 화살을 사용했음을 알려 준 최초의 증거물이다.

문명의 가능성 53

신석기시대의 중요한 문화적 특징 중 하나가 갈아 만든 석기이다. 간석기는 표면이 매끄러워질 때까지 갈아서 만들었다. 사진에서 보는 신석기의 도끼머리는 나무를 베는 데 사용된 것이다.

건이었다. '석기' 시대라는 이름이 붙여지긴 했지만, 이 시대의 문화를 단지 정교하게 만들어진 석기 생산만으로 설명할 수는 없다.

신석기시대에서 가장 주목할 만한 것은 느리지만 인간의 행동과 사회조직이 근본적으로 달라진다는 사실이다. 이러한 중요한 변화는 그것을 '혁명'이라 하든 뭐라 하든, 선사시대의 마지막 시간을 하나의 독립적인 시기로 따로 떼어 내 파악하게끔 만든다.

신체적·생리적 변화

후기 구석기시대 말의 인간은 우리가 알고 있는 인간과 신체적으로 거의 비슷했다. 그 후 인간은 키와 몸무게가 좀 더 커졌다. 그리고 좀 더 안정된 정착 생활을 누리면서 영양 공급이 잘 되어 평균 수명도 늘어났다.

구석기시대에는 남녀 모두 40세 정도밖에 살지 못했을 가능성이 크다. 어쩌다 40세가 넘게 살았더라도 그것은 몹시 비참한 삶이었을 것이다. 일찍 늙어 버린 데다 관절염이나 류머티즘, 썩은 이 등으로 고생하거나 뼈가 부러지는 사고를 당해 고통받는 상태를 상상해 보면 된다. 이러한 상황은 아주 오랫동안 지속됐을 것이다.

먹는 것이 달라지면서 인간의 얼굴 모습도 계속 변해 갔다. 이를테면 앵글로색슨족 가운데는 위아래의 앞니가 딱 맞물려 있는 구강 형태에서 윗니가 아랫니를 살짝 덮은 모양으로 변화된 경우가 있다. 이는 서기 1066년 이후 생겨난 현상으로 보이는데, 전분과 탄수화물을 더 많이 섭취하면서 생긴 결과다. 이러한 변화는 훗날 영국인의 외모에 큰 영향을 미쳤다.

인간의 신체적 특징은 대륙마다 달랐다. 하지만 능력까지 달랐다고 할 수는 없을 것이다. 마지막 빙하기가 끝나면서 엄청난 기후적·지리적 변화가 찾아왔지만, 세계 곳곳에 퍼져 있던 호모 사피엔스 사피엔스는 이러한 격변에 잘 적응하는 뛰어난 능력을 발휘하였다. 정착지를 형성하고 기술과 언어, 예술을 계속 발달시키기 위해서는 기본적인 능력이 충분해야만 했다. 하지만 여기엔 그 이상으로 필요한 것이 있었다. 나날이 먹을 양식, 더 나아가 비축해 놓은 생산물, 즉 잉여 생산물이 그것이었다.

잉여 생산물은 사냥과 먹이 채집에 특별히 유리한 지역이 아니라면 생각할 수 없는 일이었다. 당시 사냥과 먹이 채집은 인간 생활의 모든 것을 떠받치는 기본으로 약 1만 년 전까지 인간이 알고 있던 유일한 '경제' 활동이었다.

농업 혁명

문명의 시작은 농업이 있었기에 가능했다. 농업의 탄생은 너무나 획기적인 일이어서 '농업 혁명' 등 어떤 수식을 달아도 어색하지 않다. 농업 혁명이란 용어는 신석기시대가 문명 탄생에 얼마나 큰 역할을 했는지 분명하게 말해 준다.

쪼개 만든 신석기시대의 창 머리로 기원전 4400~3300년의 것으로 추정된다.

신석기시대 일부 사회에서 퍼지고 있던 야금술*도 농업만큼 혁명적인 역할을 하지는 못했다.

농업은 인간의 삶을 근본적으로 바꾸었다. 한 고고학자는 신석기시대를 다음과 같이 표현하기도 한다. "언제부터 언제까지라고 정확히 말할 수는 없지만, 신석기시대는 사냥을 중심으로 한 생활이 끝나고 금속 도구의 이용이 시작될 때까지의 시간을 말한다. 이때 농업은 천천히 움직이는 파도처럼 유럽과 아시아, 북아프리카로 퍼져 나갔다."

농업은 쉽게 말해 작물을 재배하고 가축을 기르는 일이다. 이런 일이 정확히 언제 어디서 어떻게 시작되었는지는 알 수 없다. 다만, 농업에 유리한 지역이 따로 있었던 것만은 분명하다. 당시 어떤 사람들은 빙하가 녹으면서 드러난 들판을 가로지르며 사냥감을 쫓고 있었을 것이다. 또 어떤 사람들은 먹이가 많은 계곡이나 바닷가 근처에서 식물과 물고기들을 수확하고 있었을 것이다. 그리고 일부는 곡식을 재배하고 가축을 기르는 데 좋은 환경에 놓여 있었을 것이다.

이런 점에서 아프리카와 유럽·아시아 대륙은 아메리카대륙보다 가축으로 기를 수 있는 동물이 풍부한 곳이었다. 농업은 당연히 여러 곳에서 서로 다른 형태로 시작되었다. 그 수준이 낮긴 했지만 수수와 쌀의 재배를 기준으로 하면, 최초의 농업은 기원전 1만 년경 서아시아 지역에서 시작된 듯하다.

유럽으로 전파된 서아시아의 농업

어쩌면 중국 등이 자리 잡고 있는 동아시아 지역에서 먼저 농업이 시작되었을지도 모르지만, 지금까지 확인된 바로는 서아시아 지역에서 가장 먼저 시작되었다고 추측할 수 있는 근거가 더욱 많다. 설령 서아시아 지역이 최초로 농업이 시작된 곳은 아니라 하더라도, 이 지역을 주의 깊게 봐야 할 이유는 그밖에도 많다.

훗날 '비옥한 초승달 지대'*라고 불리는

몇 천 년 전의 사하라는 현재만큼 건조하지 않았다. 사진의 암석 조각은 사하라에서 출토된 것으로 사하라 서부에서는 다양한 동물들이 새겨진 이런 작은 암석 조각들이 수없이 많이 발견되었다. 이 암석 조각들에서 인류가 야생동물을 사냥하는 생활에서 가축을 기르는 생활로 점진적으로 바뀌어 갔다는 증거를 찾아볼 수 있다.

*야금술
광석에서 금속을 골라내 용도에 따라 가공하는 기술을 야금술이라 한다. 이러한 야금술의 발견과 이에 따른 금속의 사용은 농기구와 무기 등 생활의 많은 부분을 변화, 발전시켰다.

*비옥한 초승달 지대
메소포타미아와 지중해 지역의 문명 발상지. 세계사에서 빠질 수 없는 중요한 지역 중 하나로, 말 그대로 '초승달'처럼 생긴 지역이다. 미국의 동양학자 제임스 헨리 브리스테드가 처음 사용한 용어이며, 이 지역은 기후와 토질이 뛰어나 쟁탈전도 많이 벌어졌다.

연대표 (기원전 10000~3500년)

기원전 10000년	기원전 8000년	기원전 6000년	기원전 4000년	기원전 2000년
	서아시아에서 최초의 신석기시대 조각물 등장		서아시아에서 청동기시대 시작	
기원전 10000~5000년 유럽의 중석기 문화		유럽에서 최초의 신석기시대 조각물 등장		

문명의 가능성 55

신석기시대의 농업 용구. 숫돌(위쪽)과 작물을 베는 데 쓴 듯한 부싯돌 날(오른쪽).

초승달 모양의 서아시아 지역은 이집트에서 북쪽으로 팔레스타인과 동지중해 연안의 레반트, 아시아대륙의 서쪽 끝인 소아시아를 지나 이란과 카스피 해 사이의 산지까지 뻗어 간 뒤 남쪽으로 내려와 메소포타미아 계곡을 아우른다.

현재 이 지역은 5000년 전 기후 조건이 가장 좋았을 당시의 풍요로운 환경과는 매우 달라 보인다. 당시 터키 남부 지방에서는 야생 보리와 밀 같은 곡식이, 요르단 계곡에서는 밀의 일종인 에머밀이 자라고 있었다. 이집트는 역사시대로 접어들기 전까지 강우량이 풍부해 커다란 사냥감들이 넘쳐 났다. 시리아에는 기원전 1만 년경에도 코끼리가 살고 있었다.

오늘날에도 이 지역은 주변의 사막과 비교하면 그나마 비옥하다고 할 수 있다. 하지만 선사시대에는 훨씬 더 좋은 환경이었다. 기원을 따져 보면 현재 우리가 먹고 있는 곡식은 모두 이 지역에서 나왔다고 할 수 있다. 소아시아에서는 땅을 갈아 농사를 지은 것까지는 아니지만 기원전 9500년경 야생의 식물을 수확한 증거가 확인되었다.

아마도 마지막 빙하기가 끝나고 나무가 많이 우거진 숲지대가 늘어나면서 새로운 변화가 필요했을 것이다. 그간 살아왔던 공간만으로는 늘어난 인구를 감당할 수 없었을 것이고, 그래서 사람들은 나무를 베고 곡식을 심으면서 생활 공간을 넓히려는 시도를 했을 것이다.

농사 기술이 유럽으로 전해진 것은 기원전 6000년경으로 보인다. 물론 교류는 대륙 바깥보다는 지역 내에서 훨씬 활발했다. 예를 들면 이란 남서부에서 발견된 기원전 8000년경의 돌칼들은 그 근처 소아시아 지역의 흑요석으로 만들어져 있었다. 하지만 당시의 농사 기술이 모두 교류를 통해 전해진 것은 아니었다. 후에 아메리카대륙에서도 농업이 시작되었지만, 외부에서 이곳으로 농사 기술을 전한 흔적은 발견할 수 없었다.

가축의 등장

야생동물을 인간의 필요에 맞게 개량한 가축을 기르기 시작한 것도 농사 기술만큼이나 중요한 진전이었다. 기원전 9000년경 이라크 북부지방에서 양을 기른 흔적을 찾아볼 수 있다. 그 이전의 수천 년 동안에는 젖소와 돼지의 조상쯤 되는 동물들이 풀과 나무로 뒤덮인 구릉지역을 아무런 방해도 받지 않고 마음껏 돌아다니고 있었다. 이따금씩 인간 사냥꾼들을 만날 뿐이었다. 돼지는 세계 곳곳에 널리 퍼져 있었고, 소아시아를 비롯한 아시아 대부분 지역에는 양과 염소가 특히 많았다.

가축들은 인간의 삶에 여러 변화를 가져왔다. 사람들은 동물의 가죽과 털을 이용하기 시작했고, 처음으로 우유를 짜냈다. 시간이 흐르면서 농사나 운송 수단으로도 동물을 이용하게 되었다. 그리고 그보다 좀 더 후에는 알이나 고기를 얻기 위해 몸집이 작은 날짐승을 집에서 기르기 시작했다.

농업의 시작

곡물 경작과 가축 사육은 인류 생활에 중대한 변화를 일으켰다. 이 두 가지 기술은 한 곳에서 시작되지 않았다. 농업이 서로 다른 시기에 여러 지역에서 개별적으로 발전해 갔다는 증거는 많다. 이런 지역은 오른쪽의 지도에서 보듯이 적어도 여덟 곳이나 된다.

최초의 농업은 서아시아 지역에서 발생한 듯하다. 이곳에서는 농촌이 1만 년 전부터 존재했던 것으로 알려져 있다. 농업과 목축은 이런 초기의 발상지에서 점차 다른 지역으로 확산되어 갔다. 예컨대 유럽의 농업 전통은 두 가지 경로를 통해 서아시아에서 유럽으로 전파되었다. 기원전 6500년경에는 발칸 반도를 통해 다뉴브 강을 건너왔고, 기원전 5000년경에는 지중해 연안을 통해 프랑스 남부에 이르렀다.

오른쪽 아래 지도는 유럽에서 농업이 전파된 양상을 보여 주며, 또한 농업의 확산이 도기 제작의 확산과 관련되어 있음을 보여 준다. 지중해 지역에서 발견되는 전형적인 도기는 조가비 무늬가 장식되어 있기 때문에 '조가비 도기' 라 부른다. '줄무늬 도기' 는 줄무늬가 새겨져 있기 때문에 그런 이름이 붙었는데, 알프스 북부 지방과 중부 유럽에 걸쳐 발견되었다. 이 두 종류의 도기가 발견되면서 초기 농업사회의 위치를 그림으로 나타낼 수 있게 되었다.

개별적으로 농업을 발전시킨 지역들

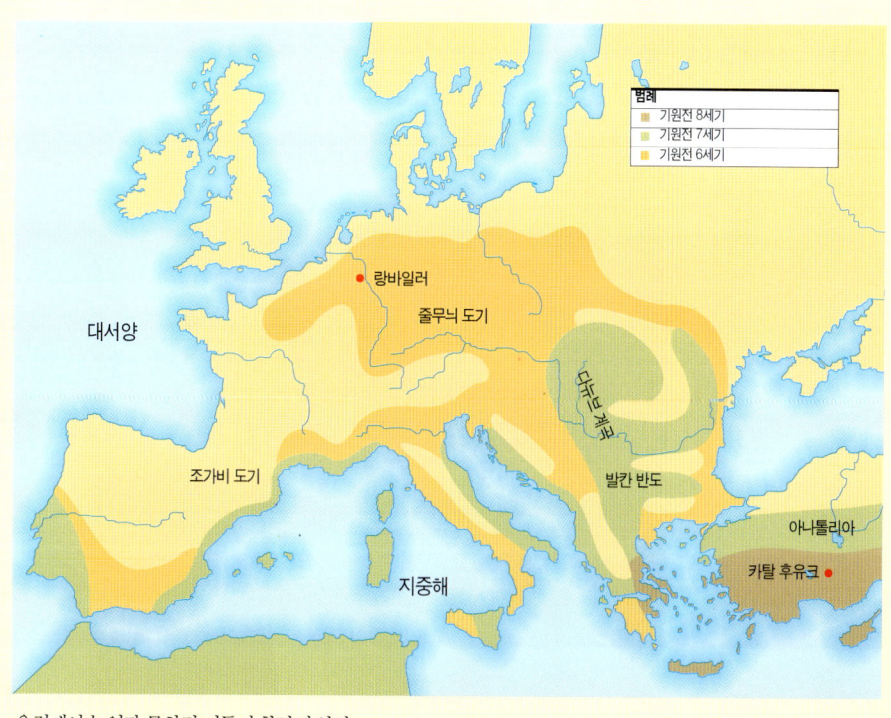

유럽에서 농업과 문화적 전통이 확산된 양상

잉여 생산물의 영향

인류는 이제 당시 어떤 변화가 일어났는지 구체적으로 파악할 수 있는 새로운 시대에 들어섰다. 물론 아직 진정한 의미의 '역사'가 시작된 것은 아니었다. 하지만 농업의 시작은 이후 인류 역사의 진행 방향을 이해할 수 있는 토대가 되었다.

우선 인류는 농업과 함께 환경을 크게 변화시켰다. 사냥과 먹이 채집이 중심인 사회에서는 한 가족을 부양하는 데 수백만 평의 땅이 필요했지만, 원시 농경사회에서는 이 땅의 100분의 1 정도면 충분했다.

식량이 안정적으로 공급되자 정착 생활은 큰 흔들림이 없었다. 현재와 같은 '마을'이 생겨난 것도 이때였다. 좁은 공간에서 많은 인구가 모여 사는 것이 가능해졌기 때문이다. 식량 생산에 직접 참여하지 않고도 사회 구성원으로 인정되는 사람도 생겨나게 되었다. 이들 '전문가'들은 자신의 전문 기술을 직업으로 삼아 식량 걱정 없이 그 일에만 집중할 수 있었다.

지금으로부터 1만 년 전 서아시아 요르단 강 서쪽의 예리코에는 이미 작은 마을이 있었다. 1000년 뒤 이 마을은 1만여 평의 대지 위에 진흙 벽돌집이 가득 들어선 '도시'에 가까운 공간으로 바뀌었다.

농촌 공동체와 상업

당시에도 지역별 차이가 역시 눈에 띄게 나타났다. 인간은 육체적으로는 그 어느 때보다 서로 비슷해졌지만, 서로 다른 문제와 씨름하고 서로 다른 자원을 사용하면서 각자 자신에 맞는 다양한 문화를 만들어 냈다.

다양한 부류의 호모 사피엔스들은 각자 매우 놀라운 능력으로 마지막 빙하기 뒤의 새로운 환경에 적응해 나갔다. 그러는 동안 각 지역에서는 이전 간빙기와는 다른 다양한 변화가 생겨나기 시작했다. 그들은 대부분 큰 변화가 없는 고립된 문화 속에서 살았다. 이런 상황에서는 누구에게나 이제까지 계속 해 오던 일만이 중요했다. 그 때문에 구석기시대에 진행된 문화적·인종적 분화 과정은 잠시 안정을 찾을 수 있었다. 그러나 이러한 지역별 특성은 곧이어 등장할 역사시대에 인구 증가, 교통수단의 발전, 상업의 영향 등으로 순식간에 허물어지고 만다. 그 시간은 기껏해야 1만 년에 불과했다.

새롭게 탄생한 농촌 공동체 사회에서는 각자에게 다양한 역할이 주어졌고, 서로 지켜야 할 질서도 생겨났다. 사회적 차별도 더욱 뚜렷해지기 시작했다. 어떤 사람들에게는 더 많은 여가 시간이 생겼지만, 식량 생산에 참여하는 사람들은 오히려 그런 여유가 더 줄어들었다. 이는 잉여 생산물이 가져온 새로운 현상이었다. 또한 잉여 생산물은 곧이어 상업으로 이어지는 물물교환을 가능하게 했다.

신석기시대의 다양한 문화적 전통은 각각의 독특한 도기 양식을 통해 확인할 수 있다. 위의 사진은 스페인의 안달루시아에서 출토된 도기로 초기 신석기시대에 지중해 서부 지역에서 특징적으로 나타나는 조가비 도기 중 하나다.

신석기시대 말에 만들어지기 시작했던 것으로 보이는 바구니이다. 믿을 수 없을 정도로 보존 상태가 양호한 이 바구니들은 스페인 그라나다에서 발견되었다.

요르단 강 서안에 있는 예리코 유적에서는 원형 석탑을 볼 수 있다. 탑의 높이는 9m로 기원전 8000년경 만들어졌다. 이를 통해 이미 신석기시대 초부터 일부 농경사회에서는 외부의 침입을 막기 위해 복잡한 요새 시설을 갖추었다는 것을 알 수 있다.

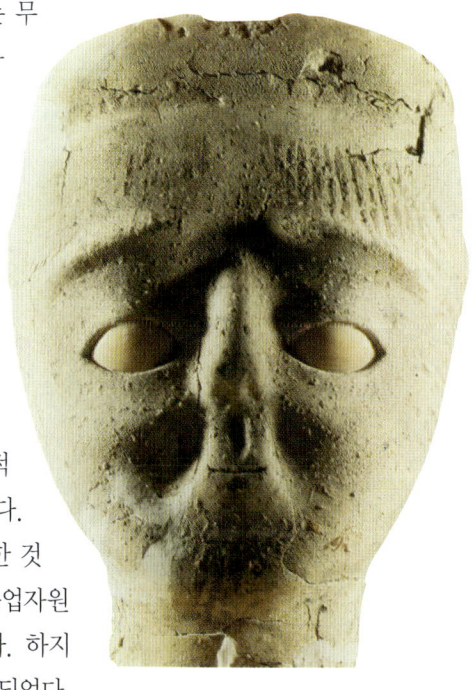

이 석고 가면 역시 예리코에서 발견되었다. 표면을 도드라지게 표현하는 얕은 돋을새김 기법으로 제작되었고, 기원전 7000년의 것으로 추정된다.

새로운 갈등, 전쟁

잉여 생산물은 사냥을 제외한 인간의 가장 오래된 야외 활동인 전쟁을 부추겼다. '약탈'을 통해 얻어지는 식량 등 잉여 생산물은 상대에 대한 공격과 정복을 매력적인 것으로 만들었을 것이다. 이 무렵 전쟁에서는 또한 유목민과 정착민의 갈등도 찾아볼 수 있다. 이런 갈등은 이후 수세기 동안 활발하게 진행되었다.

진정한 의미의 '권력'이 탄생한 것도 이 스음이었다. 정치권력은 사실 외부의 약탈자들로부터 농작물과 가축을 보호할 조직이 필요해서 생겨난 것이었다. '귀족계급'이라는 개념도 여기서 비롯되었다. 사냥과 먹이 채집 생활을 계속해 오던 이전 시대의 대표자들은 논과 밭에서 농작물을 키워 오던 온순한 정착민들을 무력으로 정복해, 그들을 노예로 삼았다. 사냥은 그 후 오랫동안 지배자들의 취미 활동에 지나지 않았다. 참고로 짐승의 세계를 지배하는 이러한 능력은 나중에 조각품이나 전설에서 묘사하는 영웅의 한 가지 특징이 된다.

선사시대는 폭력이 난무하는 무법천지였지만, 농업 활동을 하는 과정에서는 그다지 폭력이 필요하지 않았다. 지구상에는 아직 사람이 많지 않았기 때문이다. 농업이 시작될 무렵에도 지구에는 인간의 손이 닿지 않은 드넓은 공간이 아주 많이 남아 있었다. 그렇기 때문에 전쟁 등 폭력적인 다툼에 관한 당시의 고고학적 증거는 거의 찾아볼 수가 없다. 서로 경쟁이 치열해지기 시작한 것은 인구가 늘어나고 새로운 농업자원의 필요성이 커지면서부터였다. 하지만 이 과정은 매우 느리게 진행되었다.

문명의 가능성 59

야금술의 등장

농업만큼이나 많은 변화를 가져온 야금술이 등장하기까지에는 매우 오랜 기간이 필요했다. 처음에는 큰 변화가 없는 것처럼 보였다. 광물의 매장지가 너무 적었고, 또 흩어져 있었기 때문이다. 충분한 양의 광물은 오랫동안 찾을 수 없었다.

발견된 증거에 따르면, 최초로 사용된 금속은 구리다. 때문에 금속을 이용하는 시대를 구리와 주석의 합금인 '청동기' 시대로 부르는 것은 적절하지 않은 것이 사실이다. 우리에게 알려진 가장 오래된 금속 도구는 기원전 4000년경의 구리 핀으로 이집트에서 발견되었다. 하지만 기원전 7000~6000년경 서아시아의 카탈 후유크 지역에서는 불을 사용하지 않고 큰 망치로 두들기는 방법으로 이미 구리로 된 물건들을 만들어 내고 있었다.

구리에 주석을 섞어 청동을 만드는 기술은 기원전 3000년경 메소포타미아에서 사용되고 있었다. 이 기술로 인해 사람들은 이전보다 만들기 쉽고 더욱 날카로운 금속 도구를 갖게 되었다.

광물 매장 지역의 중요성은 갈수록 높아질 수밖에 없었다. 물물 교환과 시장 그리고 교통이 발달하기 시작한 것도 이러한 새로운 지역이 주목을 받으면서 가능해진 일이었다. 물론 수천 년이 더 흘러 철기시대가 되면 사회의 모습은 더더욱 복잡해진다. 철기는 일부 지역에서 문명이 시작되고 난 뒤에 나타났는데, 이는 문자 탄생 이후의 역사시대와 그 이전 시대의 문화가 한데 뒤엉켰던 시기가 있었음을 짐작하게 한다.

금속의 위력은 군사적 측면에서 먼저 확인되었다. 하지만 금속은 농업의 발전에도 그에 못지않은 기여를 하고 있었다. 금속 농기구는 탄생하기까지 꽤 오랜 기간이 걸리긴 했지만, 생활 공간을 넓히고 땅의 생산성을 크게 높였다. 그 전 신석기시대 사람들은 숲과 나무를 불태워 아무리 많은 농토를 만들어 낸다 하더라도, 기껏해야 나뭇가지나 나무로 된 곡괭이로 거친 땅의 표면만을 긁어 낼 수 있을 뿐이었다.

쟁기질은 기원전 3000년경 서아시아에서 처음 시작되었다. 그러나 흙을 뒤집고 땅을 깊게 파는 일은 가축의 활용과 철기구가 흔해진 뒤에야 가능해졌다.

발전의 중심지

사람들 간의 교류는 각 사회의 변화 속도를 무섭도록 빠르게 만들고 있었다. 물론 여기서 '빠르다'는 것은 일부 지역에서는 수천 년의 세월을 의미할 정도로 긴 기간이다. 하지만 지금까지 다뤄 온 내용을 보면 알 수 있듯이, 이전 선사시대와 비교하면 분명 '빠른' 속도였다. 일부 지역에서는 교류의 영향력이 미처 확인되기도 전에 최초의 문명이 그 모습을 드러냈다.

역사가들은 '혁명적 변화'가 한 지역에서 일어나 점차 주변으로 퍼져 나갔는지 아니면 각 지역에서 따로따로 나타났는지 논쟁을 벌이곤 한다. 하지만 문명 탄생의 여러 조건을 생각해

초기 청동기시대의 도끼(왼쪽)와 후기 청동기시대의 도끼(오른쪽). 청동기는 값비싼 재료이기 때문에 많이 사용할 수가 없었다. 주로 무기로 이용되었다.

본다면, 이러한 논쟁은 별 의미 없는 것이라 할 수 있다.

문명 탄생에 알맞은 지리적 조건과 기후 그리고 문화적 유산을 갖춘 지역이 오직 한 곳뿐이었을까? 마찬가지로 이러한 조건들이 서로 다른 각각의 지역에서 비슷한 시기에 정확히 똑같은 발명과 발견이 이루어질 수 있었을까?

우리가 확인할 수 있는 것은 서아시아 지역에 문명 탄생의 조건들이 가장 풍부했다는 사실이다. 어느 시점에선가 그들이 거둔 모든 문화적 성과가 한데 모여 서아시아를 새로운 발전의 중심지로 이끌었을 것이다. 그렇다고 해서 다른 지역에서는 이에 비길 만한 변화가 없었던 것은 아니다. 이를테면 도기를 최초로 생산한 지역은 기원전 1만 년경 일본으로 보인다. 기원전 5000년경 아메리카 대륙에서는 다른 지역으로부터 어떠한 도움도 없이 독자적인 농업이 시작되고 있었다.

청동기를 만드는 데에는 돌로 만든 거푸집이 사용되었다. 바늘을 만드는 데 사용된 이 거푸집은 스위스에서 발견되었다.

지금은 거의 사라진 일본 북부지방의 아이누족은 19세기경까지도 1만 5000년 전의 생활방식을 거의 그대로 유지하고 있었다. 16세기에 북아메리카로 들어간 영국인과 프랑스인들은 그곳에서 사냥과 먹이 채집 등 1만 년 전 조상들이 했던 방식 그대로 살아가는 사람들을 만났다. 고대 그리스의 플라톤과 아리스토텔레스가 한창 철학을 논하고 있을 때 아메리카 대륙은 여전히 선사시대를 벗어나지 못하고 있었다. 에스키모와 오스트레일리아 원주민들도 19세기까지 선사시대의 삶을 살았다.

변화의 속도

기원전 5000년경에 이르면, 아시아 또는 유럽과 아프리카의 어느 한 지역에 문명화된 생활방식의 특징이 나타나게 된다. 물론 그 깊은 뿌리는 유전적 진화의 긴 과정이 시작되는 수십만 년 전으로 거슬러 올라간다.

문명의 탄생

인간의 역사는 이처럼 이전 시대에 대한 명쾌한 정리와 끝맺음 없이 그 모습을 드러내기 시작했다. 계속 강조하지만, 역사의 시작을 확실하게 구분 짓는 경계선 같은 것은 없다. 각기 다른 환경 속에서 치열한 투쟁을 통해 성공적으로 살아남은 인간사회는, 선사시대가 끝나고 문명이 시작될 무렵 그 전의 어느 때보다도 다양한 모습이었다. 그중 일부는 선사시대의 생활방식을 그대로 이어가고 있었다.

변화의 속도가 빨라지기 시작한 것은 집단 문화의 중요성이 점점 커지던 후기 구석기시대에 들어서면서부터다. 하지만 이 역시 그 뒤에 일어날 일들에 비하면 아무것도 아니었다. 문명의 탄생은 모든 것을 새로운 차원으로 이끌었다.

수십만 년에 걸쳐 쌓아 온 정신적·기술적 성과 위에 세워진 문명의 발전 속도는 상호 교류를 통해 더욱 빨라졌다. 자연과 기후 등 외부 환경의 극복과 통제, 지적능력의 향

역시 스위스에서 발견된 돌로 만든 거푸집으로 청동 바늘을 주조하는 데 사용되었다. 오른쪽의 바늘이 주조된 청동 바늘이다.

문명의 가능성 61

상, 사회조직의 개선, 부의 축적 등 모든 영역에서 눈부신 발전이 계속되었다. 인구도 크게 늘어났다.

여기서 자칫 오해할 수 있는 한 가지 사실을 확실하게 짚고 넘어갈 필요가 있다. 지금의 우리는 주변에서 일어나는 변화의 속도에 익숙해 있다. 따라서 현재의 관점에서 보았을 때, 당시의 변화 속도는 매우 느리게 느껴질 것이다. 이를테면 유럽의 중세시대는 수세기 동안 긴 잠을 잔 것과 다름없다고 보는 시각이 그렇다. 하지만 역사를 공부한 학자라면 그 누구도 이에 동의하지 않을 것이다. 그들에게는 오랜 기간에 걸친 아주 작은 변화라 해도 중요하게 다가올 수밖에 없다.

아무리 작은 역사의 변화라도 사소하게 생각해서는 안 될 것이다. 따져 보면, 우리에게 알려진 최초의 예술, 즉 후기 구석기 시대의 예술은 수천 년 동안 아주 작은 양식적 변화만 보였을 뿐이다. 더 거슬러 올라가면, 초기 도구의 형태가 오랫동안 이어진 것에서 알 수 있듯이 변화의 속도는 더욱더 느렸다. '근본적인 변화'라는 것은 거의 찾아볼 수 없을 정도다. 하지만 우리가 아는 한 지난 1만 2000년 동안, 인류의 조상이 나타나고 현재 지구의 모습이 갖춰지기 시작한 약 200만 년 전의 대규모 변화만큼 인간의 삶에 막대한 영향을 미친 적은 없었다.

그러나 여러 차례의 빙하기, 간빙기 등 급격한 기후 변화와 지각운동이 진행된 만큼 이 시기의 변화를 확인할 수 있는 증거는 별로 남아 있지 않다. 또한 이 과정 역시 수십만 년에 걸쳐 일어난 것이었다.

카탈 후유크에서 발견된 이 조각상은 기원전 8000~7000년경 만들어진 것이다.

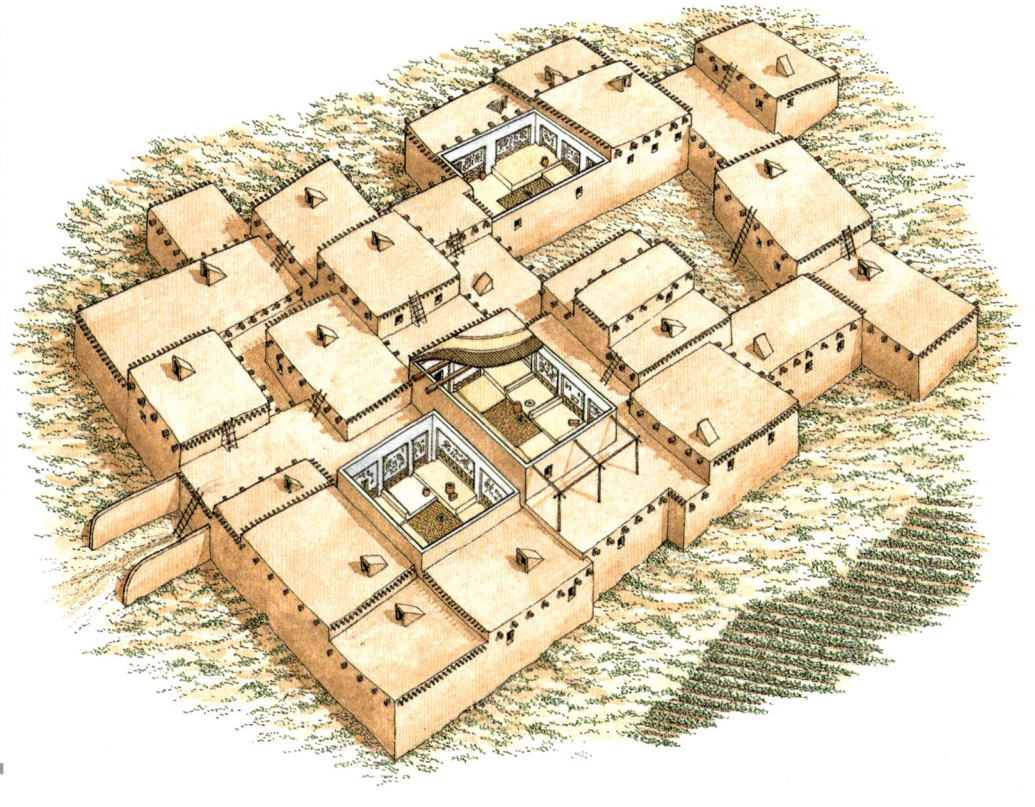

1958년 터키의 아나톨리아에서 발견된 카탈 후유크의 유적지 일부를 복원한 모습이다. 이곳에 있는 1,000개의 주택은 기원전 6000경 만들어진 것이다. 주택들은 대단히 획일적으로 설계되었고, 햇빛에 말린 벽돌과 점토로 만들어졌다. 넓이는 약 25m²이며 집으로 들어가려면 지붕으로 올라가 낮은 문을 지나야 한다. 어떤 곳은 성스러운 장소로 사용되어, 그곳에서는 벽화나 어머니 여신 혹은 소의 조각상이 발견되었다.

기원전 4000년에 세워진 이 건물은 넓이가 약 100m² 정도로, 중국의 황허 남쪽에 있는 반포[半坡] 지역에서 발견되었다. 신석기시대 문화인 양사오 문화 사람들이 거주했던 반포의 한 마을에서 가장 중요하게 사용되었던 건물이다.

의식적인 선택

시대에 따른 변화의 속도가 이처럼 차이가 나는 것은, 자연에 의한 변화보다 인간에 의한 변화가 훨씬 빨랐기 때문이다. 인간은 점차 자신의 의지대로 의식적인 '선택'을 해 나갔다. 심지어 선사시대의 변화도 주로 인간의 의식적인 적응 과정을 통해 일어났다고 할 수 있다. 문명이 시작되고 난 뒤에도 이는 마찬가지였고, 그러한 흐름은 갈수록 강해졌다. 인류 역사 이야기의 가장 중요한 부분이 '의식'과 관련된 이야기인 것은 바로 이런 이유 때문이다.

이제 인간은 유전적 대물림을 통해 서서히 변화하던 시대를 넘어서고 있었다. 더 이상 한계 따위는 없어 보였다. 최초의 인간이 등장한 직후부터 인간은 그들의 본성과 후손에 대한 교육을 통해 변화를 이끌고 있었다. 이제 변화를 이끄는 주된 힘은 인간이 만든 문화와 전통이었다.

인류의 유산

인간이 자신의 운명을 어느 정도 스스로 결정할 수 있게 된 것은 사실이지만, 그 전에 짚고 넘어가야 할 두 가지 문제가 있다. 첫째는 인간의 신체적 구조와 지적 능력은 후기 구석기시대 이후 크게 달라지지 않았다는 점이다. 인간의 육체는 약 4만 년 동안 거의 그대로였으며, 지적 능력 역시 마찬가지였다. 그 전 시대와 뚜렷이 구분되는 신체적·생리적 변화를 기대하기에는 사실 너무 짧은 시간이었다.

선사시대 이후 인류가 이룬 변화의 속도를 설명하는 것은 그리 어렵

◀ 카탈 후유크 유적지에서 발견된 이 점토 조각상은 기원전 6000년경의 것이다. 두 마리 사자 또는 표범 사이에 아이를 낳는 히타이트의 어머니 여신을 표현한 것이다.

'랑바일러 2' 유적지는 기원전 6000년 중반의 줄무늬 도기 문화의 특징을 보여 준다. 초기 유럽 농부들이 살았던 마을에는 위 그림처럼 매우 넓은 건물들이 많이 있었다. 그 넓이가 최대 45m²에 달했으며, 세 개의 구역으로 나뉘었다. 가운데 건물은 가족이 사용했고 다른 건물 하나는 가축을 기르는 축사로 사용했다. 세 번째 건물은 곡식 창고로 사용했을 것이다. 마을 사람들은 곡물과 채소를 재배했고 소와 돼지를 길렀으며 인근의 드넓은 숲에서 사냥을 했다.

지 않다. 그들의 능력을 펼쳐 보일 수 있는 인간의 수 자체가 크게 늘어난 상황이었고, 무엇보다 그전부터 차곡차곡 쌓아 온 여러 성과 위에서 시작되었기 때문이다. 반면 원시사회는 변화와 발전에 필요한 자원이 너무도 빈약했다. 이는 그들이 거둔 위대한 성과들을 더욱 놀랍게 만드는 이유이기도 하다.

두 번째 이야기로 넘어가 보자. 인간의 유전적 특성은 의식적인 변화를 만들고 유례없는 발전을 낳았지만, 때로는 이상한 방향으로 나가기도 했다. 이 시대의 모순과 불합리성은 인간의 능력에 분명한 한계가 있음을 보여 준다. 그런 만큼 사람들은 여전히 자유롭지 못했다고 말할 수 있다. 여전히 인류는 긴 진화의 과정 속에서 인간에게 고유의 특성을 심어 준 대자연의 일부로 살아가고 있었다.

사실 인간이 제어하지 못하는 일부 부정적인 특성을 따로 떼어 내 설명하는 것조차 쉬운 일이 아니다. 이 특성은 우리의 사고와 감성 한가운데 여전히 깊이 박혀 있다. 인간은 어쩔 수 없이 뿌리 깊은 이중성 안에서 살아가야 한다. 여전히 우리의 삶과 함께하는 위대한 철학과 종교 그리고 신화는 이 문제를 해결하기 위해 끊임없이 노력해 왔지만, 사실 이들 자체도 인간의 이중적 특성 속에서 만들어진 것이다.

선사시대에서 역사시대로 옮겨 가면서 훨씬 더 통제하기 어렵게 된 대상은 지리적 조건이나 기후가 아니라 인간의 의식과 관련된 유전적 유산이라는 점을 잊지 말아야 한다. 물론 이제 막 역사시대의 가장자리에 들어선 인간이 앞으로 시작될 혁명적 변화의 창조자라는 사실은 여전히 변함이 없었다.

아프리카 칼라하리 사막에 사는 산(San)족 사람이 나무 뿌리에서 수액을 짜 갈증을 달래고 있다. 이러한 산족과 마찬가지로 선사시대 조상들은 그들이 쌓아 온 환경에 대한 지식 덕분에 생존할 수 있었다.

문명의 가능성

최초의 문명

1만 년 전 지구의 겉모습은 오늘날과 거의 비슷했다. 대륙의 윤곽은 대체로 우리가 아는 모습이었고 산과 강, 바다 등 주요 자연지형도 이후 변하지 않고 그대로 남았다. 마지막 빙하기가 끝나기 전 수십만 년 동안의 급격한 변화에 비교하면, 기후 역시 이때부터 안정을 찾았다고 볼 수 있다. 역사가들은 이제 비교적 짧은 시간 내에 이루어지는 변동에만 주목하면 되었다. 이제 변화를 이끄는 주역은 자연환경도, 기후도, 그 무엇도 아닌 바로 인간이었다.

인간이 만든 문명은 이러한 변화에 속도를 더하는 거대한 장치와도 같은 것이었다. 마침내 인간의 기술과 자연환경의 만남을 통해 자연의 개발에 기초한 새로운 삶의 질서가 탄생한 것이다. 역사가들은 이러한 사례가 적어도 일곱 번은 있었다고 말한다.

초기 문명들이 탄생한 시기는 지금으로부터 3000년을 넘지 않는다. 3000년은 선사시대의 기나긴 시간과 비교하면 '순간'이라고 할 수도 있다. 이들 초기 문명은 세계 곳곳에서 동시에 일어나지도 않았고, 또 모두가 성공을 거둔 것도 아니었다. 각각의 문명은 서로 매우 다른 모습이었다. 일부는 계속 발전해 나갔으나, 일부는 잠시 찬란한 문화를 꽃피우다가 결국 쇠퇴하거나 소멸하고 말았다. 하지만 이 역시 그 전 시대와 비교하면 모든 초기 문명이 변화의 규모나 속도 면에서 커다란 도약을 이루어 냈다고 할 수 있다.

초기 문명 중 일부는 현재까지도 인류 발전에 중요한 역할을 하고 있다. 하지만 다른 일부는 세계에 거의, 혹은 전혀 영향력을 미치지 못한 채, 남겨진 유물만이 가끔씩 눈길을 사로잡을 뿐이다. 하지만 오늘날까지 이어지고 있는 각 지역의 문화적 특성은 분명 이들 문명 모두로부터 비롯된 것이라고 할 수 있다. 사상이나 사회 조직, 기술 등 어떤 문명이 이룬 성과는 오래전에 잊혀질 수 있지만, 그 문명의 전통은 오래도록 지속되기 때문이다.

최초의 문명은 기원전 3500년에서 기원전 500년 사이에 발생했다. 문명이 탄생하면서 중요한 세계사적 사건들 또한 그 모습을 드러내기 시작했다.

1798년 학자들에 의해 발견된 아래로 이집트의 놀랄 만한 예술적 유산들은 전 세계를 사로잡았다. 이 신전은 아멜호테프 3세(기원전 1411~1375)가 룩소르에 세운 것이다. 룩소르는 그리스 중부의 옛 도시인 테베 남쪽 지역의 이름이며 룩소르 신전은 신왕국시대 이집트의 가장 중요한 신전 중 하나였다.

1 초기 문명의 삶

서아시아의 예리코에는 커다란 오아시스와 함께 마르지 않는 샘이 있었다. 이는 왜 사람들이 1만 년 동안이나 예리코를 떠나지 않고 살아왔는지 설명해 준다. 후기 구석기시대 말, 농민들이 그곳으로 몰려왔다. 당시 인구는 2000~3000명 정도였을 것이다. 기원전 6000년 이전에 예리코에는 거대한 물 저장고가 있었으며, 오랫동안 공들여 세우고 고친 웅장한 석탑도 있었다. 이것은 방어 시설의 일부였다. 물 저장고에는 아마도 농사에 필요한 물을 저장해 두었을 것이다.

예리코 주민들에게는 자신의 재산 등 분명 지키고 싶은 것들이 있었을 것이다. 하지만 그렇다 하더라도 예리코를 문명의 발상지라고 할 수는 없다. 그러기에 예리코에는 아직 부족한 것이 많았다.

문명의 토대

문명의 시대를 본격적으로 설명하기 전에, 우리가 지금 찾고 있는 문명이란 과연 무엇인지 생각해 볼 필요가 있다. 사실 이는 최초의 인간이 언제 나타났는지 정확한 시간을 알아내는 것과 비슷한 문제다. 아직 역사가 시작되지 않은 어둠의 세계가 존재하고 그곳

문명의 발상지

지도는 고대 문명이 출현한 세계의 여러 지역들을 보여 준다. 각 문명에 고유한 특징이 있었다는 사실은 이들 문명이 모두 독자적으로 출현했다는 것을 뜻한다. 하지만 메소포타미아나 이집트처럼 서로 인접해 있는 문명권은 각각의 통치자들이 주변의 땅을 탐색하면서 곧 교류하게 되었다. 각 문명은 저마다 그 근처에 사용 가능한 자원이 있는지를 알아보기 위해 노력했다.

고대 이집트의 서기가 파피루스에 기록한 『죽은 자의 서(書)』의 한 부분. 가장 커다랗게 그려진 인물이 죽은 사람과 그의 아내다.

에서 변화가 시작되었다는 것은 알 수 있지만, 언제 인류가 그 경계선을 넘어왔는지에 대해서는 여전히 논란이 있다.

기원전 5000년경, 서아시아 전 지역에 퍼져 있던 농촌들이 잉여 농산물을 생산하면서 문명이 탄생할 수 있는 기반을 마련했다. 일부 농촌은 복잡한 형태의 종교적 관습과 정교하게 색칠된 도기를 남겼다. 도기는 사실 신석기시대에 가장 널리 퍼진 예술 형태 중 하나였다.

예리코보다 조금 늦게 등장한 도시인 터키의 카탈 후유크에서는 기원전 6000년경 이미 벽돌 건물이 세워지고 있었다. 하지만 이 정도로 문명이 탄생했다고 말할 수는 없다. 문명은 보통 제사의식이나 예술, 또는 어떤 기술적 성과 그 이상을 의미한다. 더군다나 사람들이 단순히 같은 장소에 모여 산다고 해서 문명이라고 말할 수는 없다.

문명이란 무엇인가

문명을 정의하는 것은 누가 교양 있는 사람인가를 판단하는 것과 비슷하다. 교양 있는 사람은 만나 보면 누구나 한눈에 알아볼 수 있다. 하지만 모든 사람이 그를 교양 있는 사

연대표 (기원전 3500~1000년경)

기원전 3500년	기원전 3000년	기원전 2500년	기원전 2000년	기원전 1500년
	기원전 3100년 이집트 문명 출현		크레타의 미노아 문명	중앙아메리카 문명
메소포타미아에서 최초의 문명 확인		인도에서 최초의 문명 출현		최초의 중국 문명

초기 문명의 삶

람으로 여기는 것은 아니다. 대학 졸업장 같은 공식 증명서도 교양을 판단하는 확실한 근거가 되지는 못한다.

사전상의 정의는 문명을 정의하는 데 조금도 도움이 안 된다. 이를테면 『옥스퍼드 영어 사전』의 경우, 틀린 것은 아니지만 너무나 조심스럽게 정의해서 있으나 마나. 이 책에서는 문명을 '발전된 인간 사회의 한 형태'라고 표현하고 있다. 얼마만큼 발전하고, 또 어떤 방향으로 발전해야 '문명'이란 말인가?

어떤 사람은 문명화된 사회가 그렇지 않은 사회와 다르다고 말한다. 문명에는 문자, 도시, 웅장한 건물 등 어떤 특성이 있다는 것이다. 하지만 여기에도 반론이 존재한다. 문명의 조건을 여러 측면에서 살펴보는 것이 필요해 보인다. 뭔가 애매하고 의문이 드는 점은 빼고 누구나 문명이라고 인정하는 사례들을 보면, 거기에는 어떤 풍부함과 다양성이 넘쳐 난다. 문명사회는 인간을 이전보다 훨씬 더 풍부하게 경험하고 실천할 수 있도록 만든다. 설사 그 이전의 사회가 문명사회보다 더 잘사는 경우라도 그렇다.

문명사회의 주인공은 인간이다. 문명은 인간들이 자신만의 창조적인 방식으로 서로에게 다양한 영향을 미치고 있는 상태를 말한다. 물론 이를 위해서는 새로운 문화를 창조하거나 받아들일 능력이 있는 대중과 상당한 잉여 자원이 있어야만 한다. 문명사회에서 인간의 능력은 그 한계가 없으며 완전히 새로운 차원의 발전을 이끌 수 있다. 문명의 발전은 대부분 인간 스스로 이루어 낸 것이다.

초기 문명

이야기의 시작은 기원전 3500년경으로 거슬러 올라간다. 4대 문명 발상지* 중 최초의 문명이 서아시아 메소포타미아에서 발생했고, 그다음은 이집트다. 이집트에서는 메소포타미아보다 조금 늦은 기원전 3100년경에 문명이 나타났다. 서아시아 지역에서 나타난 또 다른 문명은 기원전 2000년경 시작되는 지중해 동부 크레타의 미노아 문명이다. 여기서부터는 이 지역 내에서 무엇이, 혹은 어디가 먼저인지 알아볼 필요가 없다. 이제 이곳은 서로 영향을 주고받으며 발전하는 문명의 연합체가 되었기 때문이다.

한편 기원전 2500년경에는 또 다른 문명이 인도의 인더스 계곡에 등장했다. 이곳에서는 한동안 글이 사용되었다. 중국 최초의 문명은 기원전 2000년이 지나 황허 유역에서 등장했고, 그 뒤에는 중앙아메리카에 문명이 나타났다.

*4대 문명 발상지
'4대 문명'이란 흔히 이집트 문명, 메소포타미아 문명과 중국의 황허 문명, 인도의 인더스 문명을 뜻한다. 이들 지역은 공통적으로 큰 강 유역에서 농사를 지으며 '문명'이라는 발전된 단계로 나아갔다.

파충류의 머리가 달린 이 도기는 메소포타미아의 우르에서 발견되었으며, 제작 연대는 기원전 5000년으로 추정된다.

이제 기원전 1500년을 지나면, 중앙아메리카를 제외한 모든 문명이 서로 많은 영향을 미치는 관계가 된다. 이후의 문명은 모두 다른 문명으로부터 자극을 받고 등장한다. 그러나 이 최초의 문명들을 하나의 기준으로 설명하기는 매우 어렵다.

문명화되지 않은 이전 사회에 비하면 놀랄 만큼 발전해 있었지만, 이들 문명은 아직 기술 수준이 모두 낮았다. 때문에 이들 초기 문명은 형태를 갖추고 발전을 하는 과정에서 현재 우리의 문명보다 훨씬 더 환경의 영향을 크게 받았다.

하지만 이들은 점차 지리적 한계에 도전하기 시작했다. 자연 속에서 찾아낸 해상 교통로 등은 오늘날의 모습으로 변해 가고 있었다. 초기 문명인들은 자연환경을 이용하고 극복할 수 있는 기술적 능력을 계속 키워 갔다. 당시 바닷바람의 방향과 바닷물의 흐름은 현재와 다르지 않았는데, 기원전 2000년경 이미 인간은 이를 활용하는 방법을 배워 자연의 위협을 피해 가려고 노력했다.

따라서 아주 오래전부터 사람들 간에는 서로 교류가 있었을 가능성이 상당히 크다. 문명이 각기 다른 장소에서 나타났다는 것은 이런 이유로 별 설득력이 없는 주장이다. 이런 주장은 계곡 등과 같은 유리한 자연환경만을 문명 탄생의 배경으로 본다. 물론 풍요롭고 쉽게 농사를 지을 수 있는 계곡 부근에는 꽤 많은 정착민이 마을을 이루어 살 수 있었고, 이 마을들이 나중에 커져 최초의 도시를 형성했을 것이다. 메소포타미아, 이집트, 인더스, 황허에서는 확실히 그러했다. 하지

페루 티티카카 호수 연안에 위치한 티아우아나코는 고대 안데스 문명 때 세워진 가장 인상적인 도시 중 하나로 손꼽힌다. 티아우아나코의 전성기는 기원후 500년부터 1000년까지였다. 이 도시에는 사진에서 보는 거대한 조각상 같은 역사적인 유물들이 오늘날에도 여전히 남아 있다.

만 문명과 도시는 이러한 환경과 상관없는 곳에서도 꽃을 피웠다. 중앙아메리카 문명, 크레타의 미노아 문명, 훗날 그리스 문명이 바로 그러했다.

미노아 문명과 그리스 문명은 외부로부터 큰 영향을 받은 듯하다. 이집트와 인더스 문명 역시 일찍부터 메소포타미아 문명과 교류해 왔다. 이런 사실에 따르면, 다른 모든 문명의 기원이 되는 단 하나의 중심 문명을 찾을 수 있다는 주장이 맞는 것처럼 보인다. 하지만 현재 이런 견해도 별 관심을 받지 못하고 있다. 이런 견해에 따르면 고립된 조건에서 나타나고 발전한 중앙아메리카 문명을 제대로 설명할 방법이 없다. 또한 오래된 유물과 유적의 연대를 측정하는 과학적 수단인 빙사성 단소 연대 측정법에 의해 초기 문명의 연대가 구체적으로 확인되면서, 문명이 전파된 순서를 차곡차곡 나열하기가 더욱 어려워졌다.

기원전 18세기 황허 계곡에 등장한 상 왕조는 수도의 이름을 따서 '은'이라고도 하며 중국 최초의 문명으로 알려져 있다. 상 왕조의 중요한 고고학적 유물 중에는 사람의 얼굴이 장식된 이 함처럼 청동기도 있다.

초기 문명의 삶 71

중요한 요소들

다른 한편 어떤 특정 지역에 수많은 요소가 모여 나중에 문명으로 불릴 만한 어떤 문화가 탄생했다는 주장도 있다. 하지만 환경이 다르고, 외부로부터 받은 영향도 다르고, 물려받은 문화적 유산도 다르다는 것은, 세계 곳곳의 인류가 같은 속도로 발전해 가지 않았으며 그 발전의 목표 역시 다르다는 것을 의미한다. 그렇다면 어떤 한 곳에서 문명이 퍼져 나갔다 하더라도, 발전의 표상이 되는 문명의 형태 같은 것은 존재할 수 없다는 이야기가 된다.

지리적 환경은 분명 문명 탄생에 중요한 조건이었다. 잉여 농산물의 생산도 최초의 문명을 이끄는 커다란 힘이었다. 하지만 다른 요소 역시 그만큼 중요했다. 이를테면 각 지역 사람들은 환경을 이용하고 극복하는 자신만의 능력이 있었다. 그리고 전통만큼 외부와의 교류도 중요했다. 중국은 처음에는 외부와 거의 단절된 것처럼 보였지만, 여기에도 교류의 가능성은 있었다. 따라서 각각의 사회가 문명에 필수적인 여러 요소를 어떻게 만들어 냈는지는 여전히 확인하기가 어렵다.

초기 문명의 탄생을 이야기하기보다는 그 흔적을 찾는 것이 더 쉬울지도 모른다. 하지만 여기에서도 절대적인 주장은 있을 수 없다. 글은 경험을 저장하고 이용하는 데 유용한 도구지만, 오랫동안 글이 없었던 문명도 있었다. 기계 기술 역시 결코 동시에 이용되지 않았다. 중앙아메리카인들은 동물이나 수레바퀴 없이도 커다란 건물을 지었으며, 중

고대 문명의 글쓰기 방법

거의 모든 초기 문명에서 고유한 글쓰기 방식이 개발되었다. 하지만 이러한 방식들이 공통된 기원에서 비롯된 것은 아닐 것이다. 그림의 예를 설명하면 아래와 같다.

1. 모헨조다로에서 발견된 글이 새겨진 작은 도장이다. 4300년 전의 것으로 해독은 안 됐지만 인더스 문명에서 어떤 글을 사용했는지 보여 준다.
2. 4000년 전 수메르 문명의 글이다. 도기판에 설형문자로 철학적인 글을 쓴 것이다.
3. 이집트의 상형문자로 멘투호테프 2세의 신전에서 나왔다. 제작 연대 역시 멘투호테프 2세가 다스리던 기원전 2000년경으로 추정된다.

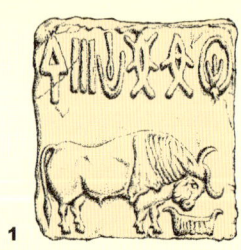

국인들은 유럽인들보다 거의 1500년 앞서 철기를 만들었다. 모든 문명에는 저마다 독특한 발전 방향과 속도가 있었다. 문명의 성공 여부와 문명을 유지하는 능력 또한 크게 차이가 났다.

도시의 탄생

이후의 문명도 그렇지만, 모든 초기 문명은 인간의 활동 영역을 변화시키는 긍정적인 역할을 했다. 이전 사회보다 협동 작업이 더욱 활발하게 진행되었는데, 이는 한 지역에 더 많은 인구가 모이면서 가능해진 일이었다.

'문명civilization'이라는 단어는 라틴어에서 온 말로, 도시화와 관련이 있다. 밀집해 있던 농촌이 종교 시설이나 시장을 중심으로 모여들면서 최초로 도시가 형성되었을 것이다. 그것이 정확히 언제였는지는 알기 어렵다. 하지만 도시에 사람들이 충분히 모여들면서 문명이 탄생했다는 사실과 도시가 그 전까지의 다른 어떤 환경보다 사회의 변화를 빠르게 했다는 사실만은 틀림이 없다.

도시 안에서는 잉여 농산물 덕분에 문명화된 삶의 모습들이 형태를 갖춰 갔다. 성직자들은 다양한 종교 조직을 만들었고, 사람들은 경제활동과 관련이 없는 거대한 건물들을 짓기 시작했으며, 마침내 글이 등장했다. 이처럼 먹고사는 문제 외에 당장 필요하지 않은 일에도 이전보다 훨씬 더 많은 노동과 자원이 사용되었다. 이는 새로운 형태의 도전과 경험이었다. 대대로 쌓인 경험과 문화는 점차 세계를 변화시키는 효과적인 수단이 되어 갔다.

문화적 차이

문명이 시작되자 전 세계 각 지역 사람들은 더욱 빠르게 달라져 갔다. 옷, 건축, 기술, 인간의 행위나 사고, 사회 형태 등이 여러 모양으로 갈라졌다. 이러한 흐름은 분명 선사시대부터 시작된 것이었다. 이미 그때부터 인간은 육체적 특징만큼이나 생활방식이 달랐고, 생각이 달랐다. 최초의 문명이 시작되자 이러한 흐름은 더욱 뚜렷해졌다. 하지만 그것은 외부 환경에 의한 것이 아니었다. 문명 스스로 창조적으로 만들어 낸 결과였다.

이러한 문명의 다양성은 20세기 서양의 기술이 전 세계에 퍼져 나간 뒤에야 희미해지기 시작했다. 최초의 문명에서부터 오늘날까지 대안이 될 수 있는 사회 모델은 언제나 존재해 왔다. 비록 각 사회들끼리 서로를 잘 모른다 해도 말이다.

당시 문명의 다양한 모습은 대부분 되살리기 어렵다. 과거에 뭔가가 존재했다는 사실을 잊지 않는 것만이 할 수 있는 일의 전부인 경우도 있다. 문명이 시작될 무렵의 제도나 예술에 담겨 있는 의미, 당시 글에서 드러나는 사상은 어느 정도 확인할 수 있지만, 다른 정신적 활동과 그 뿌리는 여전히 찾아볼 수 없다. 제도와 예술, 글에는 고대인들의 세계관이 담겨 있지만, 이 세계관이 어떻게 구성되었는지는 거의 알 수 없다.

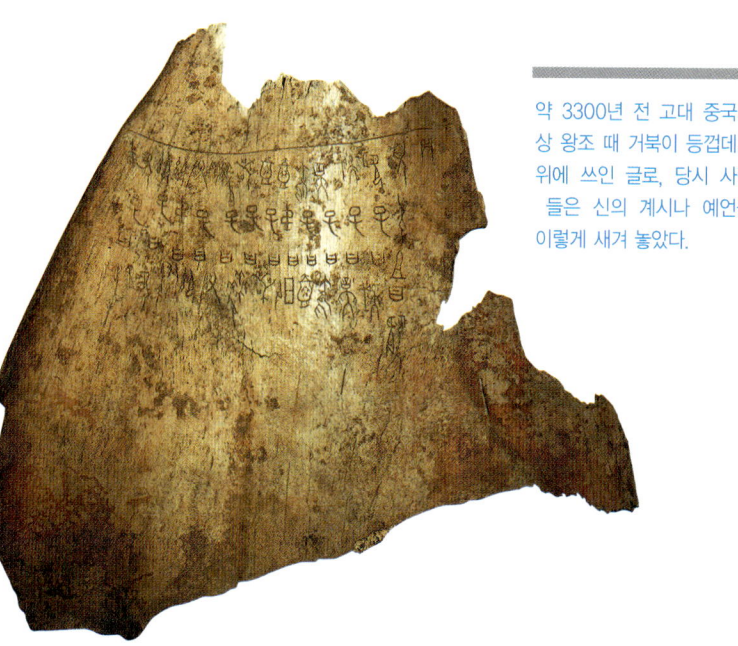

약 3300년 전 고대 중국의 상 왕조 때 거북이 등껍데기 위에 쓰인 글로, 당시 사람들은 신의 계시나 예언을 이렇게 새겨 놓았다.

만일 고대 문명인들의 세계관을 어느 정도 알아낸다 하더라도, 당시 상황에 맞는 이해를 하기 위해서는 끊임없이 상상력을 동원하지 않으면 안 된다. 현재의 우리와 무척 닮았지만 무척 다르기도 한 고대인들의 정신세계는 문자 기록을 통해서도 많은 것을 확인할 수 없다.

서아시아

각 지역들이 서로 문화적 영향과 자극을 주고받았다는 증거가 최초로 분명하게 드러난 곳은 서아시아 지역이다. 가장 오래된 문명은 틀림없이 여기서 나타났을 것이다. 인간의 역사가 시작된 이 지역은 3000~4000년 동안 수많은 민족이 나타났다 사라지는 혼란 속에서 풍요로워지기도 했고 황폐해지기도 했다.

'비옥한 초승달 지대'는 역사시대 대부분의 기간 동안 수많은 문화를 녹여 내는 거대한 용광로였다. 사람들의 정착지였지만, 사람과 사상의 물결이 밀물처럼 들어왔다가 다시 썰물처럼 빠져나가는 공간이기도 했다. 이곳에서는 제도와 언어, 종교의 활발한 교류가 진행되었다. 오늘날 인간의 사고와 관습은 대부분 여기에서 비롯되었다.

넘쳐 나는 인구

그렇다면 당시 왜 그렇게 많은 사람들이 서아시아 지역으로 몰려든 것일까. 정확하진 않지만, 다른 지역 사람들이 넘쳐나는 인구 때문에 이곳으로 옮겨 왔다는 주장이 지배적이다. 기원전 4000년경 전 세계의 총 인구는 겨우 8천만 명에서 9천만 명 정도였을 텐데, 언뜻 이상하게 들릴 수도 있다.

이후 4000년 동안 인구는 약 50%가 늘어 1억 3000만 명이 되었다. 현재의 인구 증가 추세로 보면 이러한 증가율은 보잘것없는 수

문명의 탄생 장소인 '비옥한 초승달 지대'

가장 오래된 문명은 5000년 이전 '비옥한 초승달 지대'라고 알려진 지역에서 출현했다. 티그리스 강과 유프라테스 강 어귀부터 메소포타미아, 시리아, 팔레스타인, 이집트를 지나 나일 강 어귀까지 초승달 모양으로 펼쳐진 이 지역은 비옥하고 경작하기 알맞은 평원으로 이루어져 있다. 비옥한 초승달 지대의 북쪽과 동쪽에는 산악지대가 있다. 남쪽과 서쪽으로는 쿠웨이트, 사우디아라비아, 오만, 예멘, 아랍에미리트 등을 포함하는 아라비아와 리비아가 있다.

비옥한 초승달 지대의 북부

준이라고 할 수도 있고, 당시 인류는 지금에 비해 상대적으로 느리게 자신의 세력을 넓혀 나갔다고 생각할 수도 있다. 하지만 이전 선사시대와 비교해 보면 문명의 탄생은 인류가 대단히 빠르게 세력을 확대하고 번영해 나가는 기반을 마련했다고 볼 수 있다.

당시 인구 증가의 속도는 매우 빈약한 자원과 관련이 있었다. 일부 지역의 넘쳐 나는 인구도 이 관점에서 바라봐야 한다. 가뭄은 한순간에 어떤 지역의 자급자족 능력을 빼앗아 갈 수도 있었다. 식량을 다른 곳으로부터 쉽게 들여올 수 있기까지는 수천 년이 걸렸을 것이다. 그 결과 식량 부족과 굶주림이 빈번히 일어났다. 하지만 이것이 꼭 불행한 상황인 것만은 아니었다.

사실 '혼란'은 초기 역사시대에 사회를 변화시키는 주요 동력이었다. 기후 변화는 여전히 강력한 영향을 끼치고 있었지만 이제는 빙하기처럼 모든 지역이 아니라 일부 지역에, 특정한 방식으로 영향을 미쳤다. 가뭄과 폭풍이나 수십 년간 계속되는 추위, 혹은 더위 때문에 사람들은 살던 곳을 떠나 더 좋은 곳으로 향했다. 그 과정에서 각기 다른 전통의 사람들이 함께 모였고, 여기서 문명은 시작되었다. 갈등과 협력을 통해 그들은 상대방으로부터 많은 것을 배워 나갔다. 이렇게 해서 사회를 변화시킬 잠재된 힘이 점점 커져 갔다.

서아시아 사람들

초기 역사시대 서아시아에서 활동했던 사람들은 밝은 피부색의 백인종이었다. 이들 백인종과 함께 흑인종, 황인종은 호모 사피엔스의 세 가지 주요 집단을 이루었다. 인종은 인이상에 따른 구분으로 더욱 자세하게 나눌 수 있다.

문명 초기 '비옥한 초승달 지대'에 살던 사람들은 사하라 사막 북부와 북동부의 함족, 아라비아 반도의 셈족, 러시아 남부에서 이동해

이집트 북부 지역에서 출토된 상아로 만든 손잡이 장식을 그린 것이다. 기원전 3400년경 제작된 이 상아 손잡이는 나일 강 계곡에 메소포타미아 문명이 영향을 미쳤다는 사실을 뚜렷하게 보여 준다. 그림은 육지와 해상에서의 전투를 묘사하고 있다. 손잡이 밑부분에 있는 배는 이집트의 배인 반면 중앙에 있는 배는 메소포타미아의 배로 보인다.

모헨조다로에서 발견된 어머니 여신의 조각상. 인더스 문명 사람들이 만든 것이다.

온 인도-유럽계 민족, 그루지야의 카프카스인이었다. 그중 인도-유럽계 민족은 기원전 4000년경 유럽과 이란까지 퍼져 나가 있었다.

초기 서아시아 역사의 주인공들은 바로 그들이었다. 그들이 역사를 만들어 낸 중심지는 일찍부터 농업과 문명이 발달한 지역이었다. 이 지역들이 안정과 번영을 누리자, 그 주변 지역에 있던 사람들도 그곳으로 몰려들었을 것이다.

다양한 민족들

기원전 4000년경, 서아시아에는 백인종과 함께 셈족 역시 이미 이곳에 흘러 들어와 있었다. 문명 탄생 후 한참이 흐른 때이긴 했지만 기원전 2500년을 전후로 셈족은 티그리스 강과 유프라테스 강의 중간을 가로지르는 메소포타미아 중부지역에 확실한 세력을 형성했다. 셈족은 메소포타미아 북동쪽 산악지방에 살고 있던 다른 백인 집단과 경쟁하면서 서로 다양한 영향을 끼치고 있었다. 이들 세력의 경쟁과 교류는 메소포타미아 초기 역사에서 중요하게 다뤄지는 주제다.

기원전 2000년에는 인도-유럽계 민족들이 두 방향에서 이곳으로 들어왔다. 히타이트 족은 유럽에서 소아시아라고도 불리는 터키의 아나톨리아로 밀고 내려왔고, 동쪽에서는 이란인들이 흘러 들어왔다. 이들은 기원전 2000~1500년 사이에 셈족 등 여러 민족과 경쟁을 펼치면서 그들과 한데 뒤섞였다. 특히 셈족과 북아프리카 지방 함족의 교류는 고대 이집트 정치에 크나큰 영향을 미쳤다.

이러한 이야기들은 쉽게 이해될 것이다. 그러나 이것은 고대 서아시아 역사의 주요 흐름을 이해하는 데만 도움이 될 뿐이다. 상세한 내용은 여전히 불확실하다. 각각의 민족이 왜 서아시아로 흘러 들어오게 되었는지에 대해서는 분명하게 설명하기 어렵다. 다만 이러한 여러 민족의 대이동이 최초 문명의 탄생과 번영을 이끌었다는 사실에는 변함이 없다.

발치에 작은 공주가 함께 서 있는 람세스 2세의 이 거대한 조각상은 3300년 전 카르나크 신전에 세워졌다. 이 조각상은 아직도 그대로 서 있다. 하지만 람세스 2세라는 이름은 지워지고 대신 다른 이집트의 왕 이름이 새겨져 있다.

초기 문명의 삶 77

2 고대의 메소포타미아 문명

메소포타미아 북부 산악지대에서 볼 수 있는 숲이 우거진 비옥한 계곡. 메소포타미아는 농업의 중요한 발상지 중 하나다.

최초의 문명은 메소포타미아 남부에서 나타났다. 이곳에는 티그리스 강과 유프라테스 강 사이로 1100km 길이의 땅이 넓게 펼쳐져 있었다. '비옥한 초승달 지대'의 한쪽 끝에 해당하는 이 지역은 신석기 시대에 농촌들이 무리지어 있었다.

가장 오래된 정착지는 그중에서도 제일 남쪽 지역에 있었던 듯하다. 이곳은 수세기 동안 강의 상류 지역에서 흘러 내려온 퇴적물과 해마다 강물이 넘쳐흘러서 생긴 침전물로 땅이 매우 기름졌다. 물만 풍부하게 공급된다면 다른 어떤 곳보다 농작물이 잘 자랄 만한 곳이었다. 밭에 물을 대는 일은 어렵지 않았다. 비가 불규칙하게 내리고 강우량도 적었지만, 그곳 강바닥이 대체로 주위의 평지보다 높았기 때문이다.

기원전 2500년경 메소포타미아 남부 지방의 곡물 생산량은 오늘날 캐나다에서 가장 좋은 밀밭의 곡물 생산량에 비교할 수 있을 정도였다. 일찍부터 이곳에서는 실제로 필요한 것보다 더 많은 양의 곡물, 즉 도시 생활에 필요한 잉여 농산물이 생산되었을 것이다. 게다가 그곳 사람들은 근처의 바다에서 물고기를 잡을 수도 있었다.

물을 다루고 땅을 일구다

메소포타미아 남부의 환경은 당시 사람들에게 기회이자 도전의 대상이었다. 그들은 때로 물의 흐름이 갑자기 바뀌는 티그리스 강과 유프라테스 강에 대응하며 살아가야 했다. 흙을 쌓거나 도랑을 파서 강물이 넘치지 않게 만들어야 했고, 물을 멀리까지 보내기 위해 운하도 만들어야 했다. 그들은 또 이곳에 갈대와 진흙으로 땅을 다져 농장을 만들었다. 그 후 수천 년이 지난 뒤까지 메소포타미아에서는 이런 식으로 땅을 다졌다.

경작지들은 가장 비옥한 땅에 옹기종기 모여 있었을 것으로 짐작된다. 물이 빠지고 들어오는 통로는 많은 사람이 힘을 합쳐 관리해야 했기 때문에, 경작지들이 한데 모여 있는 것이 농경 생활에 이로웠을 것이다. 땅을 일구는 개간 작업도 이루어졌던 것으로 보인다. 작업이 정확히 어떻게 이루어졌는지는 모르지만, 개간은 습지를 경작지로 만드는 대단한 작업이었을 것이다. 그리고 아마도 이 즈음부터 인간사회에는 새로운 분쟁과 갈등이 나타나기 시작했음을 짐작할 수 있다.

커져 가는 집단적 조직

인구가 늘어나자 메소포타미아에는 작물을 재배하기 위한 땅이 더 많이 필요하게 되었다. 자연히 습지를 개간하려다가 다른 마을 사람들과 마주치는 일들이 벌어졌을 것이다. 어쩌면 그전에 이미 경작지에 물을 대는 문제 때문에 다른 마을 사람들과 부딪혀야 했을지도 모른다.

그들은 선택해야 했다. 싸우느냐, 아니면 서로 돕느냐. 어느 쪽을 택하든 그 결과 더 크고 강력한 집단이 생겨날 수밖에 없었다. 그 전까지의 집단은 자신들을 방어하거나 주위 환경을 이용하는 데 필요한 규모 정도였지만, 이제는 사람들이 점점 더 모여들어 그보다 훨씬 큰 규모의 조직이 만들어졌다. 그로 인해 생겨난 것이 바로 도시다. 당시 도시는 홍수나 적을 감시하기 위해 주변에 진흙 벽을 둘러 세웠다.

도시는 대개 그들이 믿고 따르는 신들의 신전이 있는 곳에 만들어졌다. 사회를 지배하는 권력자와 신은 떼려야 뗄 수 없는 관계였다. 권력자는 바로 그 신을 모시는 최고 성직자였다. 그는 신정국가*의 지배자로서 다른 신정국가의 지배자들과 경쟁을 벌였다.

도시의 탄생은 기원전 4000~3000년 메소포타미아 남부 지역과 신석기 문화에 속하는 다른 지역 간에 큰 차이를 불러일으켰다. 사실 메소포타미아는 신석기 문화에 속하는 지역과 오래전부터 교류해 오고 있었다. 메소포타미아와 아나톨리아, 아시리아, 이란 같은 지역에서는 신석기 문화의 공통된 특징인 독특한 신전과 도기들이 매우 많이 발견되었다.

하지만 메소포타미아 남부 한 작은 지역에서

수메르의 도장으로 찍어 낸 그림. 배를 묘사한 것으로 우루크에서 발견되었다. 오늘날 이라크 남부에 해당하는 고대 수메르에서는 배가 중요한 운송 수단이었다.

* 신정(神政)국가
신의 뜻에 따라 다스리는 나라. 나라를 다스리는 지도자가 신과 인간 사이를 연결하는 종교적 역할을 담당했다.

설화석고로 만든 이 화병은 기원전 3000년경에 제작된 것으로 우루크에서 출토되었다. 여신 이난나에게 제물을 바치는 의식이 나타나 있는데, 아마도 이 장면은 한 해의 풍요를 바라며 올리곤 했던 메소포타미아의 신성한 결혼식과 관계가 있을 것이다. 이 신성한 결혼식에서는 풍요의 신 두무지 역을 맡은 남자 성직자와 풍요와 다산의 신 이난나 역을 맡은 여자 성직자가 부부로 맺어졌다.

계단식 신전인 지구라트가 메소포타미아 우루크 시의 폐허 가운데 우뚝 솟아 있다. 이 지구라트는 기원전 21세기 우르의 왕 우르남무가 풍요와 다산의 여신 이난나를 섬기기 위해 지은 것이다.

는 신석기 문화에 속하는 서아시아의 일반 촌락 수준을 뛰어넘어 빠른 성장이 이루어지고 있었다. 그리고 마침내 다른 행태로 변모했다. 최초의 진정한 도시가 탄생한 것이다. 수메르의 도시들은 오늘날 확인할 수 있는 최초의 도시들이었다.

| 수메르 문명의 탄생 |

수메르는 오래전 메소포타미아 남부 지역을 가리키던 이름이다. 당시 메소포타미아는 오늘날보다 남쪽으로 150km가량 짧았다. 그곳에 살던 사람들은 남서쪽의 셈족과 달랐고, 티그리스 강의 반대편에 살던 엘람인들과 비슷했다. 어쩌면 현재의 러시아 남서부 지역 끝 카프카스 지역에서 온 사람들일 수도 있다.

수메르인들, 즉 수메르어를 쓰는 사람들이 언제 이 지역에 들어왔는지는 아직까지도 논란이 많다. 기원전 4000년 이후 이곳에 이르렀을 수도 있다. 하지만 문명이 시작된 이후에는 원래 그곳에 살던 사람들을 비롯한 다른 여러 민족과 혈통상 한데 뒤섞여 있었다. 문화 역시 마찬가지였다. 따라서 수메르인들이 언제 메소포타미아 남부 지역에 도착했는가는 그다지 중요한 문제가 아닐 수도 있다.

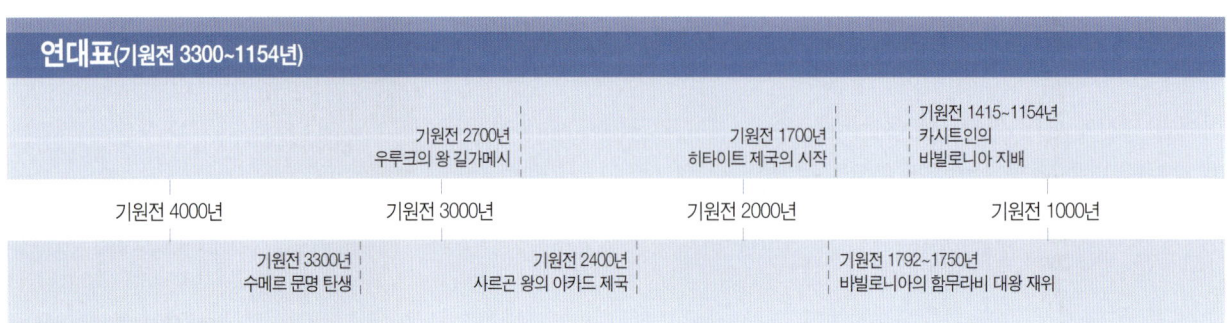

도시로 확대되는 고대의 성지

수메르 문명은 그 뿌리가 깊다. 수메르인들은 오래전부터 이웃 민족들과 비슷한 생활 방식을 유지해 오고 있었다. 그들은 촌락에서 살았고, 중요한 성지도 몇 군데 있었다.

그중 하나는 '에리두'라고 불리는 도시로 그 시작은 기원전 5000년경까지 거슬러 올라간다. 에리두는 점차 커지며 역사시대로 들어섰다. 기원전 3500년 전후에는 여기에 신전이 하나 생겼다. 현재는 신전 건물의 기단* 밖에 남아 있지 않지만, 어떤 학자들은 이 신전에서 메소포타미아에 세워진 역사적 건축물들의 기본 바탕을 찾아볼 수 있다고 생각한다.

이런 성지는 우선 근처에 사는 사람들을 위해 마련되었을 것이다. 고대의 성지는 신을 위해 제물을 바치거나 참배하는 장소였을 뿐, 그 자체가 도시는 아니었다. 거주하는 주민들도 얼마 없었을 것이다. 그러나 이후 그 주위로 도시가 형성되었다. 이는 고대 메소포타미아에서 종교와 국가가 언제나 긴밀한 관계를 유지했다는 사실을 설명해 준다.

기원전 3000년 이전부터 이러한 성지에는 거대한 신전들이 세워져 있었다. 특히 메소포타미아의 우루크 지역에는 크고 화려한 신전이 있었다. 이 신전은 정교한 겉모습과 진흙 벽돌로 만든 지름 2.5m의 인상적인 기둥을 자랑한다.

도기는 메소포타미아 지역의 문명화 이전과 이후를 구분하는 가장 중요한 증거다. 도기를 통해 메소포타미아 지역에서 신석기시대와는 질적으로 다른 문화적 발전이 일어났음을 알 수 있다.

우르에서 출토된 그릇으로 기원전 5세기에 제작되었다.

이라크 남부의 우루크 유적에서 발견된 한 단지는 대체로 이전의 도기보다 밋밋하며 두드러지는 특징도 적다. 이 단지는 물레를 이용해서 같은 모양을 대량으로 생산한 것이다. 이처럼 대량 생산이 가능했다는 것은 이 무렵 이미 뛰어난 기술자들이 존재했다는 이야기다. 기술자들은 그들이 만든 도기를 잉여 농산물과 교환해 생계를 유지할 수 있었을 것이다. 수메르 문명이 다른 지역 문화와 뚜렷하게 구분될 수 있는 것은 바로 이런 변화 덕분이었다.

수메르 문명에서 발명된 설형문자

수메르 문명은 기원전 3300년경부터 기원전 2000년경까지 약 1,300년간 지속되었다.

*기단
건물과 탑 등을 세우기 위해 터를 고른 다음 터보다 한층 높게 쌓은 단.

초기 수메르 문명 중 가장 중요한 도시는 우르였다. 우르는 전설적인 영웅 길가메시의 고향이기도 하다. 발굴을 통해 5000년 이전에 존재했던 거대한 건축물의 유적이 드러났다. 모자이크로 장식된 이 기둥들은 여신 이난나의 신전에서 발견되었다. 베를린 박물관에서는 이를 그대로 재현해 놓았다.

문자가 생겨나는 과정

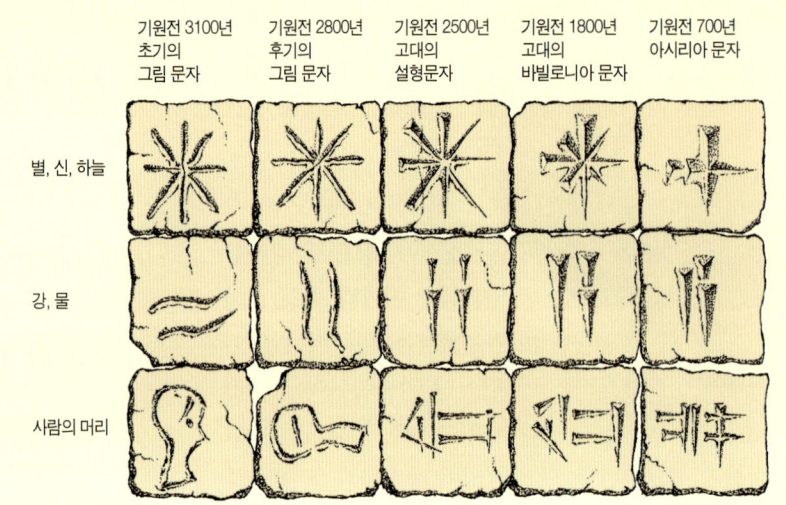

설형문자가 점차 변화해 가는 과정을 볼 수 있는 그림이다. 설형문자는 원래 단순한 모양의 그림 문자였지만, 나중에는 완전히 추상화되어 수평·수직·사선 방향의 쐐기 모양이 되었다.

1,300년 정도면, 유럽의 역사 발전에 기초가 되는 8세기 카롤루스 대제 시대에서 현재까지와 비슷한 기간이다.

문자의 발명은 당시 농업이 처음 시작된 것만큼이나 중요하고 혁명적인 변화였다. 문자가 생기기 이전에 그보다 먼저 길쭉한 원통 모양의 도장이 발명되었는데, 여기에는 작은 그림들이 새겨져 있다. 이 도장을 진흙판 위에 누른 뒤 굴리면 그림들이 찍혀 나왔다. 이러한 원통 도장은 도기보다는 덜 발달된 형태일지 모르지만, 메소포타미아 예술의 위대한 업적으로 손꼽을 수 있다.

가장 오래된 문자는 단순한 모양의 그림 형태였다. 이는 문자를 기호화된 언어로 만들어 가는 첫 단계였다.

수메르인들은 갈대 줄기로 진흙판 위에 글을 쓴 뒤 구워서 보존했다. 수메르어로 된 가장 오래된 글은 짤막한 기록이나 물품 목록, 영수증 등이었다. 그 표현에는 군더더기가 없었고, 문장을 잇달아 이어붙이는 경우도 없었다.

이런 초기의 문자들은 차츰 가늘고 뾰족한 V자형 쐐기 모양의 문자로 발전해 갔는데, 이를 '설형문자'라고 한다. 이로써 그림문자와는 완전히 다른 형태가 되었다. 이제 문자는 발음이나 음절을 표현하는 단계에 도달했고, 모든 글은 서로 비슷비슷하고 단순한 쐐기 모양의 문자를 조합해서 만들었다. 의사소통의 수단으로서 기호는 이전의 다른 어떤 방법보다 여러 상황에서 훨씬 더 쉽고 다양하게 쓸 수 있었는데, 수메르는 기원전 3000년 이후 곧 이 단계에 이르렀다.

글은 어떻게 사용되었을까?

수메르어에 대해서는 상당히 많은 것이 알려져 있다. 몇몇 단어는 오늘날까지도 전해진다. 그중 하나가 '알코올'이라는 단어다. 알코올이라는 단어가 전해 내려온다는 것은 술의 역사가 매우 오래되었음을 의미한다. 사실, 이 단어가 문자로 표현되었다는 것 자체도 무척 흥미롭다.

문자 생활은 당시 사회에 엄청난 변화를 몰고 왔다. 이전과는 비교도 안될 만큼 새롭고 풍부한 방식의 의사소통이 가능해졌고, 그전부터 해오던 여러 일들과 관습이 제자리를 잡았다. 이제는 언제든 이전의 기록을 살펴볼 수 있게 되었기 때문이다. 이로 인해 경작지에 물을 대거나 농작물을 수확하고 수확물을 저장하는 복잡한 일들이 훨씬 더 쉬워졌다. 이는 사회가 발전하는 데 반드시 필요한 일들이었다.

글은 또한 지배층이 보다 효율적으로 사회

를 운영할 수 있게 만들었다. 그중에서도 문자를 가장 많이 활용한 사람들은 신을 모시는 성직자들이었다. 앞서 언급한 원통 도장은 신전에 곡물을 얼마나 바쳤는지를 확인해 주는 영수증으로 쓰였다. 초기에 수메르인들은 생산한 물품을 신전에 가져가고 대신 자신에게 필요한 식량이나 물건을 받아 가는 제도를 실시했는데, 이런 과정에서 기록이 필요했던 것이다.

길가메시 서사시

문자가 생겨나면서 후대의 역사가들은 과거에 대해 더 많은 것을 알게 되었다. 행정 기록뿐 아니라 문학을 포함한 그 외의 글들도 연구 대상이었다. 그중에서도 길가메시 서사시는 세계에서 가장 오래된 이야기다. 완성된 형태의 이야기는 기원전 7세기부터 찾아볼 수 있지만, 이야기 자체는 수메르 시대에 생겨났다. 길가메시 서사시는 기원전 2000년 경의 글로 기록되었다고 한다.

길가메시는 이라크 남부 우루크 지역을 통치했던 실존 인물이다. 그는 세계 문학사에서 영웅으로 등장하는 최초의 인물로서 다른 작품에도 나타나며, 이 서사시에서 최초로 이름이 등장하는 인물이기도 하다. 길가메시 서사시 중 거대한 홍수가 일어나는 다음의 장면을 들으면 아마도 매우 놀라울 것이다.

이 홍수로 인류는 멸망하고 네보신 보양의 배인 방주에 올라탄 한 가족만이 살아남는다. 물이 빠져나간 뒤에는 이 가족으로부터 새로운 인류가 탄생한다.

이 부분은 원래 길가메시 서사시의 일부가 아니라 별개의 시였다. 이와 비슷한 이야기는 서아시아 지역의 다른 많은 시에서도 찾아볼 수 있다. 길가메시 서사시에 이 이야기가 들어간 이유는 충분히 짐작할 만하다. 여기에는 메소포타미아 남부지역이 언제나 홍수로 큰 피해를 입었다는 사실이 반영되어 있는 것이다.

홍수가 일어나면 메소포타미아 남부지역은 농사에 중요한 영향을 미치는 관개 시설이 파괴되곤 했다. 홍수는 늘 일어나는 재난이었지만 그것을 막을 수는 없었다. 세상 모든 일은 이미 정해진 운명이라는 것이 있어서 그 누구도 바꿀 수 없다는 '숙명론'이 수메르 종교의 많은 부분을 차지한 것은 이런 이유 때문일 것이다.

길가메시 서사시는 전체적으로 이러한 무거운 분위기가 뒤덮여 있다. 신은 인간에게 죽음의 운명을 정해 놓았지만, 길가메시는 신에게 대항해 영원한 생명의 비밀을 찾아 나선다. 그는 끊임없이 놀라운 성과들을 이뤄 낸다. 하지만 끝내 신이 승리하고, 길가메시는 죽고 만다.

황소를 제압하는 길가메시를 묘사한 도장 그림.

영웅들과 현자들의 삶도
초승달처럼 차고 기운다.
사람들은 말한다. "그만큼 강력한 통치자를
어디서 찾을 수 있단 말인가?"
어둠의 달처럼, 그늘의 달처럼,
그가 없으면 빛도 없다.
오, 길가메시여,
이것이 당신이 바라던 이상이었나.
당신은 왕이었다.
그것이 당신의 운명이었다.
그러나 영생은 당신의 운명이 아니었다.

길가메시 서사시에는 고대 메소포타미아의 신에 관한 많은 정보가 담겨 있다. 물론 이런 정보들이 실제 있었던 일이라고 볼 수는 없다. 하물며 실존 인물인 길가메시와 연

고대의 메소포타미아 문명

관시킬 수도 없다. 서사시에 나타난 대홍수의 실제 흔적을 찾으려는 고고학적 노력 역시 별 의미 없는 일일 것이다. 아무리 당시 홍수에 관한 증거가 많더라도 말이다.

수메르의 신화를 보면 바다에서부터 땅이 모습을 드러낸다. 그러고 나서 천지 창조에 관한 설명이 이어진다. 히브리인의 성서에는 하느님의 뜻에 따라 바다에서 땅이 솟아난 것으로 되어 있다. 서구 사람들은 오랫동안 이런 이야기를 들어왔고, 별 이견 없이 받아들여 왔다.

수메르의 신화는 그들이 메소포타미아의 삼각주를 이루고 있는 습한 지역을 경작지로 만들면서 생겨난 것이다. 서구 사회의 지적 뿌리가 이러한 수메르 신화에서 비롯되었다면, 매우 흥미로운 일이 아닐 수 없다.

하지만 이것은 하나의 추측일 뿐이다. 일단 길가메시 서사시와 성서에 나오는 노아의 방주 이야기가 매우 비슷하다는 사실을 확인하는 데 그쳐야 할 것이다.

길가메시 서사시의 확산

길가메시의 이야기는 역사의 중심이 메소포타미아 남부에서 북부 지방으로 옮겨 간 이후에도 오랫동안 서아시아에 수메르인의 사상이 퍼져 있었음을 의미한다. 길가메시 서사시와 비슷하거나 일부를 인용한 다양한 작품들이 기원전 2000~1000년 사이에 메소포타미아를 지배했던 많은 사람들의 유물과 기록에 등장하기 때문이다.

그 후 현대에 이르러 재발견되기 전까지 한동안 우리 앞에 사라져 있긴 했지만, 길가메시는 적어도 2000년 동안 수많은 언어로 된 각종 문헌에 등장한 이름이었다. 오늘날 유럽의 작가들이 그리스 고전을 언급하면서 독자들이 당연히 알 것이라고 생각하는 것처

길가메시 전설

길가메시 서사시는 수메르의 영웅 길가메시에 관한 신화적 시이다. 길가메시는 기원전 2700년경에 살았다고 알려진 우루크의 왕이다. 시는 초기의 진흙판에 새겨져 있었고, 나중에 다른 이야기들과 합쳐져 완전한 이야기를 이룬다.

전설에 따르면, 길가메시는 지금으로부터 4000년 이전에 우루크를 통치했다. 세월이 흐르면서 그는 폭군이 되었다. 그의 신하들은 그를 제압해 달라고 신에게 탄원했다. 신은 길가메시와 싸우게 하려고 엔키두라는 괴물을 만들어 냈다. 엔키두에 관한 이야기를 들은 길가메시는 매춘부를 보내 엔키두를 유혹한 뒤 그를 우루크로 끌어들였다. 엔키두와 길가메시는 싸움을 벌이지만 결국 친구가 되었다. 그들은 힘을 합해 숲 속의 용과 싸우기로 했다.

길가메시를 사랑한 여신 이슈타르는 그가 엔키두와 친해지자 질투를 느꼈다. 그러나 길가메시는 이슈타르에게 마음을 주지 않았고, 엔키두는 변덕스러운 이슈타르의 성격을 비난하기까지 했다. 이슈

타르와 신들은 이런 모욕을 용서하지 않고 엔키두를 죽였다. 길가메시는 실의에 빠졌다. 친구를 잃었을 뿐 아니라 죽을 수밖에 없는 인간의 운명에 대해 깨달았기 때문이다.

그는 영원한 젊음을 준다는 샘을 찾기로 마음먹고, 대홍수의 유일한 생존자인 우트나피슈팀을 만나러 먼 길을 나섰다. 여행 중에 길가메시는 시드리를 만났다. 그녀는 그에게 물었다. "왜 영원한 젊음의 샘을 찾으려는 건가요? 신들은 인간은 죽음을 피할 수 없는 운명이라고 말합니다. …… 살아 있는 날들을 즐기세요. 그것도 인간의 운명이랍니다."

길가메시는 여행을 계속해 우트나피슈팀을 만났다. 하지만 영원한 생명은 불가능하다는 것을 깨달았다. 그 뒤 우루크로 돌아오는 도중 그는 피할 수 없는 죽음의 운명 앞에 무릎을 꿇고 말았다.

요라바드에서 출토된 기원전 8세기 아시리아의 부조 작품. 길가메시가 사자와 싸우는 모습이다.

럼, 길가메시 서사시도 한때 모든 사람이 당연히 알고 있는 것으로 여겨졌다. 수메르어는 수세기 동안 사원과 관리 양성 학교에서 계속 쓰였다. 로마제국이라는 서양의 고대사회가 무너진 뒤에도 당시 공용어였던 라틴어를 학문적 지식이 있는 사람들이 여전히 사용했던 것과 다를 바 없다.

이는 의미하는 바가 크다. 수메르어와 라틴어 이 두 언어는 언어 이상의 역사적 가치를 가지고 있었다고 할 수 있다. 해당 문명이 사라진 뒤에도 두 언어의 문화적·언어적 전통이 다른 세계관에 적지 않은 영향을 미쳤기 때문이다.

수메르의 종교

수메르어로 보존된 가장 중요한 사상은 바로 종교다. 이라크 지역에 있던 우르나 우루크 같은 도시는 그 당시 종교적 사상의 중심지였다. 수메르의 종교는 기원전 2000년경부터 서아시아의 다른 종교에 큰 영향을 미쳤다. 더 이상 이 종교의 원래 모습은 알아보기 힘들지만, 수메르의 종교는 모든 종교적 사상의 뿌리로서 현재까지도 전 세계에 영향력을 미치고 있다.

예를 들면, 길가메시 서사시에는 '엔키두'라는 또 다른 영웅이 등장한다. 그는 처음에 신이 창조한 신성한 존재였지만 매춘부의 유혹에 빠져 타락하고 만다. 그 결과 자연세계와의 행복했던 관계가 끝나고 문명세계에 발을 들여놓게 된다. 이는 구약성서에 나오는 '아담과 이브' 이야기와 아주 비슷하다.

이처럼 수메르의 문학에는 다른 사회와 후대 사회의 신화를 미리 엿볼 수 있는 단서가 담겨 있었다. 이전에는 희생 제물의 유골이나 점토상, 신전·사원 유적에 숨겨져 있던 모호한 의미들이 이제 문학을 통해 숨김없이 드러나기 시작했다.

이런 증거들을 보면, 수메르 지역 사람들이 당시 다른 어떤 곳보다 훨씬 더 복잡하고 정교한 조직을 만들어 초자연적 존재와 소통하고자 했음을 알 수 있다. 신전은 초기 도시들의 중심지였고, 계속해서 더욱 크고 화려해졌다. 이는 원래 있던 신전 주변의 불룩한 언덕 위에 새로운 신전을 짓는 전통 때문이기도 했다.

수메르인들은 풍요로운 수확을 기원하며 신전에 제물을 바쳤다. 이후 제사의 식은 더욱 정교해졌다. 멀리 티그리스 강 북쪽으로 약 500km 떨어진 아수르 지역까지 훨씬 더 거대하고 웅장한 신전이 세워졌다. 어떤 신전은 레바논에서 들여온 삼나무와 아나톨리아에서 들여온 구리로 지었다고 한다.

당시에는 종교를 위해 그린 중요한 징소를 마련하거나 종교 의식에 그들처럼 수많은 자원을 쏟아 부은 사회가 전혀 없었다. 다른 고대 사회에서는 인간의 운명이 완전히 신의 뜻에 좌우된다는 생각을 하지 않았기 때문이다.

기도하는 사람의 모습을 표현한 이 작은 조각상들(위와 아래)은 모두 수메르의 성지에서 발견된 것들이다. 기원전 3000~2500년경에 만들어졌으며 수메르 양식의 양 가죽 치마를 입고 있다.

＊지구라트(ziggurat)
하늘에 있는 신과 지상을 연결하기 위한 피라미드 형태의 고대 건축물. 메소포타미아 각지에 세워져 있으며, 가장 높은 것은 그 높이가 102m나 된다.

성서에 등장하는 바벨탑의 신화는 아마도 메소포타미아의 계단식 신전, 즉 '지구라트'에서 유래되었을 것이다. 아래 사진에서 볼 수 있는 메소포타미아 지역의 두르쿠리갈주 지구라트는 기원전 14세기 카시트 왕조의 한 왕을 위해 세워진 것이다. 이 지구라트는 한때 바벨탑의 유적으로 잘못 알려지기도 했다.

고대 메소포타미아 남부 지방은 한없이 드넓고 단조로운 풍경이었다. 거기에는 신이 편안하게 살 만한 산 같은 곳이 없었다. 여름이면 구름 한 점 없는 하늘에서 태양이 무자비하게 내리쬐었다. 사방에서는 바람이 거세게 불어왔고, 막을 생각조차 할 수 없을 만큼 많은 물이 흘러 넘쳤으며, 가뭄은 모든 작물을 말라 죽게 했다.

수메르인들이 보기에 신은 이런 자연의 힘 안에 살고 있었다. 아니면 드넓은 벌판 위에 우뚝 솟아 있는 높은 신전 건물, 또는 벽돌로 지어진 탑이나 성서에서 바벨탑으로 등장하는 '지구라트'＊에 살고 있었다. 수메르인들은 자신들이 신을 섬기기 위해 창조된 사람들이라고 생각했다.

수메르의 신들

기원전 2250년경에 이르러 수메르에는 물이나 불, 바람 같은 자연의 요소나 현상을 대표하는 신들이 나타났다. 이러한 신들은 이후에도 메소포타미아 종교의 핵심적인 부분을 차지했다.

원래 각 도시에는 저마다 특정한 신이 있었다. 그런데 각 도시가 힘이 센 세력과 그렇지 못한 세력으로 구분돼 서열이 생기면서 마침내 신들 사이에도 일종의 위계질서가 탄생했다. 여기에는 인간 사회를 바라보는 사람들의 관점이 반영되어 있었다. 반대로 이러한 신들의 위계가 사람들의 삶과 가치관에 영향을 미치기도 했다.

메소포타미아의 신들은 그 안에 위계질서

가 발전하면서 인간의 모습으로 표현되기 시작했다. 각각의 신에게는 특별한 행위나 역할이 주어졌다. 대기의 신, 물의 신, 쟁기의 신 등이 있었다. '이슈타르'는 사랑과 풍요의 여신이었지만, 전쟁의 여신이기도 했다.

위계질서의 맨 꼭대기에는 세 명의 중요한 남자 신이 있었다. 각자의 역할을 구분하기는 쉽지 않지만, 그들은 각각 아누, 엔릴, 엔키로 불렸다. 신들의 아버지는 아누였지만, 정작 처음에 우위를 차지한 것은 엔릴이었다. 그는 '대기의 신'이었다. 반면 엔키는 '지혜의 신'이었으며, 수메르인들에게는 생명을 의미하는 '물의 신'이었다. 엔키는 스승이자 생명을 주는 존재로서 엔릴이 만들어 놓은 신들의 위계질서를 확고히 했다.

수메르인들은 정성 들인 의식으로 신들을 위로하고, 신에 대한 복종을 표현해야 한다고 생각했다. 그래야 신들이 이에 대한 보답으로 생존과 번영을 가져다 줄 것으로 믿었다.

메소포타미아의 삶에 드리워진 불확실성의 그늘 아래서는 보호받을 수 있다는 느낌이 절대적으로 필요했다.

그들은 누군가에게 보호받길 원했다. 메소포타미아의 변덕스러운 환경 속에서 안전하길 바라며 신에게 의지했다. 그들은 환경을 제어하고, 홍수나 모래 바람 같은 갑작스러운 재앙을 막고 싶어 했다. 또한 계절의 순환이 항상 제때에 이뤄지기를 원했다. 그들은 깨닫지 못했겠지만, 사실 신이라는 것은 이러한 간절한 소망을 개념화한 것과 다름없었다.

수메르에서는 봄마다 성대한 축제가 벌어졌다. 수메르인들은 이러한 축제에서 신들이 매번 다시 결혼을 하면서 창조의 과정이 새롭게 시작된다고 믿었다. 그들은 축제를 벌이면서 또 한 해 동안 만물이 이전처럼 번성할 것을 확신했다.

죽음과 사후의 삶

훗날 인간은 종교가 죽음에 대한 공포를 누그러뜨려 줄 수 있기를 바랐다. 하지만 수메르의 신앙은 후대 사람들에게 이런 측면에서 별 도움이 되지 못했다. 수메르인들은 죽음 뒤에 살아갈 세계를 우울하고 슬픈 곳으로 생각했다. 길가메시 서사시의 한 부분이다.

그들은 어둠 속에서 집 안에 앉아 있었다. 먼지가 그들의 음식이었고 진흙이 그들의 고기였다. 그들은 새처럼 날개가 달린 옷을 입었지만, 빗장과 문 너머에는 먼지와 어둠만이 가득했다.

나중에 생겨나는 지옥의 개념은 사실 여기에서 비롯되었다.

또한 수메르에서는 사실상 집단 자살과 다름없는 사례를 찾아볼 수 있다. 기원전 2000년대 중반 어떤 왕과 왕비가 죽고 나서 무덤에 묻힐 때 하인들도 산 채로 함께 묻혔다. 아마도 하인들은 정신을 혼미하게 만드는 음료를 마시고 무덤으로 따라 들어갔을 것이다. 이러한 사건을 보면, 당시 사람들은 죽은 자들이 가는 세상도 현실처럼 많은 하인과 화려한 보석이 필요한 곳이라고 생각한 듯하다.

종교와 정치의 긴밀한 관계

수메르의 종교에는 중요한 정치적 측면이 있었다. 모든 땅은 기본적으로 신의 것이었다. 그리고 왕은 신의 대리인이었다. 따라서 모든 땅은 왕의 것이기도 했다. 물론 왕을 불러 왜 그가 신의 대리인인지 따져 물을 만한 법정은

물이 나오는 잔을 든 여신. 이 조각상은 유프라테스 강 근처 마리 지역에서 발견되었다. 밭에다 물을 대주는 다산의 여신을 표현한 것이다.

고대 메소포타미아의 도시 니푸르에서 발견된 이 부조 작품은 엔릴에게 공물을 바치는 제사의식을 묘사하고 있다. 엔릴은 대지와 대기의 신으로 그림에서 오른쪽 아래에 앉아 있다. 그림에서 엔릴을 크게 묘사한 것은 그가 무척 중요한 존재였음을 뜻한다.

지구라트는 메소포타미아의 많은 도시에 세워졌다. 벽돌 단 위에 또 다른 벽돌 단을 쌓아 계단식으로 연결했으며 맨 위에 사원이 있었다. 최초의 지구라트는 우르 제3왕조의 창립자인 우르 남무(기원전 2112~2095)에 의해 세워졌다. 위의 그림은 유적을 근거로 우르의 지구라트를 재현한 것이다.

어디에도 없었다.

대리인의 권한과 책임이 생기면서 성직자 계급이 등장했다. 중요한 임무를 맡은 덕분에 그들에게는 경제적 특권도 주어졌다. 그들은 이를 바탕으로 전문적인 기술과 지식을 쌓아 나갈 수 있었다. 이런 점에서 수메르는 '예언자, 점쟁이, 동방의 현인' 같은 개념이 처음 탄생한 곳이라고 할 수 있다. 최초의 체계적인 교육 제도가 마련된 곳도 수메르였으며, 이를 통해 설형문자를 가르쳤다.

수메르의 예술

수메르의 예술은 원래 종교적 활동의 일부로 시작된 것이었다. 사람의 모습에 가까운 그림이 처음으로 등장한 것도 이때인데, 특히 종교의 중심지인 고대 시리아의 도시 마리에서는 의식을 행하는 모습이 많이 그려졌다. 그중에는 사람들이 길게 줄지어 서 있는 그림도 있었다. 따라서 이때 종교가 회화의 중요한 주제 중 하나로 확립되었다고 볼 수 있다. 물론 동물의 세계와 전쟁을 다룬 그림도 찾아볼 수 있다.

어떤 학자들은 수메르인들이 그린 초기의 초상화에 좀 더 많은 의미를 부여했다. 그들은 거기서 놀랄 만한 문명을 가능하게 한 수메르인들의 심리적 특성을 찾아냈다. 그것은 남보다 앞서고 싶어 하고 성공하고 싶어 하는 욕구였다. 그러나 이것은 어디까지나 추측일 뿐이다.

수메르의 예술에서는 또한 우리가 모르고 있던 고대인들의 일상을 최초로 확인할 수 있었다. 수메르인들이 이웃 민족과 널리 교류했고, 사회 구조가 다른 지역과 크게 다르지 않았다면, 수메르의 예술에서 다른 고대 서아시아 지역 사람들의 삶도 상상해 볼 수 있을 것이다.

도장이나 그림, 조각상을 보면, 사람들은 종종 염소 가죽이나 양 가죽으로 보이는 가죽 치마를 입고 있다. 여자들은 한쪽 어깨에 가죽을 두르기도 했다. 남자들은 보통 수염을 깎은 얼굴이다. 병사들도 민간인처럼 옷을 입고 있다. 무기를 들고 이따금 뾰족한 가죽 모자를 쓰고 있는 점에서만 민간인과 구별될 뿐이다.

수메르인들에게 사치란 여가시간을 즐기거나 옷을 제외한 다른 여러 물품을 소유하는 정도였던 것으로 보인다. 보석은 사치품이 아니었다. 수메르 시대의 많은 보석이 현재까지 전해 내려오고 있는데, 이는 신분을 나타내는 표시였던 듯하다. 이렇게 수메르 사회는 점차 다양하고 복잡한 모습을 띠어 갔다.

여러 사람이 술잔을 든 채 팔걸이의자에 앉아 있는 연회 장면을 그린 그림도 있다. 한쪽에서는 음악가들이 음악을 연주하고 있다. 이런 그림을 보고 있으면, 수메르가 그다지 먼 나라처럼 느껴지지 않는다.

결혼과 여성성

수메르의 결혼식은 현재의 모습과 공통점이 많았다. 결혼에서 가장 중요한 일은 신부 측 가족의 동의를 얻어 내는 것이었다. 일단 그 일이 해결되면 결혼을 통해 일부일처로 구성된 새로운 가족이 탄생했다. 그들은 결혼 사실을 계약서로 작성하고 도장까지 찍었다. 가장은 남편이었고, 그가 집안을 다스리고 노예를 부렸다. 이는 최근까지 세계 어디서나 볼 수 있었던 모습이다.

하지만 여기에는 흥미로운 지점도 있다. 법적인 문서가 필요했다는 사실은, 수메르의 여성들이 그 뒤 많은 서아시아 사회의 여성만큼 억눌려 지내지는 않았다는 것을 의미한다. 남성 중심 사회인 셈족 전통과의 차이는 바로 여기서 갈라진다.

수메르의 신에 관한 이야기들은 수메르 사회가 여성성을 존중하고 심지어 두려워했다는 사실을 말해 준다. 또한 수메르인들은 사랑의 감정에 관해 기록한 최초의 민족이기도 하다.

수메르의 여성

수메르의 법과 제도를 보면, 여성은 중요한 권리를 갖고 있었다. 수메르 법의 영향력은 수메르 시대가 끝난 기원전 2000년 이후까지 이어졌다.

여성은 단순한 소유물이 아니었다. 심지어 일반인의 자식을 낳은 어머니(여자) 노예에게도 법으로 보호받을 권리가 주어졌다. 이혼은 헤어지기를 원하는 남자뿐만 아니라 여자 쪽에서도 제기할 수 있었으며, 이혼한 아내도 공정한 대우를 받을 수 있었다.

남편과 달리 아내가 간통했을 때는 죽음으로 처벌했다. 하지만 혈통을 잇는 데 관심이 높았던 당시의 시대적 상황을 생각해 보면 이런 차별은 충분히 이해된다. 수메르시대가 끝나고 한참이 지난 뒤에야 메소포타미아의 법은 순결을 강조하고 품위 있는 여성에게 얼굴을 가리도록 강요했다. 이것은 모두 앞으로 여성에게 가해질 잔인한 구속의 신호탄이라고 할 수 있었다.

이 인형은 니푸르의 이난나 신전에서 발견되었다. 수메르인 부부가 다정한 자세를 취하고 있다.

머리를 민 수메르의 남자 인형. 수메르 시대의 고유한 복장인 긴 양 가죽 치마를 입고 있다.

여인 얼굴 모양의 이 조각상은 마리의 이슈타르 신전 옆에서 발견되었다.

고대의 메소포타미아 문명

수학과 기술

수메르인들은 대단한 기술적 독창성을 갖고 있었다. 다른 민족들은 수메르인들의 이러한 기술 수준에 큰 빚을 지고 있다고 할 수 있다.

숫자를 기호로 표시하고 또 숫자를 다양하게 배열하는 방법으로 수학의 기틀을 마련한 것도 수메르인이었다. 예컨대 우리는 소수점 위치에 따라 1을 1이나 10, 10분의 1, 혹은 다른 여러 값으로 표현할 수 있다. 그리고 그들은 원을 6등분 하는 방법까지 찾아냈다. 그들은 10진법에 대해서도 알고 있었지만, 이를 실제로 활용하지는 않았다.

수메르의 역사가 끝나갈 무렵, 수메르인들은 여러 지역에서 따로따로 공동체를 이루어 사는 방법을 알고 있었다. 어떤 도시는 거주하는 남성만 3만 6,000명이었다고 한다. 그 인구 자체만으로도 대단한 건축 기술이 필요했을 것이다. 하지만 지구라트 같은 거대한 기념비적 건축물은 실제로 그 이상의 건축 기술이 필요했다.

돌이 부족했던 메소포타미아 남부지방에서는 처음에는 진흙으로 반죽한 갈대로 건물을 지었다. 그리고 나중에는 햇볕에 말린 진흙 벽돌을 사용했다. 벽돌을 이용한 그들의 건축 기술은 수메르 시대가 끝날 무렵에는 기둥과 계단식 단으로 이루어진 거대한 건물을 만들 수 있는 수준까지 발전했다. 그중에서 가장 거대한 건축물인 우르 지역의 지구라트는 윗단까지의 높이가 30m가 넘었고, 밑면적은 약 2,700m^2에 달했다.

현존하는 가장 오래된 물레도 우르에서 발견되었다. 도기를 만들 때 사용하는 도구인 물레는 회전운동을 이용한 최초의 도구로 이러한 물레 덕분에 도기를 대량으로 생산할 수 있게 되었다. 이제 도기를 만드는 일은 이전과 달리 여자의 일이 아닌 남자의 일이 되었다.

곧이어 기원전 3000년경에 이르면, 수레바퀴를 운송 수단으로 사용하게 된다. 수메르인은 유리도 발명했다. 또 수메르의 전문 기술자들은 그 당시 청동기도 주조하고 있었다.

광범위한 교역망

그렇다면 수메르인들은 어디서 어떻게 원료를 구해 그러한 기술 발전을 이룰 수 있었을까? 메소포타미아 남부에서는 금속을 구할

수메르 왕의 묘에서 발견된 우르의 이 기념물은 전쟁과 평화의 서로 상반된 장면을 모자이크화로 묘사하고 있다. 모자이크화는 조개껍데기와 청금석으로 만들었는데, 여기서 보는 그림의 일부는 수메르 군대의 보병과 전차병들이 전쟁을 하러 가는 장면이다.

부분적으로 복원된 우르 지역 지구라트의 모습이다. 원래 기원전 21세기에 지어진 것이다.

수 없었다. 뿐만 아니라 그전 신석기시대에도 수메르인들은 농기구를 제작하는 데 필요한 부싯돌과 흑요석을 다른 곳에서 구해 와야 했다.

아마도 수메르로부터 꽤 먼 곳까지 교역망이 뻗어 있었음에 틀림없다. 교역로는 레반트와 시리아, 그리고 이란과 바레인, 페르시아 만까지 이어져 있었을 것이다. 어떤 지역을 거쳐 왔을 수도 있지만, 메소포타미아는 기원전 2000년 이전에 이미 인도의 인더스 계곡으로부터 많은 물품을 들여오고 있었다. 이러한 기록들을 보면 그 무렵 이미 각 민족들은 국제적인 교역을 통해 서로 떼려야 뗄 수 없는 관계로 나아가고 있었던 것으로 보인다.

기원전 2500년 무렵, 서아시아에서 주석의 공급이 끊기자 메소포타미아는 청동 대신 구리로 무기를 만들 수밖에 없었다.

농업 기술

수메르의 경제는 농업에 의해 지탱되었다. 농업은 일찍부터 수메르인에게 풍요로운 결실을 가져다주었다. 보리, 밀, 수수, 참깨는 대량으로 재배되는 곡물이었다. 그중에서도 보리가 주요 작물이었던 것으로 보이는데, 이는 고대 메소포타미아에서 술과 관련된 유물이 많이 나오는 이유에 대한 설명이 된다.

강물이 자주 흘러넘쳐 생긴 침전물로 땅이 매우 기름지고 부드러운 곳에서 많은 수확을 올리는 데는 철제 농기구가 필요하지 않았다. 그들의 기술이 빛을 발한 분야는 밭에 물을 대는 관개 방식과 토지 관리 부분이었다. 하지만 이러한 기술이 발전하기까지는 꽤 오랜 기간이 걸렸다. 수메르 문명에 대한 증거는 무려 1500년이라는 기나긴 세월에 걸쳐 나타나고 있다.

오늘날 '텔 엘 무카이아르'로 불리는 우르는 수메르에서 가장 중요한 도시 가운데 하나였다. 당시 해안 가까이 위치해 있던 우르는 수메르의 주요 항구이기도 했다.

고대의 메소포타미아 문명 91

메소포타미아의 역사

지금까지 수메르의 1500년 역사에 대한 이야기를 들으면서 마치 그 긴 기간에 별 특별한 사건 없이 역사가 조용히 계속 이어진 것처럼 느껴질지도 모른다. 물론 사실은 그렇지 않다. 고대 세계의 변화가 매우 느려 오늘날 우리에게는 거의 정지해 있는 것처럼 보이는 것이 사실이다. 하지만 메소포타미아인에게 1500년이라는 그 기간은 격변의 시기였다. 진정한 의미의 역사는 바로 이러한 '변화'에 있는 것이다.

학자들은 메소포타미아 역사의 대부분을 나름대로 논리 있게 꿰어맞춰 놓았다. 하지만 상당 부분이 여전히 논쟁을 불러일으키고 있다. 연대 역시 대개는 어림잡은 것이다. 따라서 여기서는 메소포타미아 문명의 첫 번째 시대가 어떻게 지속되고 어떻게 끝나는지, 또 이때 다른 곳에서는 어떤 일들이 벌어지고 있었는지에 대해서만 이야기하려고 한다.

수메르의 역사는 세 시기로 구분할 수 있다. 첫 번째 시기는 기원전 3360년부터 기원전 2400년까지 지속되었는데, 이때를 '고대 시기'라고 한다.

이 시기는 도시국가들 간의 전쟁과 이들의 흥망성쇠가 대부분을 차지한다. 그 증거로 요새처럼 만들어진 도시나, 바퀴를 군사 기술에 응용해서 만든 초기의 사륜 전차를 들 수 있다.

900년간 지속된 고대시기의 중반에 이르면, 각 지역의 왕조들이 세력을 확장하기 시작한다. 수메르 사회는 정치도 꽤 발달하여 민주주의의 토대라고 할 수 있는 '대의제'* 라는 정치제도가 어느 정도 정착되어 있었던 듯하다.

하지만 사회의 규모가 커지자 성직자를 겸한 이전의 통치자들과는 다른 왕들이 나타났다. 그들은 원래 각 도시에서 군대를 지휘하도록 임명된 군 지휘관이었을 것이다. 하지만 그들은 군대를 지휘할 긴급 상황이 끝난 뒤에도 자신의 권력을 계속 유지했다. 이들로부터 왕조가 시작되었고, 세력을 키운 왕조들은 서로 끝없이 싸웠다. 그러다가 갑자기 위대한 한 인물의 등장으로 새 시대가 열렸다.

사르곤 1세

사르곤 1세는 아카드라는 셈족 도시의 왕이었다. 그는 기원전 2400~2350년에 수메르의 도시들을 정복했고, 아카드의 패권을 확립했다.

사르곤 1세로 추정되는 얼굴 조각상이 현재까지 남아 있다. 만약 이 조각상이 정말 그라면, 사르곤 1세는 우리가 얼굴을 확인할 수 있는 최초의 왕이 될 것이다.

그는 제국을 건설한 수많은 왕 가운데 최초의 왕이다. 그는 멀리 이집트와 에티오피아까지 군대를 보냈던 것으로 보인다. 그가 통치하는 국가는 다른 도시국가와 상대가 되지 않았다. 그는 여러 도시국가를 하나로 묶는 통일된 제국을 건설했다.

그의 백성들은 수천 년에 걸쳐 외부에서 문명이 움트고 있던 지역으로 흘러 들어온 사람들이었다. 그들은 그곳의 문화를 장악해 새로운 양식의 수메르 예술을 남겼다. 그 예술의 주요 주제는 전쟁에서 거둔 승리였다.

금과 청금석으로 만들어진 황소의 머리. 하프의 일종인 '리라'라는 악기에 부착되어 있던 장식이다.

우르에서는 기원전 26세기와 25세기의 묘가 많이 발굴되었다. 그중 열일곱 개는 왕족의 묘로 추정된다. 무덤 자체가 무척 정교하고 그 안에서 귀중품 또한 많이 발견되었기 때문이다. 이 숫염소 상은 금과 청금석, 은, 조개껍데기로 만들어졌다. 죽은 왕을 수행하기 위해 74명의 하인이 함께 매장된 무덤에서 발견되었다.

아카드 제국

아카드 제국은 수메르의 멸망이 아니라 수메르 역사의 두 번째 시기를 뜻한다. 그 기간은 마치 연극의 막간처럼 짧았지만 새로운 차원의 집단이 만들어진 점에서 매우 의미 깊었다. 마침내 진정한 의미의 국가가 탄생한 것이다. 그 전 시대에 이미 시작되었던 종교적 권위와 정치적 권위의 분리도 이때 자리를 잡았다.

신과 종교는 여전히 일상생활의 모든 면에 영향을 끼치고 있었지만, 정치적 권위와의 분리는 돌이킬 수 없는 과정이었다. 수메르의 도시에는 신전 이외에도 왕궁이 건설되었다. 신의 권위 역시 왕의 권위에 자리를 내주고 있었다.

성직자 등 도시의 주요 인물들을 제치고 어떻게 왕이 나타나게 되었는지는 명확하게 알 수 없다. 다만 전문적인 군사 기술의 발달이 이러한 결과를 낳는 데 큰 영향을 끼쳤던 것만은 분명하다. 고대 메소포타미아 남부의 우르에서 출토된 비석에는 훈련이 잘 된 보병 부대가 등장한다. 군사들은 밀집 대형*으로 방패를 겹쳐 들고 창을 수평으로 겨누고 있는 모습이다. 아카드 제국에서는 전쟁과 군대가 사회의 중심인 군국주의가 절정에 달했다. 사르곤의 궁전에서는 왕이 보고 있는 앞에서 5,400명의 병사들이 식사를 하기도 했다.

군대를 키우고 무장을 강화하는 것은 당연히 힘을 기르기 위해서였고, 정복 활동은 이런 힘을 유지할 수 있는 풍부한 인적·물적 자원을 얻을 수 있게 해 주었다. 하지만 군국주의의 시작은 메소포타미아 지역의 특수한 상황이나 어떤 다른 필요에서 비롯되었을지도 모른다.

인구가 늘어나면서 통치자의 가장 중요한 임무 중 하나는 물을 경작지에 공급하거나 홍수에 대비하는 일 같은 대규모 작업을 위해 노동력을 동원하는 일이었을 것이다. 그리고 이런 일을 할 수 있는 통치자라면, 군대 역시 모을 수 있었을 것이다. 게다가 무기가 다양해지고 비용이 더 들어가면서 점점 더 전문적인 기술이 요구되었을 것이다. 아카드가 전쟁에서 승리할 수 있었던 이유 중 하나는 그들이 신무기를 사용했기 때문이다. 그들이 사용한 활은 기다란 나무 조각과 뿔로 만든 위력적인 것이었다.

아카드 제국의 통치 기간은 비

구리를 녹여 만든 얼굴 조각상으로 이라크 모술 지방이었던 니네베에서 발견되었다. 사르곤의 손자인 나람신(기원전 2254~2218)의 얼굴로 추정된다.

*대의제
국민들이 투표 등을 통해 뽑은 지도자가 그 국민들을 대신해서 정치를 하는 제도. 이를 통해 국민들은 간접적으로 정치에 참여하게 된다. 이처럼 발달된 수메르의 정치 형태는 그 사회의 발달 정도를 짐작해 볼 수 있게 한다.

*밀집 대형
전쟁에서 사용하는 일종의 방어 대형. 병사들이 좁은 간격으로 줄을 맞추어 이루는 대형으로, 병사들에게는 두려움을 줄여 주고 지휘관에게는 병사들을 효율적으로 지휘할 수 있도록 도와 준다. 그러나 이러한 방법은 병사들이 도망가지 못하게 하는 수단으로 이용되기도 했으며, 측면 공격에 쉽게 무너지는 단점도 있었다.

사르곤의 아들이자 계승자인 리무시는 자신이 전쟁에서 거둔 승리를 비석에 기록했다. 사진은 그 일부다.

우르에서 출토된 이 기념물은 4500년 전 수메르의 전차를 생생하게 묘사하고 있다. 각 전차에는 두 명의 병사가 타고 있다. 한 명은 고삐를 잡고 다른 한 명은 전투 태세를 갖추고 있다. 전차에는 창을 세워 두는 공간이 있고, 바퀴는 살이 없는 통바퀴이다.

아카드 왕 사르곤의 비석에 따르면, 당시 포로들은 발가벗겨진 채 줄에 묶여 있었다. 성서에도 등장하는 사르곤은 최초로 메소포타미아 전역을 아우르는 제국을 건설했다. 그는 기원전 24세기에 이 지역을 통치했던 것으로 보인다.

교적 짧았다. 200년 뒤 사르곤의 증손자가 다스리고 있던 아카드는 구티족이라는 산악 민족에 의해 멸망했다. 이어 학자들이 '신수메르시대'라고 부르는 시기가 시작되었다. 그 뒤 기원전 2000년까지 약 200년 동안 권력은 다시 원래 수메르인들의 차지였다.

이 시기의 중심지는 우르였다. 실제 어떤 의미가 있었는지는 모르지만, 우르 제3왕조를 일으킨 초대 왕은 자신을 '수메르와 아카드의 왕'이라고 불렀다. 수메르뿐만 아니라 아카드까지 왕의 칭호에 넣은 것은 강대했던 두 제국의 이름을 통해 왕권을 강화하기 위해서였을 것이다.

이 시기 수메르의 예술 역시 왕을 찬양하는 새로운 경향을 보였다. 고대시기에 인기 있었던 인물상은 자취를 감추었다. 신전은 더욱 웅장한 형태로 다시 세워졌고, 왕은 지구라트를 지어 자신의 위엄을 나타내려고 했다.

행정 문서에는 셈족이었던 아카드 제국의 영향이 여전히 많이 남아 있었으며, 문화에도 셈족의 색깔이 두드러졌다. 아마도 왕권을 확대하려는 야심이 이러한 유물에 반영되어 있었을 것이다.

신수메르시대 마지막 전성기의 우르의 왕은 티그리스 강 남부 엘람과의 경계 지역인 수사에서부터 레바논 연안의 비블로스까지 공물을 받았다.

수메르의 유산

이제 최초로 문명을 이룩한 민족은 최후를 맞게 되었다. 물론 그들이 사라지는 것은 아니었다. 하지만 수메르인 고유의 특성은 메소포타미아와 서아시아의 일반적인 역사 속으로 흡수되고 만다. 위대한 창조의 시대는 수메르 지역 대신 이보다 작은 지역으로 옮겨 가고 있었다. 바야흐로 역사의 지평이 한층 넓어지고 있었던 것이다.

수메르의 국경 지방에는 적들이 많았다. 결국 기원전 2000년경 이란 지역의 엘람인*이 쳐들어 와서 우르는 멸망하고 말았다. 왜 이런 일이 벌어졌는지는 알 수 없지만, 약 1000년 동안 이 두 민족 사이에 종종 싸움이 있었던 것은 사실이다. 어떤 학자는 두 민족이 이란인과의 교역로를 두고 싸움을 벌였다고 주장한다. 당시에는 메소포타미아에 부족한 광물을 얻기 위해 이란인들이 사는 산악지대와 교역을 해야 했다.

어쨌든 우르는 종말을 맞았다. 우르가 사라지면서 수메르의 독특한 전통은 여러 문명이 뒤섞인 혼란스러운 세계로 휘말려 들어갔다. 이제 수메르의 문화는 다른 문명이 이뤄 놓은 전통 속에서 이따금 그 흔적을 찾아볼 수 있을 뿐이다.

수메르는 약 1500년 동안 메소포타미아에서 문명의 토대를 닦았다. 그 전의 문화가 수메르 문명의 토양에 그랬던 것과 마찬가지다. 그들은 문자와 기념비적 건축물, 정의와 법이라는 관념, 위대한 종교적 전통의 뿌리를 남겨 놓았다. 그것은 커다란 선물이었으며, 다른 문명의 꽃을 피울 씨앗이었다.

메소포타미아의 전통은 예전부터 이미 오

*엘람인
현재 이란의 남서 지역에 살았던 민족. 메소포타미아 지역과 밀접한 관계를 맺고 있었으며, 우르의 지배를 받다가 그 세력이 약해진 틈을 타 독립했다. 역사적으로 많은 자취를 남기지는 못한 민족이다.

마리에 있는 웅장한 성의 앞뜰에서는 기원전 28세기 초에 그려진 그림의 일부가 발견되었다. 오른쪽에서 볼 수 있는 이 그림의 일부는 제물을 바치는 의식을 표현하고 있다. 팔과 허리에 두른 의상만을 볼 수 있는 맨 오른쪽의 거대한 인물이 아마 왕이었을 것이다.

기원전 19세기의 이 청동상은 우루크의 남동쪽 라르사 지역의 군주를 표현한 것이다. 이 청동상은 머리에 바구니를 이고 있는데, 수세기 동안 이런 독특한 모양의 조각상을 신에게 바치곤 했다. 신전의 밑바닥에 이와 비슷한 청동상들이 많이 묻혀 있었다.

*아모리인
셈족 계통의 민족으로 한때 메소포타미아와 시리아, 팔레스타인 지역을 지배했다. 그들은 매우 난폭했으며 우르를 멸망시키는 중요한 역할도 했다. 후에 바빌로니아 왕조를 세우기도 했다.

▶ 구데아는 기원전 21세기 라가시의 왕으로 그의 조각상들이 많이 발견되었다. 그는 아카드 제국의 멸망 후에 이어진 신수메르시대의 통치자였다.

랫동안 존재해 왔다. 하지만 이제 그 전통은 모든 면에서 수메르인의 유산 속에 녹아 들어가 있었다.

서아시아의 새로운 민족

수메르인이 문명을 건설하는 동안, 그들의 영향력은 다른 곳에서도 변화를 일으키고 있었다. 서아시아 전역에 새로운 왕국과 민족이 등장했다. 그들은 메소포타미아 남쪽에서 눈으로 확인한 문명에 큰 자극을 받았고 스스로 이를 배워 나가고자 했다. 문명이 전파되는 속도는 상당히 빨랐다.

서아시아는 어떤 이유에서인지 오랫동안 외부의 민족들이 큰 혼란을 일으킨 지역이기도 했다. 아카드인도 그 가운데 한 민족이었다. 그들은 원래 셈족이 살던 아라비아 지역에서 올라와 메소포타미아라는 역사의 무대에 한동안 머물렀다. 그러고는 다시 역사 속에 사라졌다. 아카드인을 물리친 산악 민족인 구티족은 카프카스인들이었다.

이런 여러 민족 가운데 가장 큰 성공을 거둔 민족은 아모리인*들이었다. 셈계의 아모리인들은 널리 퍼져 나갔고, 엘람인과 힘을 합쳐 우르의 군대를 물리친 뒤 그곳을 멸망시켰다. 그들은 자신의 힘으로 메소포타미아 북부에 아시리아 왕국을 세웠다. 그리고 다마스쿠스와 바빌론에도 여러 왕국을 건설했다. 그들의 왕국은 팔레스타인 해안까지 뻗어 나갔다.

아나톨리아에는 히타이트인이 있었다. 그들은 기원전 3000~2000년 사이에 발칸 반도를 지나 남쪽으로 내려온 인도-유럽계 민족이었다. 또한 이 거대한 혼란의 주변에는 또 다른 고대 문명인 이집트가 자리하고 있었다. 그리고 이란은 인도-유럽계 민족들이 차지하고 있었다.

당시 이 지역은 혼돈 그 자체였다. 다양한 민족이 뒤얽힌 이 혼란의 물결은 곧 사방으로 퍼져 나갔는데, 그 양상은 더욱더 파악하기 어려워진다.

| 바빌로니아 제국 |

이런 가운데 메소포타미아에서는 당시의 복잡한 상황에 대한 이해를 돕는 안내판 역할을 해줄 새로운 제국이 등장하는데, 바로 바빌로니아다. 이 제국과 관련해서 그 누구보다 널리 알려진 또 다른 이름이 하나 있다. '법전'으로 유명한 바빌로니아 제국의 왕, 함무라비가 그 주인공이다.

함무라비가 만든 법전은 '눈에는 눈, 이에는 이'라는 '복수법의 원칙'을 표명하는 가장 오래된 법전이다. 그러나 만일 법전을 만들었다는 사실이 잘 알려지지 않았다고 하더라도, 함무라비는 역사에서 매우 중요한 위치를 차지했던 인물이다.

그는 최초로 메소포타미아 전역을 통일한 통치자이기도 했다. 바빌로니아 제국은 오래가지 못했지만, 제국의 수도였던 바빌론은 함무라비 시대부터 메소포타미아 남부지역에서 셈족의 상징적인 중심지가 되었다.

우르가 멸망한 뒤 혼란스러워진 시기에 한 아모리 부족이 경쟁자들을 모두 무너뜨리면서 바빌로니아 제국이 시작되었다. 함무라비는 기원전 1792년에 왕이 되었다. 그의 후계자들은 약 200년간 제국을 유지했지만, 곧 히타이트가 쳐들어와 멸망하고 말았다. 그 뒤 메소포타미아는 또다시 곳곳에서 밀려온 민족들에 의해 분할되는 운명을 맞았다.

바빌로니아 제국은 한때 수메르 땅과 페르시아 만 외에 메소포타미아 북부 지역인 아시리아까지 뻗어 있었다. 함무라비는 티그리스 강의 니네베와 님루드, 유프라테스 강의 마리 같은 도시를 다스렸고, 오늘날의 시리아 지역인 알레포 근처 티그리스 강 유역까지 관리했다.

길이 1,200km에 폭이 160km에 달하는 이 제국은 당시 그 지역에 등장한 국가 가운데 가장 거대한 국가였다. 우르는 이미 사라졌고, 그곳은 바빌로니아 제국에 공물을 바치는 지역이 되어 있었다.

함무라비 법전

바빌로니아 제국에는 정교한 행정 제도가 갖춰져 있었다. 함무라비 법전도 그중 하나였다. 그 전의 법률 혹은 법전도 그랬을 테지만, 함무라비 법전은 대중들이 언제라도 볼 수 있도록 돌에 새겨 신전의 안뜰에 세워 두었다. 함무라비 법전은 현대에 이르기까지 세계적인 명성을 누릴 만한 충분한 이유가 있었다.

함무라비 법전은 그 전의 법전보다 훨씬 더 길고, 알기 쉽게 잘 정리되어 있었다. 약 282개 조항으로 이루어져 있었고, 임금, 이혼, 의료비 같은 다양한 문제를 폭넓게 다루고 있었다.

하지만 이 법은 새롭게 만든 것이 아니었다. 그것은 기존의 법 내지 규범을 공식적으로 선포한 것에 지나지 않았다. 따라서 새로 만든 제정법을 의미하는 '법전'이라는 용어는 사실 적합하지 않다. 함무라비는 이미 습관이나 관행으로 굳어져 있던 것들을 한데 모아 법으로 정리한 것이다. 그는 법을 새롭게 창조한 것이 아니었다. 이 관습법 체계는 메소포타미아 역사에 일관성을 심어 준

섬록암으로 만든 이 얼굴 조각상은 기원전 2000년경 메소포타미아 왕들이 쓰던 모자가 어떻게 생겼는지 보여 준다.

최초의 성문법

우리에게 알려진 가장 오래된 법체계는 바빌로니아의 함무라비 왕에 의해 만들어졌다. 그 연대는 기원전 18세기로 거슬러 올라가며, 법 조항들은 수메르시대부터 존재해 온 관습법이 기초가 되었다. 함무라비 법전이 새겨져 있는 비석은 현재 파리의 루브르 박물관에 보관되어 있다.

법 조항들은 재산, 노예, 가족, 거래, 가격, 임금, 빚, 이자, 범죄와 그 처벌 등 수많은 문제를 다루고 있으며, 함무라비 법전이 새겨져 있는 비석 맨 위에는 왕의 모습이 담겨 있다. 여기서 함무라비 왕은 존경 어린 태도로 정의의 신인 샤마슈의 말을 듣고 있다. 샤마슈는 보좌에 앉아 오른손에 권력을 상징하는 막대 모양의 홀을 들고 있다. 어깨 주위로는 불꽃이 타오르고 있다.

샤마슈는 함무라비에게 자신의 뜻을 전달하고 있는데, 성서에서 야훼가 모세에게 지시를 내리는 장면과 비슷하다.

함무라비 법전이 새겨진 비석의 부조 그림

중요한 토대였다.

함무라비 법전은 가족, 땅, 거래를 중요하게 다루고 있다. 이는 당시 사회가 이미 지역 공동체나 혈족 중심으로 움직이는 단계를 훌쩍 뛰어넘었다는 것을 말해 준다. 함무라비 시대에 이르면, 재판 절차는 신전 밖에서 이루어졌고 국가가 세운 법정이 재판을 주관했다. 법정에는 각 지역의 고위 인사들이 앉아 있었고 사람들은 여기서 바빌론이나 왕에게 탄원을 했다.

함무라비 법전이 새겨져 있는 비문을 보면 법을 만든 목적이 정의를 확립하려는 것임을 알 수 있다.

> 시름 있는 자는 탄원할 일이 있다면
> 내 조각상이 서 있는 곳으로 와서
> 내가 새겨 놓은 비문을 주의 깊게 읽으라.

불행히도 이전의 수메르 관습에 비하면 형벌은 무척 가혹했다. 그러나 여성에게 관대했다는 점 등에서 수메르의 전통은 여전히 바빌론에 살아남아 있었다.

노예제와 사치

재산에 관한 함무라비 법전의 규정을 보면 노예제에 관한 것이 있다. 다른 모든 고대 문명과 현대의 많은 문명이 그랬던 것처럼, 바빌론도 노예제에 의존하고 있었다. 노예제는 정복 전쟁에서 비롯되었다. 초기 역사시대에 전쟁에서 패한 자는 어쩔 수 없이 노예의 운명을 감수해야 했다. 여자와 아이들 역시 마찬가지였다.

바빌로니아 제국 시대에는 이미 정기적인 노예 시장이 형성되어 있었다. 노예 가격이 일정했다는 것은 꽤 정기적으로 거래가 이루어졌다는 사실을 뜻한다. 어떤 지역의 노예들은 말 잘 듣고 일 잘한다는 믿음을 얻어 시장에서 높은 평가를 받기도 했다.

노예는 사실상 주인의 소유물과 다름없었지만, 일부 바빌로니아인 노예는 상당한 자유를 누렸다. 그들은 사업에 참여하고 심지어 자신의 노예를 따로 소유하기도 했다. 부분적이지만 법적 권리까지 주어졌다.

노예제도는 분명 잘못된 것이다. 하지만 이런 생각 자체가 존재하지 않았던 고대 세계에서 노예제가 실제 어떤 의미를 지니고 있었는지를 상상하기란 쉬운 일이 아니다. 노예들이 여러 가지 일을 했다는 것은 분명하다. 대부분의 노예가 힘든 삶을 살았겠지만, 자유로운 사람들 역시 힘들기는 마찬가지였을 것이다.

그러나 노예로 잡혀 가는 포로들의 삶을 생각해 보면, 아무래도 동정심이 생길 수밖에 없다. 기원전 2500년 무렵 우르의 '금으로 된 기념물'에서부터 1500년 뒤 아시리아의 정복을 묘사한 돌로 만든 조각상까지 수십 점의 기념물들이 정복 국가의 왕 앞으로 끌려가는 포로들의 비참한 모습을 묘사하고 있다. 고대 세계의 문명은 인간이 인간을 착취하는 방식에 크게 의존하고 있었다. 잔인한 말일지 모르지만, 그들에게는 다른 방법이 없었을 것이다.

바빌로니아 문명은 이후 찬란한 전설이 된다. '바빌론'은 구약성서에 나오는 이야기 등 때문에 쾌락과 사치가 넘치는 부도덕한 도시로 흔히 알려져 있다. 이런 바빌론의 이미지는 대부분 후대에 만들어졌지만, 바빌로니아 문명의 규모와 풍요를 짐작하게 한다.

실제로 바빌론의 이러한 이미지를 확인할 수 있는 유적도 있다. 유프라테스 강 근처 마리의 거대한 왕궁이 그 좋은 예다. 왕궁은 안뜰이 12m 두께의 성벽으로 둘러싸여 있었

오늘날 시리아의 '텔 하리리'에 해당하는 마리는 약 5,000년 전 유프라테스 강가에 세워졌다. 이 지역은 기원전 18세기 함무라비에 의해 약탈당한 뒤 버려졌다.

수많은 진흙판에서 약 4,000년 전 메소포타미아의 다양한 삶을 살펴볼 수 있다. 이 진흙판에는 작업을 하는 목수의 모습이 그려져 있다.

고, 300개 남짓한 방이 있었다. 9m 깊이의 바닥에는 안쪽 면에 원유를 가공해 만든 역청을 칠한 배수관이 갖춰져 있었다. 왕궁이 차지하는 면적은 약 2만 5,000m^2에 달했다. 마리의 왕궁은 당시 군주가 누렸던 권위를 상징하는 건축물이라고 할 수 있다. 여기서는 또 수많은 진흙판이 발견되었다. 이를 통해 당시 국가가 관여한 사업과 그 구체적 내용들을 알 수 있다.

문화와 과학

최초의 바빌로니아 제국은 많은 진흙판을 남겼다. 그 전의 모든 문명과 그 후 곧이어 나타나는 몇몇 문명권보다도 많았으며, 여기에 새겨진 글이나 그림은 바빌로니아 제국을 더욱 잘 이해할 수 있게 해준다. 그 덕분에 우리는 1,000년 전 유럽의 몇몇 국가보다 그 이전의 바빌로니아에 대해 오히려 더 많은 것을 알게 되었다. 바빌론에서 보통 사람들이 어떻게 살았는지에 관해서도 정보를 얻을 수 있다.

길가메시 서사시가 오늘날 우리가 알고 있는 모습으로 자리를 잡은 것도 이때였

다. 바빌로니아인들은 음절에 기초해 설형문자를 기록했다. 이로써 설형문자는 훨씬 더 다양하고 풍부한 표현이 가능해졌다.

별자리 등을 통해 미래를 점치는 점성술이 발달하면서 그들은 자연을 깊이 있게 관찰하기 시작했으며, 놀라운 과학성을 갖춘 '칼데아인의 점성술' 신화를 낳았다. 여기서 칼데아인은 바빌로니아인과 같은 말이다.

바빌로니아인들은 별자리를 통해 자신의 운명을 알고 싶어 했다. 이는 천문학의 확립과 발전에 밑바탕이 되었는데, 바빌로니아인들의 천문학적 관찰은 그들이 남긴 위대한 유산 중 하나였다.

우르에서 시작된 천문학적 지식이 틀을 잡아 나가는 데에는 수세기가 걸렸지만, 기원전 1000년경에는 월식의 예측이 가능하게 되었다. 또 그로부터 200~300년 후에는 태양과 몇

하프를 연주하는 음악가의 모습을 볼 수 있는 진흙판.

몇 행성의 궤도를 상당히 정확하게 표시할 수 있게 되었다.

이러한 과학적 전통은 수학에도 반영되었다. 수메르의 60진법은 바빌로니아의 수학을 통해 우리에게 전해지고 있다. 원의 내각을 360도로 한다든가, 1시간이 60분으로 나뉘는 것은 수메르의 60진법에서 유래되었다. 바빌로니아인들은 또한 일상생활에서 편리하게 쓸 수 있는 수표*와 대수 기하학도 만들어 냈다.

바빌로니아의 종교

천문학은 사실 신전에서 시작되었다. 천체의 움직임을 보고 사람들에게 풍요를 기원하는 축제나 밭에 씨앗 뿌리는 일을 언제해야 할지 알려 주어야 했기 때문이다. 바빌로니아의 종교는 수메르의 전통을 충실하게 유지했다.

바빌론에도 여느 고대 도시와 마찬가지로 고유한 신이 있었다. 그 신의 이름은 마르두크였다. 마르두크는 점차 메소포타미아의 다른 신들을 제치고 바빌론을 대표하는 신이 되어 갔다. 물론 그 과정에는 오랜 기간 필요했다. 함무라비는 수메르의 신인 아누와 엔릴이 메소포타미아 최고 신의 자리를 마르두크에게 넘겨주었으며, 그에게 모든 사람을 다스리도록 지시했다고 말했다.

그 뒤 혼란스러운 세월이 이어지면서 마르두크의 위상은 잠시 흔들렸다. 때로는 침략자들이 마르두크의 조각상을 약탈해 가기도 했다. 그러나 전반적으로 보았을 때 마르두크의 권위는 기원전 20세기 이후 크게 의심받은 적이 없었다고 할 수 있다.

바빌로니아의 종교에는 수메르의 전통이 여전히 살아 숨쉬고 있었다. 종교의식은 모두 수메르어로 진행되었으며, 그들이 섬긴 다양한 신들과 그들의 역할도 수메르의 그것과 비슷했다. 바빌로니아의 우주론 역시 수메르와 마찬가지로 탁한 물에서 천지가 창조되는 것으로 시작된다.

바빌로니아인들에게 인간은 신의 노예로 창조되었다. 신이 진흙으로 만든 거푸집에서 인간을 벽돌처럼 찍어 냈다는 이야기도 있었다. 이 같은 우주론은 왕 중심의 절대군주제에 적합했다. 절대군주제에서 왕은 신처럼 노예에게 권력을 행사했다. 노예는 왕궁을 짓고, 하늘의 질서를 반영한 현실 사회를 떠받들었다.

바빌론의 몰락

이 조각상은 기원전 2100년 마리를 통치한 이슈툴릴룸의 모습이다. 근엄해 보이는 얼굴 표정이 인상적이다.

*수표(數表)
로그표, 삼각함수표와 같이 수학에서 사용하는 특정한 수를 정리한 표.

시리아 남서쪽의 도시국가인 에블라에서 발굴된 신전, 궁, 성벽들은 그 연대가 기원전 2600~1600년으로 추정된다. 여기서 발견된 가장 중요한 유물은 왕실의 기록들이었다. 아카드 왕조의 침략으로 도시 대부분이 불길 속에 파괴되었지만, 수천 개의 서판은 그대로 보존되었다.

함무라비의 위업은 오래가지 못했다. 당시 메소포타미아 북부에서 일어난 사건들은 함무라비가 제국을 건설하기 이전에 이미 새로운 세력이 등장했다는 사실을 보여 주었다. 함무라비는 우르의 세력이 끝나 갈 때쯤 아시리아에 터를 잡고 있던 아모리족 왕국을 굴복시켰다.

그러나 아시리아는 거의 1,000년 동안 격변의 세월을 보내다가 마침내 문명의 뿌리가 같은 바빌로니아를 압도하게 되었다. 이제 메소포타미아 역사의 무게중심은 옛 수메르 지역에서 북쪽으로 완전히 옮겨 갔다.

기원전 2000년이 가까워질 무렵, 아나톨리아에서 세력을 형성하고 있던 히타이트인은 그 뒤 몇 세기 동안 천천히 세력을 키워 갔다. 당시 히타이트인들은 설형문자를 들여와 자신들의 말을 문자로 표현할 수 있었다.

기원전 1700년경, 히타이트는 시리아와 흑해 사이의 땅을 장악했다. 그리고 더욱더 세력을 넓혀 바빌로니아를 압박했다. 바빌로니아는 이미 상당히 약해져서 예전 아카드 때의 크기로 줄어들어 있었다. 히타이트의

왕은 마침내 최후의 진격에 나섰다. 결국 바빌론은 함락되었고, 함무라비 왕조와 그의 업적은 마침내 끝이 나고 말았다.

하지만 그 뒤 히타이트는 이 지역에서 물러갔고, 바빌로니아는 겨우 명맥만 유지하는 처지가 되었다. 그 후 400년 동안 다른 여러 민족이 메소포타미아를 지배하며 서로 싸움을 벌였는데, 이 시기에 대해서는 알려진 것이 거의 없다. 다만 바빌로니아의 지배를 받던 아시리아가 떨어져 나가 독립된 제국을 세운 것만은 분명하다. 이 사건은 그 뒤 1,000년간 메소포타미아에서 중요한 영향을 미친다.

기원전 1162년 바빌로니아는 또다시 엘람인 정복자의 침략을 받았다. 이때 바빌론에 있던 마르두크의 조각상도 약탈당했다. 그 무렵 매우 혼란스러운 시대가 시작되었고, 세계사의 초점은 메소포타미아에서 벗어나게 되었다. 아직 아시리아 제국이 남아 있긴 했지만, 이는 곧 기원전 13세기와 12세기에 있었던 한 해상민족의 거대한 이주 물결 속에 파묻혀 버리고 말았다.

이후 역사는 수메르 문명의 계승자들보다는 또 다른 문명들과 훨씬 더 깊은 관련이 있었다. 하지만 수메르의 계승자나 그곳을 정복한 자들, 다시 그들을 쫓아낸 자들 모두 수메르 시대에 확립된 정치적·문화적 토대 위에서 세력을 구축했다.

기원전 1000년에 이르면 서아시아는 세계 정치의 소용돌이에 휘말리게 된다. 물론 세계 정치라는 말이 당시에는 그다지 큰 의미가 없을 수도 있다. 어쨌든 그 뒤 무슨 일이 일어났는지 상관없이 기술, 지식, 종교 등 거의 모든 측면에서 최초의 문명을 세운 지역이 서아시아라는 사실에는 변함이 없었다. 그들의 유산은 이제 기묘하게 변형된 형태로 다른 이들에게 넘어가게 된다.

3. 고대 이집트

*반인반수(半人半獸)
말 그대로 몸의 반은 사람이고, 반은 동물인 존재. 대체로 신화에서 신으로 많이 등장하며 인간과 동물이 결합된 존재라고 여긴다.

*나일 강의 삼각주
강물에 떠내려 온 흙이 강 하류에 쌓여 생긴 평야 지대. 나일 강 하류의 이 삼각주 지역은 기후나 토질이 상류보다 좋아서 오랫동안 많은 민족이 쟁탈전을 벌였다.

문명이 탄생한 곳은 메소포타미아만이 아니었다. 이집트 역시 메소포타미아에 견줄 만큼 오래되었으며 그에 뒤지지 않는 문명이었다. 이집트의 고대 문명이 사라진 지 수천 년이 지난 후 그 유적이 나일 계곡에서 발견되자 사람들은 탄성을 터뜨렸다. 문명에 대한 자부심이 강했던 그리스인조차 반인반수*의 신들이 살았다고 전해지는 이곳의 신비로운 전설에 매혹당했다.

사람들은 오늘날도 여전히 피라미드에 숨겨진 초자연적 의미를 알아내려고 애쓴다. 고대 이집트는 오늘날 우리가 눈으로 확인할 수 있는 가장 위대한 고대의 유산이라고 할 수 있다.

메소포타미아의 영향

메소포타미아 문명보다 이집트 문명에 대해 우리가 더 많이 알게 된 것은 이집트의 유물이 더욱 풍부하게 남아 있기 때문이다. 그리고 또 한 가지 중요한 이유가 있다. 메소포타미아 지역의 수메르 문명이 이집트보다 먼저 등장했다는 사실이다. 이집트는 수메르의 경험과 선례를 바탕으로 새로운 문명을 일궈낼 수 있었다.

메소포타미아의 수메르 문명이 이집트에 어떤 영향을 미쳤는지에 대해서는 여전히 논란이 많다. 수메르 문명의 영향은 초기 이집트 예술에서 찾아볼 수 있다. 이집트에서 무언가를 기록하기 시작했을 무렵, 그들에게도 메소포타미아에서 쓴 것과 같은 원통형 도장이 있었다. 이집트의 그림 문자인 상형문자도 수메르 문자의 영향을 받은 것이었다. 돌로 거대한 건물을 짓는 기술 역시 비슷했다.

초기 이집트가 수메르 문명으로부터 중요하고도 다양한 영향을 받았다는 사실은 부인할 수 없다. 하지만 이집트 사람들이 언제 어떻게 수메르 문명과 만나게 되었는지는 정확히 알 수 없다. 아마도 수메르 문화는 나일 강의 삼각주* 지대와 하류에 살던 사람들을 통해 전파되었을 가능성이 높다.

하지만 당시 이집트는 수메르 문명 외에 다른 문명권과는 교류가 어려운 특수한 환경 아래 놓여 있었다. 그 배경은 바로 나일 강이다. 나일 강은 선사시대에도 그랬지만, 역사시대에 들어서도 이집트의 젖줄이었다.

제1왕조 나르메르 왕의 화장판*. 1898년 나일 강 유역 히에라콘폴리스에서 발견되었다. 제작 연대는 5,000년 전으로 거슬러 올라간다. 화장판의 맨 위에 상형문자로 왕의 이름이 씌어 있다. 왕의 이름 양 옆에 있는 사람 같은 얼굴의 소는 여신 하토르다. 그 아래는 하이집트의 왕관을 쓰고 있는 왕이 전쟁터를 시찰하고 있는 모습이다.

*화장판(化粧板)
이집트인들이 화장품을 섞을 때 사용한 석판.

자비로운 나일 강

이집트에는 나일 강이 흐르고 있었고, 이를 사막이 둘러싸고 있었다. 이집트는 강물이 흐르는 주위로 길게 이어진 하나의 오아시스나 다름없었다. 아마도 선사시대의 이집트는 길이가 1,000km에 이르는 거대한 습지였을 것이다. 하지만 이 습지의 폭은 나일 강 하류에 넓게 펼쳐진 삼각주를 제외하면 몇 킬로미터에 불과했다.

이 지역에서는 아주 옛날부터 해마다 홍수가 일어났다. 강 근처에 사는 사람들은 이 홍수를 피할 수 없는 운명으로 받아들이고 살아가야만 했다. 해마다 높이 쌓여 가는 진흙층 위에 농업이 점차 뿌리를 내렸겠지만, 처음 이곳에 형성된 사회는 안정적이지 못했을 것이다.

그들의 생활터전은 대부분 나일 강 삼각주의 진흙층에 휩쓸려 사라져 버렸다. 아직까지 남아 있는 이 무렵의 유적들은 범람 지역의 가장자리나 지반이 안정된 곳에서 생활했던 사람들이 남겨 놓은 자취이다.

선사시대의 이집트인들은 기원전 4000년 이전, 중대한 기후 변화를 느끼기 시작했다. 사막에서 모래가 날아왔고, 건조한 기후가 시작되었다. 기본적인 농업 기술을 갖고 있던 사람들은 범람지대의 질 좋은 토양을 활용하기 위해 강 쪽으로 내려왔을 것이다.

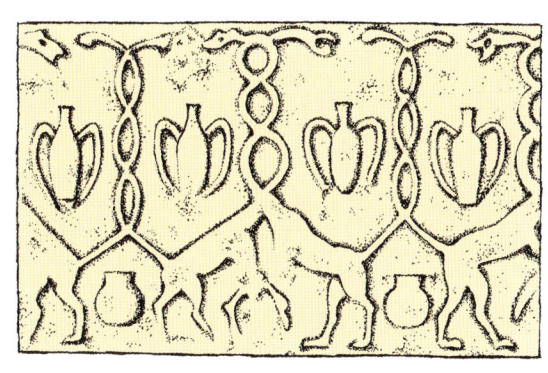

원통 도장으로 찍어 낸 수메르의 그림. 나르메르 왕의 화장판에서도 이런 메소포타미아식 도안을 찾아볼 수 있다. 이를 통해 메소포타미아가 초기의 이집트 문명에 문화적으로 영향을 미쳤다는 사실을 알 수 있다.

나일 강은 처음부터 이집트인들에게 풍요로움을 가져다 주었다. 그들에게 나일 강은 자비로운 신이었다. 사람들은 감사하는 마음으로 나일 강이 베푸는 풍족한 선물을 받아들였다. 수메르인은 강물이 넘쳐서 생긴 진흙탕 속에서 경작지를 만들기 위해 온갖 애를 썼지만, 이집트인들은 달랐다. 나일 강은 메소포타미아 지역의 무자비한 자연환경과는 달랐던 것이다.

이집트 북쪽 지중해 연안의 레반트나 아나톨리아 지역보다 뒤늦게 자리 잡기는 했지만, 이집트의 농업은 금세 풍요로운 결실을 맺었다. 그리하여 이집트에는 사람과 자원이 넘쳐 나게 되었다.

기원전 4000년경 이집트인과 수메르인이

사막의 한가운데에 나일 계곡을 따라 좁고 긴 오아시스가 형성되어 있다. 고대 이집트에서는 나일 강을 건널 수 있는 다리가 없었다. 따라서 강의 양쪽에 자리 잡은 마을 간의 교류를 위해서 끊임없이 배가 오갔다. 북쪽과 남쪽으로는 돛이 더 크고 노가 달린 배가 오가며 하이집트와 상이집트를 연결했다.

고대 이집트 105

왕조 이전 시대의 도기에 그려진 배 그림이다. 바닥이 얕은 이 배는 노를 젓거나 돛을 이용하여 가고자 하는 방향으로 항해했다. 이집트에서는 항상 북쪽에서 바람이 불어오기 때문에, 나일 강을 남쪽으로 항해할 때만 돛을 이용할 수 있었다.

신석기시대 함족의 자취

이집트 문명의 뿌리를 찾기 위해서는 아주 오랜 옛날로 거슬러 올라가야 한다. 신석기 시대 이집트의 남쪽, 나일 강 상류에는 함족이 살고 있었다. 그들은 기원전 5000년경부터 나일 강 유역에서 사냥을 하고, 물고기를 잡고, 먹을 수 있는 식물을 거둬들였다. 그러다가 마침내 땅을 경작하기 시작했다.

그들은 시장을 중심으로 마을을 형성했다. 그리고 저마다 특정한 동물을 신성한 존재로 섬기는 씨족에 속해 있었다. 그들은 도기에 신성시하는 동물들을 그려 넣고는 했다. 씨족장은 씨족의 구성원들이 사는 지역을 다스리는 사람이었는데, 이들은 훗날 이집트 지배 집단을 이루는 뿌리가 되었다.

초기 이집트는 고대 서아시아의 다른 지역만큼 농업이 발달하지는 않았다. 대신 이집트인들은 일찍부터 몇 가지 중요한 기술적 성과를 이루어 냈다. 그들은 종이의 재료로 쓰였던 식물인 파피루스로 배를 만들었다. 또 현무암 같은 단단한 재료를 다룰 줄 알았

교류했다는 증거는 현재까지 남아 있다. 하지만 당시 수메르인의 경험은 이집트인이 문명을 만들어 가는 데 자극이 되었을 뿐, 결정적인 영향을 끼쳤다고 할 수는 없다.

사실, 나일 강 유역은 언제든 문명이 발생할 수 있는 조건을 갖추고 있었다. 그 가능성을 현실로 만드는데 외부의 자극은 그다지 많이 필요하지 않았을지도 모른다. 마침내 나일 강 유역에서 뿌리를 내리기 시작한 이집트 문명은 다른 어느 곳에서도 찾아볼 수 없는 독특한 모습을 갖춰 나가고 있었다.

고대 이집트인들이 나일 강 어귀에서 '제1폭포'라고 부르던 곳까지는 항해하는 데는 방해가 되는 장애물이 아무것도 없었다. 제1폭포는 이집트와 누비아를 구분하는 자연적인 경계 역할을 했다.

고, 구리를 이용해 일상에서 쓰는 작은 물건들을 만들어 내곤 했다. 말하자면 문자 기록이 나타나기 이전부터 이집트는 꽤 발전해 있었던 것이다. 정교한 보석 등을 만드는 전문 기술자들도 있었다. 그들이 만든 보석을 보면, 이미 이집트 사회에 신분상의 구분이 뚜렷했음을 알 수 있다.

이런 가운데 기원전 3500년 무렵, 이집트 북쪽 삼각주 지대에서 특별한 변화가 생기기 시작했다. 다른 지역, 특히 메소포타미아 지역과 본격적으로 교류가 시작된 것이다. 그 영향은 이 시대 예술에 잘 드러나 있다.

이때부터 식량생산 방식도 변하기 시작했다. 사냥과 낮은 수준의 곡물 재배가 사라지고 농업이 제대로 시작된 것이다.

예술에서는 훗날 이집트의 예술적 전통에서 중요한 자리를 차지하는 얕은 돋을새김*이 등장했다. 또한 구리가 더욱 풍부해졌다. 모든 것이 거의 예고도 없이 갑자기 나타나고 있었다. 기본적인 정치 구조도 이 시기에 형성되었다.

상이집트와 하이집트

이집트에는 기원전 4000~3000년 사이 두 개의 왕국이 세워졌다. 하나는 나일 강 하류의 하이집트(북부 이집트)였고, 다른 하나는 나일 강 상류의 상이집트(남부 이집트)였다. 흥미롭게도 이곳에서는 수메르와는 다른 점을 볼 수 있다. 하나의 도시가 곧 국가의 형태를 갖는 도시국가가 없었던 것이다. 이집트는 문명 이전 단계에서 방대한 지역을 통치하는 국가로 곧장 발전한 듯하다.

이집트에서는 농민들이 모이는 시장에서 초기 형태의 도시가 시작되었다. 그리고 농촌 공동체와 씨족들이 합쳐지면서 각 지방이 형성되었고, 메소포타미아보다 700년 일찍 정치적 통합이 이루어졌다. 그렇지만 그 후에도 도시 생활은 보잘것없는 규모에 불과했다.

문자 기록이 시작된 것은 기원전 3200년경이었다. 이전까지는 남쪽과 북쪽 두 이집트의 왕들에 관해 알려진 사실이 거의 없다. 그들은 수세기 동안 전쟁에서 승리를 거두면서 점점 더 큰 지역을 다스리게 되었을 것이다.

어쨌든 이집트에서는 일찍부터 글을 사용

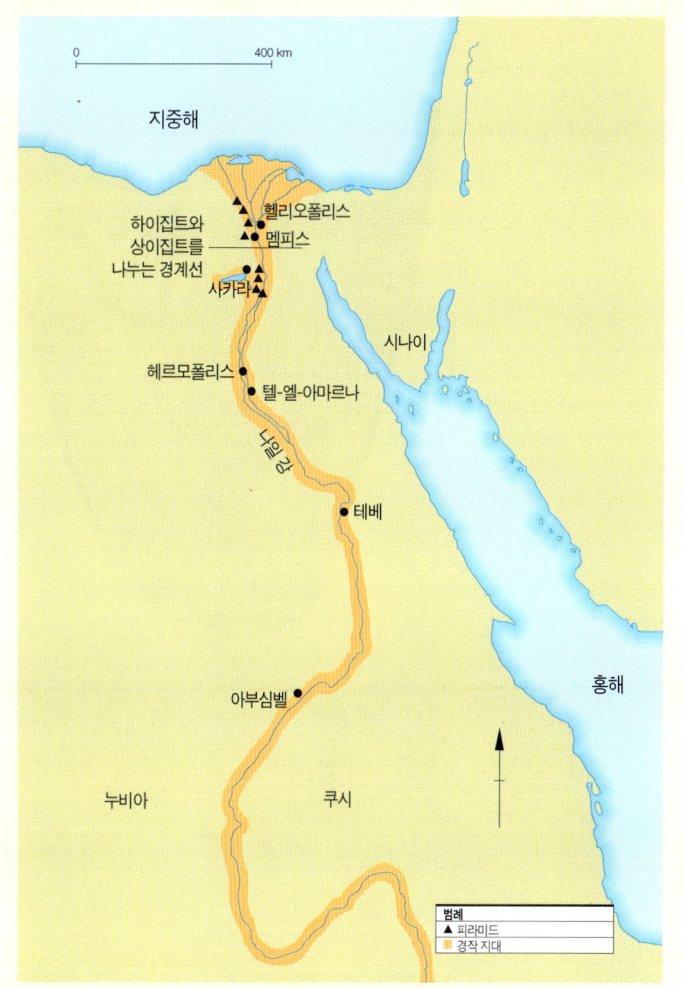

고대 이집트의 경작 가능한 땅

위의 지도는 고대 이집트에서 농사를 지을 수 있었던 땅의 위치를 나타낸다. 농사는 나일 강에서 물을 댈 수 있는 지역에서만 가능했다. 즉 상이집트의 길고 좁은 띠 모양의 땅과 하이집트의 삼각주 지대다. 여름에 비로 불어난 나일 강은 남쪽에서 북쪽으로 흘러가며 강 옆의 평지로 흘러넘쳤고, 이 강물은 비옥한 흙을 남겨 놓았다. 그 덕분에 해마다 두 차례 연이어 곡식을 거둘 수 있었다.

*얕은 돋을새김
형상이 도드라지게 새기는 미술 기법. 벽이나 기둥에 그림이나 글씨를 새길 때 사용하는 기법으로 작품 두께의 절반을 넘지 않는다.

나르메르 왕의 화장판에서 볼 수 있는 그림. 상이집트의 왕관을 쓴 왕이 적에게 일격을 가하고 있다. 오른쪽에는 왕의 상징인 매의 신 호루스가 삼각주의 영토를 의미하는 상형문자를 쥐고 있다. 이집트 통일 전에 일어난 전쟁에 대한 내용을 묘사한 장면이다.

했기 때문에, 수메르보다 훨씬 더 자세하게 문명의 발전 단계를 알 수 있다. 이집트인들은 처음부터 행정적·경제적 편의를 위해 글을 썼을 뿐 아니라 후대에 전할 역사적 기념물에 기록을 남기기 위해서도 글을 썼다.

이집트의 통일

기록에 따르면, 기원전 3200년경 남쪽 지역인 상이집트의 위대한 왕 메네스가 북쪽 지역을 점령했다. 그리하여 이집트는 나일 강 상류의 아부심벨까지 길이가 1,000km에 이르는 거대한 제국으로 통일되었다. 이후 이집트의 영토는 더욱 커졌다. 이따금 분열을 겪기도 했지만 이집트 문명은 사실상 고대 그리스와 로마 시대까지 지속되었다.

고대 이집트 왕조는 약 3,000년이라는 세월 동안 존재했다. 그야말로 경탄하지 않을 수 없는 장대한 역사다. 이 오랜 세월 동안 이집트에서는 많은 일이 일어났겠지만 우리는 결코 그 전부를 알 수는 없을 것이다. 그러나 이집트 문명에서 가장 놀라운 것은 이곳에서 일어난 수많은 사건이 아니라 오랜 역사를 이어 온 안정성과 지속성이다.

이집트 역사의 시기 구분

이집트 문명의 최고 절정기는 기원전 1천 년경에 끝난다. 그때까지 이집트의 역사는 다섯 시기로 구분할 수 있다. 우선 크게 세 시기로 구분하여 각각 구왕국, 중왕국, 신왕국 시대로 불린다. 그리고 이 각각의 시대 사이에 제1중간기와 제2중간기가 있다.

세 왕국시대는 번영을 누리거나 적어도 통치체제가 굳건했던 시기다. 반면 두 번의 중간기는 외부적 혹은 내부적인 원인으로 나라가 쇠약해지거나 분열된 시기다.

물론 이것이 이집트 역사를 이해하는 유일한 방법은 아니며, 또 최상의 방법이라고 할 수도 없다. 고대 이집트의 역사를 30개가 넘는 왕조로 구분하는 학자도 많이 있다. 이런 방법은 객관적인 사실을 바탕으로 한다는 장점이 있다. 게다가 학자들 사이에 의견이 서로 달라서 생기는 문제들을 피할 수도 있다. 예컨대 처음 등장하는 몇몇 왕조들을 '구왕국'에 넣어야 하는가 아니면 별개의 '고대' 시기로 구분해야 하는가, 혹은 중간기의 시작과 끝을 어느 때로 정해야 하는가 등의 논란이 그것이다.

그러나 구왕국 이전에 '고대'라는 설명하기 어려운 시기가 있었다고 본다면, 기원전 1000년까지의 역사를 크게 다섯 시기로 구분하는 방법은 고대 이집트를 이해하는 데 부족함이 없을 것이다.

메소포타미아도 그랬지만, 기원전 1000년대에 이집트는 역사적 흐름이 끊긴다. 당시 이집트는 국경 바깥쪽에서 시작된 일련의 거대한 격변에 휩싸였다. 그러나 사실 고대 이집트의 전통이 완전히 끝을 맺은 것은 그로부터 몇 세기가 더 지나서였다. 심지어 일부 현대 이집트 학자들은 이집트인들이 기원전 3000년경 시작된 파라오 시대 이후까지도 줄곧 원래의 모습을 유지해 왔다고 주장하기도 한다.

이처럼 이집트의 역사를 구분하는 것은 쉽지 않지만, 대체로 기원전 1000년을 그 기준으로 하는 것이 좋을 듯하다. 이때쯤이면 이집트인들이 이룬 위대한 업적도 어느 정도 마무리되기 때문이다.

위대한 군주의 국가 이집트

이집트의 위대한 업적은 무엇보다 국가의 주권을 한 사람이 가지고 다스리는 군주제 국가를 이루었다는 점이다. 군주제라는 국가 형태 자체가 이집트 문명을 대표하는 것이라 할 수 있다.

이집트 왕조의 연대기

 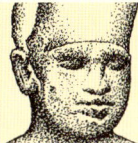     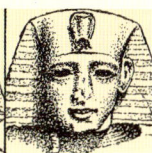

1 2 3 4 5 6 7 8

고대 이집트의 연대를 나누는 데에는 많은 문제점이 있다. 우선, 최초의 왕조가 시작될 때 150년 정도 역사적으로 불확실한 기간이 있었다. 사실 제26왕조가 시작된 기원전 664년 이후에야 왕조의 정확한 연대를 알 수 있다.
이집트 왕조의 계보는 고대에 작성되었는데, 기원전 3세기 신전에서 제사를 담당했던 '마네토'라는 사람이 그리스어로 『이집트지(誌)』라는 책을 쓸 때 이것을 참조했다. 어떤 때는 여러 왕조가 이집트의 서로 다른 지역을 통치하고 있었다. 다음은 오늘날 널리 받아들여지고 있는 이집트 왕조의 연대 구분이다. 왕조가 겹치는 경우도 있다.

초기 왕조 기원전 3000~2625년
제1왕조 기원전 3000~2800년
제2왕조 기원전 2800~2675년
제3왕조 기원전 2675~2625년

구왕국 기원전 2625~2130년
제4왕조 기원전 2625~2500년
제5왕조 기원전 2500~2350년
제6왕조 기원전 2350~2170년
제7왕조, 제8왕조 기원전 2170~2130년

제1중간기 기원전 2130~1980년
제9왕조, 제10왕조(헤라클레오폴리스 지역)

기원전 2130~1980년
제11왕조(테베 지역) 기원전 2081~1938년

중왕국 기원전 1980~1630년
제11왕조(이집트 전역) 기원전 2040~1991년
제12왕조 기원전 1938~1759년
제13왕조, 제14왕조 기원전 1759~1630년경

제2중간기 기원전 1630~1523/1539년
제15왕조, 제16왕조(힉소스인이 지배)
  기원전 1630~1523년
제17왕조(테베 지역) 기원전 1630~1539년

신왕국 1539~1075년
제18왕조 기원전 1539~1292년
제19왕조 기원전 1292~1190년
제20왕조 기원전 1190~1075년

제3중간기 기원전 1075~656년
제21왕조 기원전 1075~945년
제22왕조 기원전 945~712년
제23왕조 기원전 838~712년
제24왕조(사이스 지역) 기원전 727~712년
제25왕조(누비아인이 지배)
  기원전 760~656년

말기 기원전 664~332년

제26왕조 기원전 664~525년
제27왕조(페르시아인이 지배)
  기원전 525~405년
제28왕조 기원전 409~399년
제29왕조 기원전 399~380년
제30왕조 기원전 381~343년
제31왕조(페르시아인이 지배)
  기원전 343~332년

헬레니즘 시기 기원전 332~30년
제32왕조(마케도니아인이 지배)
  기원전 332~305년
제33왕조(프톨레마이오스 왕조)
  기원전 305~30년

위의 그림은 가장 중요한 파라오들의 조각상과 장례에 쓰인 마스크를 그린 것이다. 그들의 이름은 아래와 같다.

1 조세르, 기원전 2630~2611년
2 쿠푸, 기원전 2585~2560년
3 카프레, 기원전 2555~2532년
4 맹카우레, 기원전 2532~2510년
5 아모세 1세, 기원전 1539~1514년
6 투트모세 3세, 기원전 1479~1425년
7 아멘호테프 4세(아크나톤), 기원전 1353~1336년
8 람세스 2세, 기원전 1279~1213

멤피스와 테베는 이 단계를 넘어 '진정한 의미'의 도시로 발전하지는 못했다. 이전부터 제대로 된 도시가 없었다는 사실은 정치적으로도 중요했다. 메소포타미아의 수메르 왕들은 사회로부터 통치권을 위임받은 도시국가의 '중요 인물'이었지만, 이집트의 왕은 그렇지 않았다.

이집트의 왕은 결코 다른 왕조의 왕처럼 신을 대신해 백성을 다스리는 신의 하인이라고 말할 수 없었다. 이집트에는 사원과 왕궁, 즉 종교적인 힘과 정치적인 힘 사이에 갈등이 생길 수 없었다. 이집트의 왕은 처음 등장했을 때부터 누구와도 비교할 수 없는 절대적인 인물이었기 때문이다. 이집트의 왕인 파라오는 신 그 자체였다. 그는 신의 하인이 아니었다.

전지전능한 이집트의 왕 파라오

'큰 집'이라는 뜻의 파라오라는 칭호를 왕에게 직접 사용한 것은 신왕국시대뿐이다. 그 전에 파라오는 왕이 머무는 거처와 궁정을 의미했다. 이미 신왕국시대 훨씬 이전부터 이집트의 군주들은 고대 세계 그 어디에서도 찾아보기 힘든 강한 권위를 갖고 있었다. 이는 아주 오래된 이집트의 유물·유적에서 파라오가 얼마나 크게 그려졌는지를 보면 알 수 있다.

이러한 파라오의 권위는 선사시대의 왕들로부터 물려받은 유산이었다. 이집트에서는 농사가 잘되어 번성하게 되자, 선사시대부터 왕을 신적인 존재처럼 섬기게 되었다. 왕에 대한 그러한 경외심은 최근까지도 여전히 이어져 내려왔다.

고대 이집트시대에는 나일 강이 최대 관심사였다. 사람들은 파라오가 나일 강의 높이를 조절한다고 여겼다. 강물의 높이를 마음대로 조절한다는 것은 강 유역에 사는 사람

이 조각상은 제4왕조의 멩카우레 왕을 위해 만든 신전에서 발견되었다. 멩카우레 왕의 오른쪽에는 하토르 여신이 있고, 왼쪽에는 노모스(이집트의 행정지역 단위)의 신이 있다.

이집트 문명은 나일 강 하류의 멤피스에서 최초로 꽃을 피웠다. 멤피스는 메네스 왕이 살아 있을 때부터 건물들이 세워지기 시작했으며, 이후 구왕국의 수도가 되었다. 그 뒤 신왕국에서는 대체로 멤피스보다 남쪽에 위치한 테베가 수도였으며, 수도가 불명확한 시기도 있었다.

멤피스와 테베는 종교의 중심지이자 거대한 왕궁들이 모여 있는 지역이었다. 그러나

들에게는 목숨을 마음대로 할 수 있는 것과 같았다. 이집트 왕실이 거행한 최초의 의식은 풍요를 빌거나 경작지에 물을 대는 일, 땅을 일구는 일과 관련되어 있었다. 우리가 확인할 수 있는 가장 오래된 메네스 왕의 모습은 그가 선박 운행과 농사에 필요한 수로인 운하를 파고 있는 모습이다.

구왕국에서는 왕이 모든 땅의 절대적인 주인으로 여겨졌다. 곧이어 왕은 땅의 원래 주인인 신의 자손으로 경배받기 시작했고, 매 모양의 이집트 태양신 호루스로 올라섰다. 이 신은 이집트 최고의 신 오시리스*의 아들이었다.

이집트 왕은 만물의 질서를 창조하는 신과 같이 강력한 능력을 갖춘 존재로 받들어졌다. 그림에서 그의 적들은 사냥에서 잡힌 새들처럼 줄줄이 묶여 있거나 무릎을 꿇고 애원하는 모습으로 그려졌다. 의식이 진행되는 동안 그들의 뇌를 뽑아 내는 그림도 볼 수 있다. 그들에게 정의는 '파라오가 사랑하는 것'이었고, 악은 '파라오가 증오하는 것'이었다. 파라오는 전지전능했고, 따라서 따로 기준으로 삼을 만한 법전 따위는 필요하지 않았다.

이후 신왕국의 파라오는 그 당시 다른 문화에도 등장하는 위대한 전사처럼 묘사되었다. 이 시대의 그림에서는 전차를 탄 영웅적인 파라오가 적들을 짓밟고 맹수들을 죽이는 모습을 볼 수 있다. 이러한 변화에서 신으로 여겨지던 왕이 점차 현실세계에 가까운 존재로 인식되어 갔음을 알 수 있다.

하지만 이집트의 왕이 완전히 신의 영역 바깥으로 나왔다고 할 수는 없었다. 기원전 1500년경 파라오의 한 고위 관리는 이렇게 썼다.

"그는 사람들의 목숨을 좌지우지하는 신이시며, 만인의 아버지이자 어머니이시고, 누구와도 비교할 수 없는, 유일한 존재다."

중왕국시대까지는 오로지 파라오에게만 사후의 삶이 있었다. 이집트는 신이 인간의

***오시리스**
이집트 최고의 신으로 다산의 신이자 죽음의 신이었다. 이집트의 왕은 죽으면 오시리스가 된다고 여겼고 점차 이런 생각들이 널리 퍼져 갔다. 또한 오시리스는 생명을 부여하는 힘이 있어서 나일 강의 범람이나 식물의 싹이 나는 것도 그에게 달린 것이라 여겼다.

전차를 타고 적에게 화살을 겨누고 있는 파라오. 이런 영웅적인 모습은 이집트 예술에 종종 등장한다. 이 그림에서는 투탕카멘이 군대를 이끌고 아시아의 군대를 공격하고 있다.

모습으로 나타난 것이 왕이라는 점을 다른 청동기시대 국가들보다 훨씬 더 강조했다. 이런 생각은 철기시대가 시작되었을 때까지도 마찬가지였다. 하지만 그 뒤 이집트가 다른 민족의 손아귀에 떨어지면서 파라오를 모든 세계의 신으로 믿는 일은 더 이상 불가능하게 되었다.

고대 이집트의 관료제

신왕국시대가 시작되기 훨씬 전부터 이집트는 정교하고 위계 있는 관료제를 갖추고 있었다. 관료제의 가장 높은 자리에는 대신, 지방 총독, 고관들이 있었다. 그들은 대개 귀족 출신이었다. 이들 중 이름을 날린 몇몇 귀족은 파라오의 무덤만큼이나 웅장한 묘에 묻혔다.

지위가 낮은 가문에서는 수천 명의 서기관들이 배출되었다. 서기관들은 고위 관리들이 관장하는 복잡한 통치체제 아래서 일했다. 당시 문헌을 살펴보면 서기관으로서 성공하는 데 필요한 덕목들이 기록되어 있다. 여기서 고대 이집트의 관료제가 어떤 성격을 띠고 있었는지 짐작해 볼 수 있다. 그 덕목에는 공부에 전념하기, 자기 수양, 신중함, 윗사람에 대한 존경, 각자의 위치나 한계에 대한 인정 그리고 토지 재산과 법적 형식의 신성함에 대한 존중 등이 있다.

서기관들은 테베에 있는 특별한 학교에서 교육받았다. 여기서는 전통 역사와 문학, 다양한 문자 사용 방법뿐만 아니라 건축이나 회계 업무도 가르친 듯하다.

풍요로운 농업

관료제가 지배하는 이집트는 주민 대부분이 농민이었다. 농민들은 대개 안락한 삶을 누릴 수 없었다. 엄청난 규모의 공공사업에 노동력을 제공해야 했고, 귀족 계급과 관료제, 거대한 종교기구를 지탱하는 데 필요한 잉여 농산물을 바쳐야 했기 때문이다.

하지만 토지는 비옥했고 왕조가 건설되기 이전부터 확립된 물을 다루는 기술 덕분에 이집트인들은 땅을 자유자재로 활용할 수 있었다. 이집트 통치체제의 한 가지 특징인 유례없는 집단 노동력 동원 능력은 이미 왕조 이전 시대부터 시작되었다.

물을 대는 통로인 관개로 양쪽에는 넓은 벌판이 펼쳐져 있었다. 이곳에서는 주요 작물인 채소와 보리, 밀의 일종인 에머밀 등이 생산되었다. 이외에도 이집트인들은 집에서 기르는 가축과 물고기, 사냥에서 잡은 짐승들을 먹고 살았다. 이집트 미술을 통해 이러한 당시의 생활상을 많이 확인할 수 있다.

이집트인들은 적어도 구왕국시대부터 밭을 가는 데 소를 이용했다. 이런 방식의 농업은 이집트에서 거의 아무런 변화 없이 오늘날까지 생활의 근간이 되어 왔다. 이 정도로도 이집트는 훗날 로마인들의 곡창지대 역할을 하기에 부족함이 없었다.

▶ 글을 기록하는 서기관의 조각상. 제5왕조 때 만들어진 것으로 현존하는 이집트 조각품 가운데 가장 정교한 것 중 하나다.

이집트의 위대한 건축물

고대 그 어느 나라에서도 찾아볼 수 없는 돌로 만든 거대한 건축물들은 이집트의 화려함을 보여 주는 고유한 특징이다. 이것은 이집트에서 풍부하게 생산되는 농산물이 토대가 되었기에 가능한 것이었다.

가옥이나 농장 건물은 이미 왕조 이전 시대부터 사용하던 진흙 벽돌로 지었다. 하지만 왕궁, 묘지, 파라오의 기념물은 영원히 보존할 목적으로 지은 다른 차원의 건물이었고, 나일 계곡 일부 지역에서 가져온 돌들로 지어졌다. 처음에는 동으로 만든 도구로, 나중에는 청동으로 만든 도구를 사용했고, 이따금 그림을 새기거나 색칠도 했다. 하지만 그 기법은 결코 복잡하지 않았다.

이집트인들은 거대한 건축물을 떠받치는 돌기둥도 만들어 냈다. 하지만 그들이 지은 건축물의 위대함은 이런 건축 기술 자체보다는 사회적이고 행정적인 측면에 있다. 그것은 인간의 노동이 집약된 결과로 그들의 이런 놀라운 업적은 앞 시대에서는 찾아볼 수 없는 수준이었다.

서기관의 지휘 아래 수천 명의 노예와 수많은 병사가 건축 작업에 매달렸다. 그들은 돌을 깎고, 엄청난 무게의 이집트 건축물을 정해진 위치에 세웠다. 이집트인들은 경사로를 만들고 오로지 지렛대와 운반용 썰매만을 이용해서 오늘날에도 여전히 놀라움을 금할 길 없는 수많은 건축물을 만들어 놓은 것이다.

국력의 상징, 피라미드

최초의 기념비적 건축물은 기원전 2600년경 제3왕조 시대에 만들어졌다. 가장 유명한 건축물은 나일 강 서쪽 멤피스 근처의 사카라에 있는 피라미드들로 이는 왕의 무덤이다. 사카라의 피라미드 중 하나인 '계단식 피라미드'는 최초의 건축가가 남긴 위대한 걸작이었다. 그 최초의 건축가는 바로 왕의 총리인 임호텝이었다.

임호텝이 만든 피라미드는 너무나도 인상적인 것이었다. 그는 훗날 의술의 신으로 여겨졌고 천문학자, 성직자, 현자로도 추앙받았다. 돌로 건축물을 짓기 시작한 것은 분명 그의 공로였다. 사람들은 신적인 능력을 가진 사람만이 그전까지는 볼 수 없었던 60m 높이의 피라미드 같은 웅장한 건축물을 지을 수 있다고 생각했을 것이다. 피라미드는 당시 진흙 벽돌 집에서 살았던 사람들에게 그 무엇과도 비교할 수 없는 기적이었다.

약 100년 뒤에는 이집트 왕 쿠푸의 피라미드가 등장한다. 쿠푸의 피라미드에는 하나하나의 무게가 15t에 달하는 돌들이 사용되었다. 나일 강 서쪽 카이로 근처의 기자라는 지역에서 가장 거대한 피라미드들이 완성된 것은 바로 기

제5왕조 때 만들어진 목제 조각상. 서기 1860년 이 목제 조각상을 발견한 이집트 일꾼들은 조각상의 사실적인 모습에 놀라지 않을 수 없었다. 키가 1m가 넘는 이 조각상에는 '시장(市長)'이라는 별명이 붙었다. 현재 카이로의 이집트 미술관에서 전시되고 있다.

원전 2500년경, 제4왕조시대였다.

쿠푸의 피라미드는 짓는 데 20년이 걸렸다. 전설에 따르면, 무려 10만 명의 인원이 동원되었다고 한다. 이 전설은 과장한 측면이 있겠지만, 분명 수천 명은 되었을 것이다. 게다가 500만~600만t에 달하는 엄청난 양의 돌을 멀리는 800km나 되는 거리에서 가져와야 했다. 이 거대한 구조물의 각 모서리는 동서남북 방위가 완벽하게 맞춰져 있었다. 또 각 변은 약 230m로 오차가 20cm도 되지 않았다.

따라서 피라미드가 나중에 세계 7대 불가사의에 포함된 일이나, 지금까지도 피라미드만이 세계 7대 불가사의 중에서 유일하게 그 자리를 여전히 지키고 있다는 일은 전혀 놀라운 일이 아니다. 피라미드는 당시 파라오가 통치하던 이집트의 국력이나 자신감을 보여 주는 가장 확고한 증거다.

물론 피라미드가 이집트의 유일한 거대 건축물은 아니다. 피라미드는 왕이 죽고 나서 머물 여러 개의 거대한 건물들 중 가장 특징적인 것이었다. 다른 곳에서도 거대한 신전과 궁, 왕가의 계곡*에 있는 무덤들을 볼 수 있다.

이집트 건축물의 기술적 한계

어떤 의미에서든 피라미드와 같은 공공 건축물들은 이집트인들이 후대에 남긴 가장 위대한 작품이다. 따라서 훗날 이집트인들이 위대한 과학자로 평가되었다는 사실은 그다지

*왕가의 계곡
이집트 신왕국시대 왕들의 묘가 모여 있는 계곡. 룩소르라는 나일 강 중류 지역의 서쪽에 위치한다. 사람들의 도굴을 피해 일부러 인적이 드문 이곳에 왕들의 묘만 따로 모았다고 한다. 그러나 거의 모든 무덤이 이미 도굴되었고 투탕카멘의 왕릉 정도가 남아 있다.

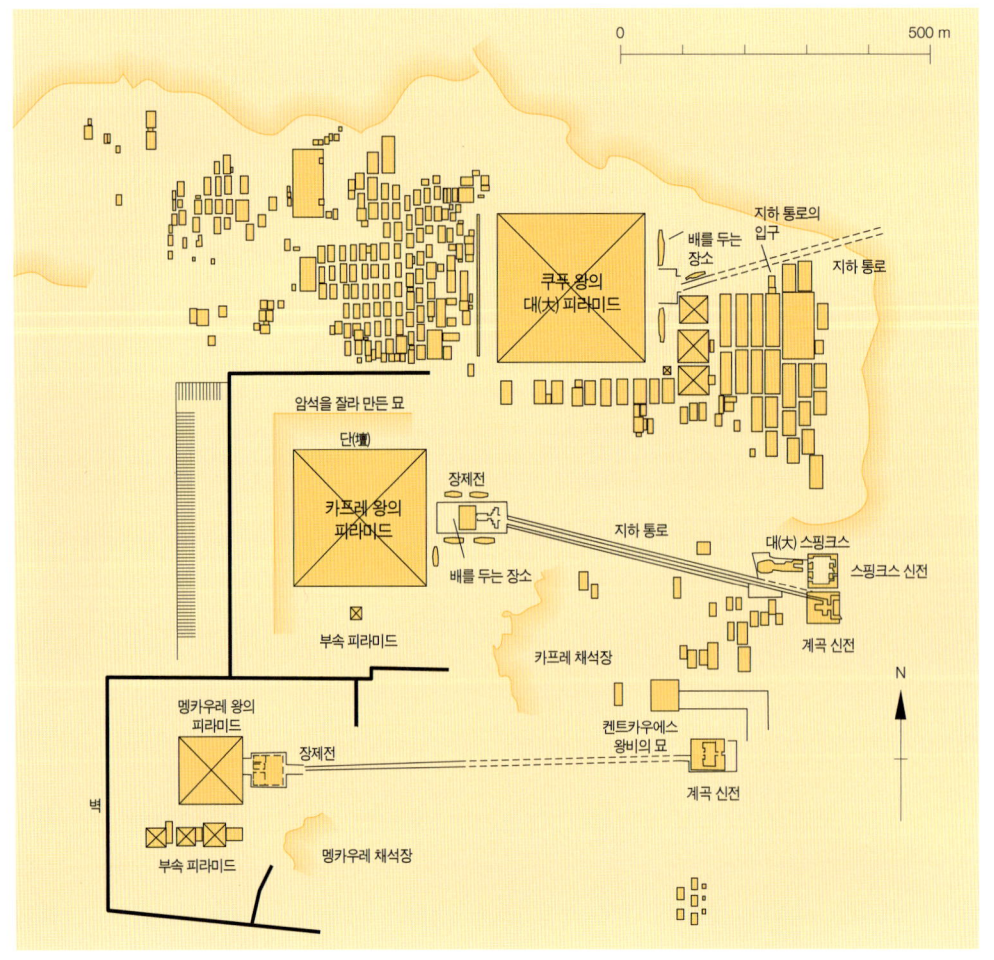

카이로 근처 나일 계곡 위의 대지에서는 기자 지역의 특별한 무덤을 볼 수 있다. 무덤은 제4왕조시대 파라오들의 피라미드 세 개와 그 외의 부속 건물들로 이루어져 있다. 피라미드는 각각 쿠푸 왕, 카프레 왕, 멩카우레 왕의 것이었다. 피라미드 곁에는 제사를 지내고 왕에게 바치는 물건과 음식을 저장하던 장제전이 각각 세워져 있다. 이 장제전들은 통로를 통해 계곡의 다른 신전들과 연결되어 있었다.

카프레 왕의 피라미드. 제4왕조의 카프레 왕은 기원전 2532년에 죽은 것으로 추정된다. 그의 피라미드는 기자 지역의 피라미드 중 유일하게 외면의 일부가 원래대로 유지되어 있다. 그러나 1818년 유럽인들이 이 피라미드의 내부를 발굴했을 때는 묘실은 물론이고 화강암으로 만든 커다란 관마저 도굴되어 비어 있었다.

놀랄 만한 일이 아니다. 사람들은 이 거대한 건물들이 높은 수준의 수학과 과학에 기초했을 것이라고 굳게 믿었다. 하지만 그것은 잘못된 믿음이었고, 실제는 그렇지 않았다.

이집트의 측량 기술이 매우 뛰어났던 것은 사실이다. 그러나 토목 공사에 기초적인 수학 이상의 기술이 필요해진 것은 현대에 들어서였다. 분명 피라미드를 세우는 데는 복잡한 수학이 필요하지 않았을 것이다. 당시 필요했던 것은 간단한 공식을 이용해 무게와 부피를 계산하는 능력 정도였을 것이다. 후대에 이집트의 기술을 높이 평가한 사람들이 어떻게 믿든 이집트의 수학은 그 이상으로 발진하지 못했다.

현대의 수학자들은 이집트인들이 이뤄 낸 이론적 업적을 대단하게 생각하지 않는다. 이집트인들은 수학에 있어서만큼은 확실히 메소포타미아의 바빌로니아인들과 비교가 안 되었다. 이집트인들은 현대적으로 보이는 십진법을 사용하긴 했지만, 그들이 후대의 수학에 기여한 것이라고는 $\frac{1}{5}, \frac{1}{8}$ 같이 1을 분자로 하는 단위 분수를 발명한 것이 전부다.

별다른 성과가 없었던 천문학

이처럼 수학이 발달하지 못했다는 것은 천문학에서도 별 성과가 없었다는 사실을 뜻한다. 사실 천문학도 수학과 마찬가지로 후대인들이 막연하게 이집트인이 크게 발전시켰다고 생각하는 분야다.

이집트인들이 천체를 관측해서 나일 강이 언제 넘칠지를 예측하고 자신이 원하는 방향에 맞게 건축물을 지을 수 있었던 것은 사실이다. 하지만 그들의 천문학 이론은 대단한 것이 아니었다.

이 분야에서도 이집트인은 바빌로니아인보다 한참 뒤떨어져 있었다. 이집트의 천문학에 관한 내용이 기록된 비석의 글들은 수세기 동안 많은 점성술사들의 존경을 받았다. 그러나 비석에 기록된 글들은 사실 과학적으로 그다지 가치 있는 것들이 아니었고, 비교적 단기간의 변화만 예측할 수 있는 것들이었다.

천문학이 바탕이 된 것 중 이집트의 업적이라 할 만한 것은 날짜를 계산하는 역법을 만든 것이다. 이집트인들은 최초로 태양을

고대 이집트 115

기준으로 1년을 365.25일로 정하고 이를 열두 달로 나누었다. 한 달은 세 주로, 한 주는 10일로 하고, 연말에 나머지 5일을 덧붙여 1년을 만들었다. 이런 체계는 1793년 프랑스의 혁명가들이 기독교를 기준으로 한 당시의 날짜 계산 방식을 보다 합리적으로 바꾸려고 했을 때 되살아났다.

물론 달력을 만들 수 있었던 것은 천체 관측 덕분이었다. 하지만 오래전부터 이집트인들의 삶 한가운데 자리 잡고 있던 나일 강의 범람 주기를 관찰해 왔던 것도 여기에 큰 영향을 미쳤다.

이집트 농민들은 나일 강이 넘치는 시기에 따라 1년을 세 기간으로 구분했다. 그 기간은 씨 뿌리는 시기, 강물이 넘치는 시기, 수확하는 시기였으며 각각 네 달씩이었다. 끝없이 되풀이되는 나일 강의 범람 주기는 이집트인들에게 농사뿐 아니라 의식적인 면에서도 깊은 영향을 미쳤다.

이집트의 종교

고대 이집트의 종교적 체계가 매우 치밀하게 잘 짜여 있었다는 사실은 다른 민족을 놀라게 했다. 고대 그리스의 역사가 헤로도토스는 그리스 신들의 이름이 이집트에서 비롯되었다고 믿었다. 그 생각은 틀렸지만, 그가 그렇게 생각했다는 점은 흥미롭다.

나중에 로마제국의 황제들은 이집트의 신을 숭배하는 것이 위험하다고 생각해 이를 금지했다. 하지만 결국에는 다시 허용할 수밖에 없었다. 이 사실에서 이집트의 신이 다른 지역 사람들에게도 상당히 매력적이었음을 알 수 있다.

이러한 이집트의 영향력은 18세기 유럽에까지 스며들어 있었다. 이집트의 종교는 열정이 넘쳤다. 이집트 문명의 다른 측면들처럼 종교적 열정은 정치 구조보다 훨씬 더 오랫동안 지속되었다.

이집트의 여러 신

현재까지 보존된 수많은 고고학 유물과 기록 덕분에 이집트의 종교는 우리가 가장 잘 알고 있는 고대 종교 중 하나가 되었다. 많은 이집트 신들은 대개 매의 신 호루스나 하늘의 신 누트처럼 자연을 상징하는 것이었다. 그러나 이보다 높은 차원의 신도 많이 믿었던 것으로 보인다.

예를 들어 오시리스는 사후의 삶에 중요한 역할을 하는 신이었다. 국가를 대표하는 신들도 있었는데, 국가 신들은 주요 도시와 관련 있었다. 예컨대 아몬은 머리가 숫양처럼 생긴 테베의 신이었는데, 신왕국시대에 구왕국시대 최고의 신이었던 태양 신 레와 합쳐져 '아몬-레'가 되었다.

이집트인들의 종교적 대표자는 레의 아들 파라오였다. 그는 매의 신 호루스와 동일한 존재로 여겨졌고 그 아래로 성직자 계급이 있었다.

아부심벨의 웅장한 신전 안에는 여러 개의 이집트 신상이 있었다. 그중 이집트의 네 신이 앉아 있는 이 조각상은 1년에 아침 해가 단 두 번만 비춰지도록 만들어진 것이다.

하지만 고대 이집트의 종교에 대해 여전히 이해하기 어려운 부분이 남아 있다. 고대 이집트의 종교는 이후에 생겨나는 교회처럼 독립된 형태를 띠었다고 보기 어렵다. 당시의 종교는 삶과 구분되는 것이 아니라 삶의 일부분이었다.

초기 메소포타미아인들과 이집트인들의 세계관에 관한 중요한 저서로 『철학 이전에』라는 책이 있는데, 이 제목은 의미하는 바가 무척 크다. 다른 시대 사람들의 정신세계에 대해 추측해 볼 때 우리가 당연하게 생각하는 개념이나 전제가 그들의 머릿속에는 존재하지 않을 수 있다는 사실을 기억해야 한다.

예컨대 고대 이집트인들에게 종교냐 주술이냐를 구분 하는 것은 별로 중요하지 않았다. 물론 각각의 효험이 따로 있다고 생각하기는 했지만 말이다. 이집트 종교에서 주술은 언제나 암적인 존재였다는 말이 있다. 그것은 지나친 해석이라고 할 수 있겠지만 어쨌든 종교와 주술이 매우 밀접한 관계였음을 알 수 있다.

또한 고대 이집트인은 이름과 사물을 제대로 구분하지 못했다. 그들에게는 이름이 곧 사물 그 자체였다. 상징의 개념도 마찬가지다. 이집트인들은 '상징' 이라는 바다 속에 사는 물고기와 같았다. 그들을 이해하려면 지금의 관점에서 벗어나 생각할 수 있어야 한다.

죽음과 매장의식

고대 이집트에서 종교의 의미와 역할을 이해하려면 그들의 세계관 전체를 살펴보아야 한다. 그들의 문명이 지속된 거의 대부분의 기간에 고대 이집트인들은 종교에 대해 놀랄 만큼 일관된 경향을 나타냈다. 그들은 종교를 통해 변화무쌍한 인간의 삶을 꿰뚫어 보고자 했다. 그것은 죽은 자들이 살고 있다고 생각한, 변하지 않는 확고한 세계에 이르기 위해서였다.

여기서도 나일 강의 박동을 쉽게 느낄 수 있다. 나일 강은 해마다 모든 것을 휩쓸어 갔다가 곧 예전처럼 만들어 놓았다. 이러한 현상은 끊임없이 반복되었고, 변함이 없었다. 그것은 보편적인 우주의 흐름을 나타내는 것이었다.

이집트인들을 위협하는 가장 큰 변화는 죽음이었다. 강물이 자주 넘치는 곳에 살았던 그들은 주변의 붕괴로 인한 죽음을 흔히 겪었다. 이집트의 종교는 처음부터 죽음과 함께 시작된 것처럼 보인다. 결국 우리가 이집트의 종교에 관해 가장 쉽게 접하는 것도 오늘날 박물관에 보관된 미라와 무덤에서 나온 물건들이다.

중왕국시대가 되면서 왕뿐만 아니라 모든 이집트인이 사후의 삶을 믿게 되었다. 이에 따라 사람들은 종교의식을 통해 사후

◀ 이 화려한 관은 제작 연대가 제12왕조(기원전 1938~1759) 때로 거슬러 올라간다. 이런 관에는 중요한 이집트인들의 미라가 안치되었다.

세계의 재판관 앞으로 불려갈 때를 대비하면서 사후의 삶을 기다렸다. 그들은 사후 세계에 영원히 변하지 않을 행복한 삶이 기다리고 있다고 확신했다. 이렇게 사후 세계에 관한 이집트인들의 시각은 메소포타미아인들의 우울한 시각과는 크게 달랐다. 그들은 사후 세계에서 행복하게 살 수 있다고 믿었다.

오랜 세월 동안 수많은 사람들이 노력한 결과 이집트에는 놀랄 만한 종교적 유물이 남겨졌다. 이집트인들은 묘지를 만들고 죽은 자를 영원히 쉴 장소로 옮기는 데 지나칠 정도로 세심한 주의를 기울였다. 가장 널리 알려진 것이 바로 피라미드와 미라다. 중왕국 시대에 왕의 장례식을 치르고 미라를 제작하는 데는 무려 70일이 걸렸다.

이집트인들은 죽고 나면 죽은 자의 신 오시리스 앞에서 재판을 받는다고 믿었다. 좋은 판결이 나면 그들은 오시리스의 왕국에서 살 수 있었다. 그렇지 않으면 반은 악어, 반은 하마인 괴물에게 보내졌다. 그렇다고 사람들이 평생토록 오시리스에게 잘 보여야 한다고 생각한 것은 아니었다. 이집트의 신전에는 그들을 지켜 줄 수많은 다른 신들이 있었기 때문이다.

이집트에는 약 2,000가지의 신이 있었다. 그중에는 중요하게 모셨던 신도 꽤 있었다. 많은 신들이 선사시대의 동물 신에서 비롯되었다. 매의 신 호루스는 왕들의 신이기도 했는데, 기원전 4000년경 정체를 알 수 없는 침략자들과 함께 처음 모습을 나타냈다.

동물 신들은 완벽하진 않지만 사람과 비슷한 모습으로 서서히 변해 갔다. 그리고 파라오가 신의 숭배를 통해 정치적인 목적을 추구하면서 동물 신들은 더 높은 위치를 차지하게 되었다. 이 과정에서 호루스와 태양신 아몬-레에 대한 숭배가 하나로 합쳐졌고, 파라오는 태양신 아몬-레가 인간으로 변한 것이라고 여겨졌다. 아몬-레는 피라미드가 세워지던 위대한 시대에 공식적인 숭배의 대상이었다. 하지만 이야기는 여기서 끝나지 않았다.

호루스는 이후 또 다른 신으로 변해 오시리스의 아들로 등장했다. 오시리스는 국가적으로 숭배하는 중요한 신이었으며, 그의 아내는 이시스였다. 창조와 사랑의 여신 이시스는 아주 오래전부터 등장한 신이었다. 그녀의 기원은 다른 이집트의 신들처럼 왕조 이전 시대로 거슬러 올라간다. 이시스는 신석기시대 서아시아 전역에서 찾아볼 수 있는 어머니 여신에서 비롯되었다.

이시스는 오랜 세월 동안 살아남았다. 그녀와 그녀의 품 안에 안긴 호루스의 모습은 성모 마리아와 아기 예수를 묘사한 기독교 예술에서도 찾아볼 수 있다.

다양한 종교와 성직자 계급

이집트의 종교는 대단히 복잡했다. 지역에 따라 숭배하는 대상이 달랐다. 이는 사상이나 교리에 차이를 가져오기도 했다. 이를테

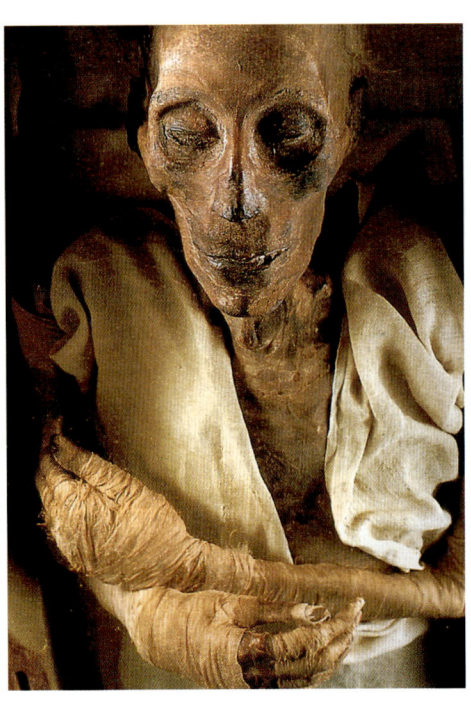

람세스 2세는 제19왕조의 강력한 파라오였다. 그의 미라를 의학적으로 조사해 본 결과, 그가 심장 질환과 관절염을 앓고 있었으며, 치아 상태가 좋지 않았다는 사실이 밝혀졌다.

면 기원전 14세기의 한 파라오는 또 다른 태양신 아톤을 숭배하는 전통을 세웠다. 여기서 하나의 신만을 인정하는 최초의 유일신 사상을 엿볼 수 있다.

이후에도 변화는 계속되었다. 물론 이 과정에 정치적 목적이 개입되기도 했다. 이집트의 종교를 오늘날의 관점으로 해석해 보면, 결국 그 내용은 그들이 믿던 신이 어떻게 번성하고 쇠퇴하게 되었는지에 대한 이야기다. 그리고 그것은 종교적이라기보다는 정치적인 것이었다.

종교에 관심을 둔 것은 파라오뿐만이 아니었다. 신앙을 뒷받침하는 제도는 대대로 특권을 물려받는 성직자 계급의 손아귀에 있었다. 성직자들은 성스러운 장소에서 예배 의식을 진행했는데, 그 공간은 일반인들이 거의 들어가 본 적조차 없는 곳이었다. 신전의 제단에 있는 신상도 성직자 이외에는 거의 아무도 볼 수 없었다.

시간이 지나면서 성직자들은 대중들의 인기를 얻으며 더 큰 권력을 얻었고, 그들이 거행하는 종교의식도 더욱 위상이 높아졌다.

2,000년간 이어진 고대 이집트 예술

고대 이집트 예술에서도 신은 중요한 주제였다. 하지만 그 외에도 많은 주제를 찾아볼 수 있다.

이집트인들은 사물을 있는 그대로 재현해 내는 것을 예술의 기초로 보았다. 물론 관습에 제약을 받았겠지만, 이런 방식 덕분에 고대 이집트 예술은 2,000년간 그들만의 단순미를 간직할 수 있었다. 또한 그 이후 좀 더 자유로운 표현이 가능해진 시기의 예술은 오히려 더욱 매력적이고 친근감을 느끼게 한다.

이집트 예술은 일상생활의 장면들을 사실적으로 묘사했다. 이를테면 농사를 짓거나 물고기를 잡는 모습, 사냥을 하는 모습을 주제로 그린 그림을 볼 수 있다. 기술자들이 작업을 하고 있는 모습, 서기관들이 일하는 모습 등을 그린 것들도 있다.

하지만 이집트 예술의 가장 두드러진 특징은 그 내용이나 기법이 아니라 바로 그 '변하지 않는 양식'에 있었다. 약 2000년 동안 이집트 예술가들은 일관된 예술적 전통을 별 흔들림 없이 지켜 왔다. 이런 전통은 어느 정도 수메르 문명의 영향을 받은 것이라 생각된다. 나중에는 또 다른 지역의 영향을 받기도 했지만 이집트 고유의 전통은 결코 변하지 않았다.

당시 이집트를 방문해 본 사람들은 이집트의 독특한 시각적 특징에 아마 깊은 인상을 받았을 것이다. 그리고 예술품들이 모두 한결같다는 것을 느꼈을 것이다. 알려진 것이 별로 없는 후기 구석기시대의 작품들을 제외하더라도, 이집트의 예술적 전통은 예술사를 통틀어 가장 길고 강력한 전통이라고 할 수 있다.

그러나 이러한 전통이 다른 곳으로 전파되지는 않았던 것 같다. 다만 예외적으로 그리스에 고대 이집트의 기둥을 본뜬 것 같은 흔적이 남아 있을 뿐이다. 이집트에서는 원래 갈대 뭉치를 진흙으로 반죽해서 기둥을 만들었는데, 그리스 기둥에서 그 자취를 발견할 수 있다.

사실 다른 나라의 예술가와 건축가들은 하나같이 이집트의

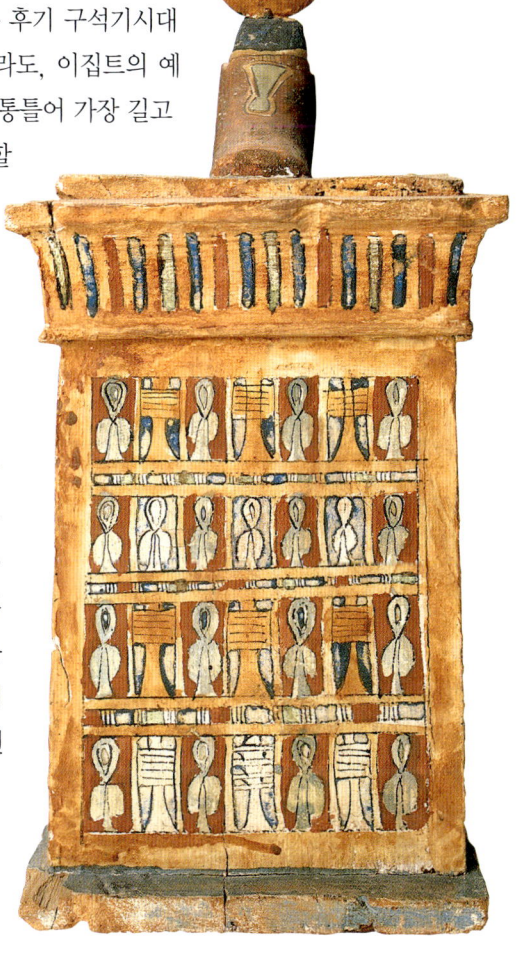

사람이 죽으면 함께 묻던 색칠한 목제 가구. 이런 고대 이집트의 가구들이 오늘날까지 상당히 많이 전해지고 있는데, 그것은 무덤 안의 공기가 건조해서 물건들이 썩지 않았기 때문이다.

제18왕조의 아모세 왕비를 묘사한 부조 작품. 테베의 남부 룩소르 지역에 있는 신전의 하트셉수트 장제전*에서 볼 수 있다.

*장제전
고대 이집트에서 죽은 왕들의 제사를 지내고 그들에게 바칠 물건과 음식을 저장해 두던 곳.

*오벨리스크
고대 이집트에서 태양신을 위해 세운 기념비. 대체로 사원 문 앞에 세웠으며, 네모진 거대한 돌기둥 모양이다.

건축물에 매료되었다. 하지만 이집트의 예술 양식을 그들의 의도에 맞게 수용하려고 해도 그것은 단순히 형식을 따라 하거나 이국적인 효과를 내는 수준에 머물렀다. 이집트 양식은 다른 곳에서는 뿌리를 내리지 못했다. 다만 시대에 따라 스핑크스나 뱀, 오벨리스크* 따위가 장식물로 이곳저곳에 등장했을 뿐이다.

그렇다고 이집트 예술이 후대에 기여한 것이 없는 것은 아니다. 이집트의 사원이나 무덤 벽에 색칠이 되어 있거나 오목하게 파인 거대한 그림들을 보면 인체가 비례의 원칙에 따라 그려졌다는 것을 알 수 있다. 이러한 비례 원칙은 그리스인을 거쳐 서양 미술에 전해졌다. 예술가들은 유명한 '비트루비우스의 인체비례도'*를 그린 레오나르도 다빈치 시대가 될 때까지 이 같은 이집트 그림의 영향을 받아 왔다. 이집트인들의 공헌은 예술적 양식의 측면이 아니라 이론적인 부분에 한정되었다고 할 수 있다.

예술적인 상형문자

이집트인들이 이룬 또 다른 위대한 업적은 '문자'였다. 그들은 사물 대신 소리를 나타내는 수메르의 표현 방식을 받아들였다. 하지만 수메르인들이 쓰던 설형문자는 받아들이지 않았다. 그들은 대신 사물의 모양을 본떠서 만든 상형문자를 개발했다.

메소포타미아인들은 쐐기 모양의 동일한 기호를 여러 형태로 배열하는 방법을 사용했다. 반면 이집트인들은 실물과 비슷한 작은 그림을 사용했다. 이것은 설형문자보다 보기에는 좋았을지 모르지만, 배우기가 훨씬 힘들었다.

최초의 상형문자는 기원전 3000년 이전에

이미 등장했고, 최소한 4세기 말까지 사용되었다. 그러니까 이집트의 상형문자는 거의 4000년이라는 매우 오랜 기간에 사용된 셈이다. 하지만 상형문자를 처음 본 사람들은 그것을 읽을 수가 없었다. 그들이 상형문자를 발견했을 때는 상형문자가 사라진 지 이미 1,450여 년이 흘렀기 때문이었다. 그러던 중 1799년 프랑스군이 이집트에 주둔하고 있을 때 '로제타석'*이라는 비석이 발견되었다. 군대와 함께 이집트에 들어가 있던 학자들은 로제타석을 프랑스로 보냈다. 그리고 마침내 프랑스의 한 학자가 로제타석에 새겨져 있는 이집트의 상형문자를 해독해 냈다.

사실 이집트에 관해 글을 쓴 고대의 저술가들은 상형문자에 큰 관심을 보이기는 했지만, 읽는 법을 배우지는 않았다. 상형문자가 중요하지 않았다고 생각했는지도 모른다.

그러나 오늘날에 와서 보면, 상형문자는 이집트 역사뿐만 아니라 세계사에서도 중요한 자리를 차지하고 있다는 사실을 알게 된다. 기원전 2000년경 등장한 알파벳의 기원인 셈 문자가 바로 이집트의 상형문자에서 비롯되었기 때문이다. 따져 보면, 상형문자는 현재 세계에 널리 퍼져 있는 알파벳의 먼 조상이기도 하다.

파피루스의 탄생

고대 세계에서 상형문자를 읽는 능력은 성직자 계급이 자신의 지위를 유지할 수 있는 중요한 근거 중 하나였다. 따라서 상형문자는 일부 소수만이 가지고 있는 전문 지식이기도 했다. 상형문자는 왕조시대 이전부터 역사적 기록을 위해 사용되었다.

파피루스가 만들어진 것은 기원전 3000년경 제1왕조 시대부터였다. 파피루스는 갈대 조각을 엇갈리게 배열한 뒤 두드려서 한 장으로 만든 인류 최초의 종이였다. 이것은 글

나일 강 중류 왕가의 계곡에 있는 한 무덤의 벽화에서 발견된 상형문자. 이 문자 아래에는 람세스 2세의 아들인 아몬-히르-코프세프의 모습이 그려져 있다.

*비트루비우스의 인체비례도
르네상스 시대의 유명한 예술가인 레오나르도 다빈치가 1490년에 그린 인체비례도. "두 팔을 벌린 길이는 신장과 같다"라는 그의 설명이 증명하듯 뛰어난 관찰력을 통해 정확한 인체비례를 측정한 것으로 유명하다.

*로제타석
기원전 2세기에 만들어진 고대 이집트의 비석. 발견된 마을의 이름인 '로제타'를 따서 '로제타석'이라고 부른다. 이 비석을 통해 이집트 상형문자를 읽을 수 있게 되었다. 프톨레마이오스 5세를 찬양하는 내용으로 그의 즉위를 기념해 재위 9년째에 씌어졌다. 현재 영국의 대영박물관에 보관되어 있다.

을 쓰는 데 매우 편리한 수단이었다.

사실 파피루스야말로 인류의 발전에 이바지한 고대 이집트의 진정한 업적이라고 할 수 있다. 세계적으로 끼친 영향을 생각해 보면, 파피루스는 상형문자보다 훨씬 더 의미가 있다. 파피루스는 동물 가죽으로 만든 양피지보다 비용이 덜 들었고, 진흙판이나 석판보다 잘 부서지긴 했지만 가지고 다니기에 훨씬 간편했다.

서아시아에서는 기원후까지도 편지를 쓰거나 기록을 할 때 파피루스를 주로 사용했다. 중국 등 동아시아에서 지중해를 통해 세계로 종이 만드는 방법이 전파된 다음에야 상황이 달라졌다. 종이paper라는 말도 사실 파피루스papyrus에서 나온 말이다.

파피루스가 등장하자마자 저술가들은 파피루스를 이어 붙여 긴 두루마리를 만들었다. 이집트인들은 글을 쓸 수 있는 재료와 현재의 알파벳 원형을 만들었을 뿐 아니라 책까지 만들어 냈던 것이다. 우리가 고대 세계

나크테가 기록한 『죽은 자의 서(書)』의 일부. 나크테는 서기관으로 그 당시 중요한 인물이었다. 그림은 죽은 자와 그의 아내가 그들의 정원에서 죽은 자의 신 오시리스 앞에 서 있는 모습이다. 정원의 연못 주위에는 무화과나무와 대추야자가 둘러 서 있다.

＊방아두레박
긴 막대를 시소처럼 이용해서 낮은 곳의 물을 높은 곳으로 길어 올리는 수동식 기구.

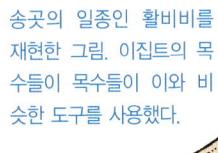

송곳의 일종인 활비비를 재현한 그림. 이집트의 목수들이 목수들이 이와 비슷한 도구를 사용했다.

에 대해 알고 있는 사실의 상당 부분은 이집트인들 덕분에 알게 된 것들이다. 고대 세계에 관한 많은 정보가 그들이 쓴 파피루스를 통해 직간접적으로 우리에게 전해진 것이기 때문이다.

찬란한 문명의 진실

이집트의 종교와 주술에서 느껴지는 신비로운 능력과 미술이나 건축에서 웅장하게 드러나는 정치적인 힘은 이집트가 어떻게 오늘날까지 명성을 자랑할 수 있는지 설명해 준다. 하지만 사실 문명이 그다지 풍요롭거나 역동적이지는 않았다.

이집트인들이 새로운 기술을 받아들이는 속도는 매우 느렸다. 그들은 일단 창조적인 문명의 단계에 올라서자 더 이상 혁신을 꺼렸다. 그나마 석조 건축 쪽이 문자가 들어온 이후 유일하게 큰 발전을 이룬 분야라고 할 수 있었다. 파피루스와 수레바퀴가 기원전 3000년경인 제1왕조 시대부터 사용되긴 했지만, 방아두레박＊을 쓰기 시작한 것은 메소포타미아와 2000년 동안 교류를 하고 난 뒤의 일이었다. 그 무렵 다른 지역에서는 이미 오래전부터 방아두레박을 쓰고 있었다. 나일 강의 특수한 환경 속에서 이집트인들이 일상의 변화를 꾀하기는 쉽지 않았을 것이다.

이집트 예술 작품을 보면, 일꾼들은 팀을 이루어 작업을 하고 있다. 이를 통해 당시의 작업 과정이 어렴풋하게나마 오늘날의 공장과 비슷한 수준으로 세분화되어 있었다는 것을 알 수 있다. 그러나 이처럼 조직적으로 일을 했음에도 이집트는 중요한 도구나 장치들을 다른 지역보다 훨씬 늦게 받아들였다.

구왕국시대 이전에 도자기를 만드는 물레가 있었는지도 정확히 알 수 없다. 금이나 구리, 청동을 다루는 기술은 기원전 2000년 무렵까지 나타나지 않았다. 선반은 기원전 300년 무렵의 헬레니즘 시대에 가서야 쓰이기 시작했다. 이집트 기술자들이 제대로 사용할 수 있는 도구는 구멍을 뚫거나 재료의 속을 파낼 때 사용하는 '활비비' 라는 송곳뿐이었다.

이집트의 의술

이집트의 의술이 독창적이며 뛰어난 업적을 남겼다는 것은 누구도 부정하지 않는 사실이다. 그들의 의술은 적어도 구왕국시대부터 시작되었고, 기원전 1000년에는 이미 주변 지역에서 널리 인정받고 있었다.

물론 그들의 의술이 주문을 외거나 마술을 부리는 주술과 완전히 구분되지는 않았다. 따라서 병을 치료할 때 부적 등을 쓰는 일도 잦았다. 하지만 여기에는 그들 나름의 합리적인 기준과 경험을 통해 얻은 지식이 담겨 있었다. 심지어 임신을 피하기 위한 피임법에 대한 지식까지 있었다.

이집트 의술은 이후 의학 발전에 큰 도움이 되었다. 현재 우리가 알고 있는 약물과 식물에 관한 지식은 대부분 이집트인들이 최초로 정립한 것이다. 이런 지식은 그리스인들에게 전해진 뒤 훗날 중세 유럽의 과학자들에게까지 영향을 미쳤다.

처음으로 피마자유를 약으로 사용한 것은 정말 대단한 일이라고 할 수 있다. 비록 다른 기술은 메소포타미아에 뒤처졌을지 모르지만, 의학 분야에 있어서만큼은 이집트인들이 훨씬 앞서 있었다.

그러나 의학이 발전했다고 해서 고대 이집트인들이 건강했다고 볼 수는 없다. 그들은 메소포타미아인처럼 알코올 남용에 대해 그다지 신경 쓰지 않았던 것 같다. 그러나 이런 사실로부터 특정한 결론을 내리기는 쉽지 않다.

어떤 학자들은 고대 이집트에서 특이하게도 유아 사망률이 높았고, 성인병도 몇 가지 있었다고 주장한다. 하지만 많은 미라들을 관찰해 보면, 암이나 뼈가 제대로 자라지 않는 구루병, 성병인 매독 같은 심각한 병은 찾아볼 수 없었다. 반면 오늘날 이집트에 널리 퍼져 있는 '주혈흡충증'*은 이미 기원전 2000년부터 널리 퍼져 있었던 것으로 보인다.

물론 이상의 사실들로 고대 이집트 의술의 전모를 밝힐 수는 없다. 여러 증거를 살펴보면, 고대 이집트의 처방이나 치료법은 사실 혼란스럽다. 그리고 현대 이전에 다른 문명의 중심지에서 쓰이던 처방이나 치료법보다 더 좋거나 더 나쁘다고 할 수도 없다.

사람들은 미라를 만드는 기술자들에게 부패를 막는 기술이 있다고 생각했던 것 같다. 물론 이는 사실과 달랐다. 흥미롭게도 나중에는 미라 자체에 치료 효과가 있다고까지 여겼다. 그래서 수세기 동안 미라를 잘게 부순 가루가 수많은 병을 고치는 최고의 치료

*주혈흡충증
주혈흡충이라는 기생충에 의한 감염으로 몸이 마르는 질병. 이 기생충은 포유류나 조류의 피부를 뚫고 들어가 감염을 일으킨다. 피부가 가렵고 열, 기침, 근육통 등의 증세가 나타난다.

고대 이집트에서는 하인이 생전에 주인을 섬겼듯이 사후의 삶에서도 주인을 섬기도록 되어 있다는 믿음이 널리 퍼져 있었다. 아래는 이집트의 무덤에서 발견된 그림이다.

고대 이집트 123

*오셀로
셰익스피어가 쓴 희곡. 주인공 오셀로는 자신이 아내에게 준 손수건에 마법이 깃들어 있다고 생각했는데, 그 손수건은 미라 심장의 피로 물들인 것이었다. 이처럼 사람들은 미라 자체에 대해 어떤 효과를 기대하곤 했다.

제로 쓰이기도 했다. 이외에도 『오셀로』*에 나오는 내용처럼, 사람들은 오랫동안 이 가루에 신비로운 능력이 있다고 믿었다.

이집트의 농촌 생활

대부분의 이집트인들은 농민이었다. 메소포타미아와 달리 이집트는 오랫동안 도시로 발전하지 않았기 때문이다. 이집트인들은 그들의 생활상을 짐작할 수 있는 많은 조각상과 그림을 남겼다. 그들은 시골에 살면서 가끔 일이 있을 때만 작은 읍이나 신전에 들렀다. 고대 이집트에는 테베나 멤피스 같은 몇몇 종교적 성지이자 행정 중심지가 있었지만, 그 외의 지역은 촌락과 시장밖에 없었다.

가난한 사람들은 대체로 힘든 삶을 살았다. 그들에게 가장 큰 짐은 나라를 위해 일하거나 싸우는 의무, 즉 부역이었다. 파라오가 요구하는 부역이 없을 때는 상당히 여유롭게 지낼 수 있었다. 나일 강이 만들어 준 비옥한 토지 덕분에 농사를 쉽게 지을 수 있었기 때문이다.

이집트에는 농작물이 풍부했다. 덕분에 농사를 짓지 않는 기술자들이 많이 있어도 사회가 유지될 수 있었다. 이집트 사회는 나랏일을 하는 교육받은 계층과 그렇지 않은 계층으로 크게 구분할 수 있었다. 노예제도도 있긴 했지만, 고대 서아시아의 다른 지역만큼 중요하지는 않았다.

여성의 지위

후대 사람들은 매력적이고 자유분방한 이집트 여성의 모습에 주목했다. 이집트 여성들은 다른 지역의 여성들보다 독립적이고 높은 지위에 있었을 것이라는 인상을 심어 주기에 충분했다.

무덤에 그려진 벽화로 밭에서 일하는 고대 이집트의 일꾼들이 묘사되어 있다.

'아마'라는 식물을 수확하는 여인의 모습. 나일 강 유역 테베 지역에 그려진 그림이다.

고대 이집트 125

고대 이집트인의 일상생활

이집트인들은 사후의 삶을 굳게 믿었고, 거기서도 죽기 전에 누린 것과 똑같은 행복을 누리고 싶어 했다. 그래서 그들은 무덤에 필요한 물품들을 놓아 두고 하인들의 그림을 그려 놓았다. 이런 그림과 부장품들은 건조한 공기 속에서 오늘날까지 잘 보존되어 왔다.

그 덕분에 파라오시대 이집트의 일상생활을 눈으로 확인할 수 있고, 다른 어떤 고대 문명보다 이집트에 대해 더 많은 것을 알게 되었다. 고대 이집트의 농민들이 밭에서 일하거나 가축을 기르고, 수공업자들이 물건을 만들고, 하인이 주인을 모시고, 음악가가 음악을 연주하고, 무용수가 춤을 추는 모습을 생생하게 볼 수 있다. 하지만 이집트의 분묘 벽화에는 모든 것이 너무나 완벽한 모습으로 표현되어 있다. 이 때문에 이집트의 일상이 지나치게 이상적으로 그려져 있는 것이 사실이다. 게다가 이런 벽화에는 고대 이집트인들의 평균 수명이 20년이라고 나와 있는데, 이 또한 흥미로운 점이 아닐 수 없다.

테베에서 발견된 제18왕조의 조각상. 이 부부는 분명 자신들이 영원한 한 쌍으로 표현되기를 바랐을 것이다.

몸에 달라붙는 흰색 튜닉*에 머리, 목 그리고 손목을 화려한 띠로 치장한 여인의 모습. 이집트 미술의 전통에 따라 그린 그림으로 몸과 어깨는 정면을 향하고, 얼굴은 측면을 향해 있다.

*튜닉
리넨이라는 직물로 만든 고대 지중해 연안의 기본 의복. 두 조각의 리넨을 덧대어 만든 단순한 형태로 속옷과 겉옷 용도로 모두 사용되었다.

이집트의 궁궐에 살던 여성들을 그린 그림을 눈여겨보면 그들에 대해 많은 것을 알 수 있다. 그들은 속이 들여다보이는 리넨이라는 소재로 만든 세련된 드레스를 입고, 아름다운 가발을 쓰고, 화려한 보석으로 치장했다. 얼굴에는 정성 들여 화장까지 했다. 화장품은 이집트에서 특히 거래가 활발히 이루어지던 물품이었다.

물론 이런 그림들만으로 모든 것을 판단할 수는 없다. 하지만 확실히 이집트 지배 계급의 여인들은 남자들에게 예속된 존재가 아닌 위엄과 독립성을 갖춘 한 인간으로 대우를 받았던 것으로 보인다.

예술 작품 속에서 파라오와 그 배우자들, 그리고 다른 이집트의 귀족 부부들은 꽤 다정하게 묘사되어 있다. 이런 모습은 기원전 1000년경 고대 서아시아의 다른 어떤 지역에서도 볼 수 없었던 것이다. 그것을 예술적 표현일 뿐이라고 말하기는 힘들다. 실제로도 그들은 친밀한 사이였을 것이다.

많은 그림과 조각에 등장하는 아름답고 매력적인 여성들은 다른 지역과 비교할 수 없는 여성의 정치적 위상을 보여 준다. 심지어 왕의 자리도 마찬가지였다. 상속권을 가진 왕녀의 남편은 왕의 자리를 물려받게 되어 있었다. 따라서 공주가 누구와 결혼하는가는 큰 관심사일 수밖에 없었다.

이런 문제 때문에 왕가에서는 남매간에 결혼을 하는 경우가 많았다. 하지만 친족 사이의 결혼으로 생기는 유전적인 악영향은 나타나지 않았다. 심지어 어떤 파라오는 딸과 결혼했는데, 이는 신성한 혈통을 보존하기 위해서라기보다는 딸이 다른 사람과 결혼하는 것을 막기 위해서였던 것 같다.

이런 상황은 왕실의 여성을 영향력 있는 인물로 만들어 주었다. 그중 어떤 여성은 중요한 권력자가 되기도 했고, 왕이 되기도 했다. 왕위에 오른 여성은 수염을 붙이고 남자처럼 옷을 입고서 파라오가 되었다. 하지만 여성이 파라오가 되는 것을 모든 사람이 동의한 것은 아니었다.

신전에서도 많은 여신을 찾아볼 수 있다. 그중에서도 '이시스'가 특히 유명했다. 문학과 예술에서는 아내와 어머니에 대한 존경을 강조했다. 그것은 상류 사회에서만 강조된 덕목은 아니었다.

고대 이집트인들의 사랑 이야기와 가정생활을 다룬 장면들을 보면 당시 사회가 지향하는 바가 무엇이었는지 알 수 있다. 거기에는 부부간의 다정한 사랑, 개인의 휴식과 사생활, 남성과 여성의 평등이 강조되어 있었다.

어떤 여성은 글을 읽고 쓸 줄도 알았다. '여성 서기관'을 뜻하는 단어가 있을 정도였다. 그러나 성직자나 매춘부 외에 여성이 가질 수 있는 직업은 그다지 많지 않았다. 반면 부유한 여자들은 재산을 소유했고 법적인 권리를 누렸다. 이집트 여성의 권리는 많은 점에서 수메르와 비슷했다.

오랜 기간 지속된 고대 이집트 문명을 한 마디로 정리하는 것은 쉬운 일이 아니다. 그

테베에서 발견된 제18왕조 시대의 그림. 허리띠와 값비싼 보석들만 몸에 걸친 하녀들이 잔치에서 손님들에게 시중을 들고 있다. 손님들은 속이 비치는 주름진 튜닉을 입고 있다. 튜닉은 신왕국시대 상류사회에서 전형적으로 볼 수 있는 의복이었다. 잔치에서는 춤을 추는 여인들과 음악가들이 손님을 즐겁게 했다.

고대 이집트

소브케트페의 무덤에서 발견된 그림. 시리아인이 이집트 왕실에 도착해 공물을 바치고 있다.

러나 여러 증거들을 보면, 당시 여성들은 한 개인으로서 자신을 어느 정도 드러낼 수 있었던 듯하다. 현대에 이르기까지 후대의 다른 많은 나라에서 여성의 사회적 권리가 이만큼 보장된 경우를 찾기란 쉽지 않다.

구왕국시대

이집트 문명이 그토록 탄탄하게 유지되고 물질적으로 풍요로웠다는 것은 대단히 깊은 인상을 준다. 특히 그들의 문명은 오랜 기간 거의 변함이 없었기 때문에 그들이 바깥 세계와 어떤 관계를 맺고 있었는지를 파악하기는 메소포타미아의 경우보다 훨씬 더 어렵다.

이집트의 역사는 시간적 범위가 무척 길다. 구왕국시대만 따져도 미국 역사에 비해 훨씬 길다. 역사가 긴 만큼 구왕국에서도 많은 일이 일어났을 것이다. 그러나 당시 무슨 일이 일어났는지 또 그 일들이 얼마만큼 중요했는지를 제대로 알기는 힘들다.

이집트의 역사는 상이집트의 메네스 왕 이후 거의 1,000년 정도를 따로 떼어 생각해 볼 수 있다. 이때는 파라오의 권력이 그 누구와도 비교할 수 없을 만큼 강력했고, 나라도 안정되어 있었다. 하지만 구왕국 아래에서는 서서히 지방 분권화가 일어나 지방 관리들의 영향력과 자립도가 커지고 있었다.

파라오는 여전히 두 개의 왕관을 써야 했고, 죽으면 땅에도 두 번 묻혔다. 한 번은 상이집트에서, 한 번은 하이집트에서 장례가 치러졌다. 메네스 왕이 상·하이집트를 통일했지만, 이 두 나라는 실제적으로는 여전히 분리되어 있었던 것이다.

이웃 지역과의 관계에는 주목할 만한 특징이 없었다. 구왕국시대 말에 팔레스타인 민족을 공격한 일 정도가 있었을 뿐이다. 그 뒤 제1중간기에는 반대로 이집트가 침략을 받았다. 이집트의 국력 쇠퇴와 내분 덕분에 침략자들은 비교적 쉽게 나일 강 하류에 세력을 확립했다. 나일 강 유역에는 이때 쓰인 것으로 짐작되는 다음과 같은 문구가 있었다.

고귀한 자들은 한없는 비탄에 싸였다.
반면 가난한 자들은 희희낙락했다.
…… 땅이 더럽혀졌다.
…… 낯선 자들이 이집트에 들어왔다.

그 후 오늘날의 카이로 근처에 새로운 왕조들이 나타나 경쟁을 벌였고, 이집트 문명의 중심지였던 멤피스는 그 힘이 약해졌다.

중왕국시대

이집트 역사의 다음 단계는 중왕국시대다. 왕의 대신이었던 아메넴헤트는 왕위를 빼앗은 뒤 테베에서 왕국을 새롭게 통합했다. 그는 중왕국 번영의 기초를 마련했고, 기원전 2,000년 이후 약 250여 년 동안 이집트는 이전의 번영을 다시 누리게 되었다.

중왕국시대 전반기를 이처럼 새롭게 번영을 이룬 시기로 평가하는 것은 이집트인들이 제1중간기 때 너무도 두려움을 많이 느꼈기 때문이라고 할 수 있다. 이는 그 당시의 기록을 통해서 알 수 있다.

중왕국시대에는 사회적인 질서와 유대기 새롭게 강조되었다. 파라오의 지위도 조금 달라져서 그는 이제 단순한 신이 아니었다. 그는 신의 후손이자 신들을 이끄는 존재로 강조되었다. 혼란스러웠던 제1중간기를 거치며 사람들의 마음속에 파라오에 대한 의심이 점차 생겨났지만, 그 뒤에도 파라오의 강력한 질서체계는 흔들림 없이 유지되었다.

그런 가운데 이집트는 영토를 확장해 나가

이집트 중부 아시우트 지역의 한 무덤에서 발견된 병사 인형들. 색이 입혀진 목제 인형들은 제12왕조의 것으로 추정된다. 당시는 누비아를 정복하기 위해 파라오가 군대를 조직했을 때였다. 가장 흔히 사용된 무기는 활과 창, 도끼, 방패였다. 전차는 이후 이집트를 침략한 힉소스인들에 의해 도입되었다.

면서 더욱 성장했다. 나일 강의 습지대에서는 땅을 일구는 개간 사업이 대규모로 이루어졌다. 또 나일 강의 제1폭포와 제3폭포 사이에 있는 남쪽의 누비아를 점령하고 그곳의 금광을 개발하기도 했다. 뿐만 아니라 이집트인들은 남쪽으로 더 내려가 '쿠시'*라는 신비로운 왕국에 정착해 살기도 했다. 무역은 그 전 어느 때보다 활발히 일어났고 아시아와 아프리카를 잇는 시나이 지역의 구리 광산도 다시 개발되었다.

종교적인 변화도 뒤따랐다. 고대 이집트 최고의 신으로 꼽히는 '아몬-레'에 대한 숭배가 확실하게 뿌리를 내렸는데, 이는 아몬-레 혹은 그 아들로 여기던 파라오의 힘이 강력해졌음을 뜻한다. 하지만 중왕국시대도 결국 급격한 정치적 변화와 왕조 간의 경쟁으로 막을 내리고 말았다.

중왕국시대 이후 약 200년간 지속된 제2중간기에는 이전보다 훨씬 위협적인 세력이 침략했다. 그들은 셈족 계통으로 추정되는 힉소스인*으로, 철기로 무장한 전차를 타고 이집트에 쳐들어 왔다. 그들은 나일 강 삼각주 지대에서 세력을 확립했고, 테베에 있던 이집트 왕조는 그들에게 공물을 바쳤다.

힉소스인에 관해 알려진 사실은 그다지 많

***쿠시**
고대 왕국 누비아 근처에 자리 잡았던 문명. 나일 강 유역에서 가장 먼저 발달한 문명 중 하나였고, 이집트 왕조의 공격이 있기 전까지 세력을 키워 나갔다. 그 시작은 기원전 2500년경으로 추정되며 오늘날의 수단 북부 지역이 쿠시 왕국에 속한다.

***힉소스인**
기원전 17세기경 나일 강 유역으로 쳐들어온 셈족 계통의 민족. 힉소스는 '외국에서 온 지배자들'을 뜻하는 이집트어로, 이집트의 제15왕조와 제16왕조를 통치했다. 또한 그들은 말, 전차, 조립식 활, 전투용 도끼, 요새 축조술 등을 이집트에 들여왔다.

▶ 제18왕조의 여왕인 하트셉수트의 조각상. 포도주와 우유를 담은 단지를 양손에 들고 있다. 이 조각상은 하트셉수트를 기리고 그녀에게 바칠 물건과 음식 등을 저장하던 장제전에서 발견되었다. 제작 연대는 약 기원전 1490~1470년으로 추정된다.

*하트셉수트
이집트 제18왕조의 5대 여왕. 뛰어난 재능을 가지고 있었지만, 처음엔 이복형제인 투트모세 2세의 부인이 되었다. 둘 사이에 아이가 없자 그 후 조카인 투트모세 3세가 왕위를 계승하게 되었는데, 아이가 어리다는 이유로 22년간 투트모세 3세와 공동으로 정치를 했다. 최초의 여성 파라오가 된 것이다. 그녀는 신하와 백성들이 자신을 여성이어서 얕볼까 봐 남장을 했다고 한다.

*투트모세 3세
이집트 제18왕조의 6대 왕. 아버지인 투트모세 2세가 일찍 죽은 후 어린 나이에 왕위에 올랐다. 그러나 하트셉수트로 인해 권력을 잡기 어려웠다. 그러나 적극적인 대외활동으로 시리아 전역을 정복하고 유프라테스 강 건너편까지 영토를 넓혔다. 훗날 하트셉수트가 죽자, 그녀와 관련된 모든 것들을 없애려 하기도 했다.

지 않다. 그들은 이집트의 전통과 생활방식을 받아들였고, 처음에는 이집트인들의 관료제까지 그대로 두었다. 하지만 이집트인들과 완전히 동화되지는 못했다.

결국 제18왕조 때 이집트인들은 전쟁을 일으켜 힉소스인들을 쫓아냈다. 이때부터 신왕국시대가 시작되었다. 신왕국은 힉소스인의 중심지인 요르단 서쪽 가나안 남부지역까지 쳐들어가 큰 승리를 거두었고, 마침내 팔레스타인과 시리아 대부분의 지역을 차지했다.

신왕국시대

절정기를 맞은 신왕국은 대외적으로 큰 성공을 거두어 여러 곳에 기념물들을 남겨 놓았다. 힉소스의 지배는 이집트를 새롭게 일으키는 데 힘을 불어넣었다고 볼 수 있다. 특히 전차와 군사 기술의 발달은 큰 밑거름이 되었다.

신왕국시대에 이르러 이집트의 미술은 더욱 발전하였고, 새로운 문물이었던 전차와 같은 아시아의 무기와 군사 기술은 더욱 발달했다. 무엇보다 왕실의 권위가 대단히 강해졌다.

하트셉수트*가 여성으로서는 최초로 왕위에 오르기도 했다. 그녀는 이집트의 무역을 확대한 것으로 유명하다. 하트셉수트 여왕의 장제전에서 이 같은 사실을 확인할 수 있다. 그 뒤 약 100년 동안 군사적인 성공과 영광의 날들이 이어졌다. 하트셉수트의 계승자인 투트모세 3세*는 이집트 제국의 영토를 유프라테스 강까지 넓혔다. 당시 곳곳에 세워진 기념비를 보면, 공물과 노예들이 쉴 새 없이 도착하고 아시아 지역의 왕녀들과 혼인이 이루어졌음을 알 수 있다.

한편 이집트 내에는 화려하게 장식된 신전들과 전성기 이집트 예술의 업적으로 평가받는 가슴 위까지 만든 흉상, 서 있는 모습의 입상 등의 조각이 곳곳에 세워졌다. 또한 이 무렵에는 이집트 예술에 외국의 영향을 받은 모습이 나타나기 시작했는데, 이는 대부분 지중해의 크레타 섬으로부터 영향을 받은 것이었다.

고립의 끝

신왕국시대에 외국과 교류가 늘어났다는 것은 또 다른 사실을 의미했다. 이는 이집트가 주변으로 세력을 넓혀 나가는 방식에 중요한

제18왕조 때 이집트는 서아시아에서 다른 민족과 세력을 다투며 제국을 확대하려고 노력했다. 남쪽으로는 누비아에서, 북동쪽으로는 시리아와 팔레스타인에서 커다란 전투가 벌어졌다. 누비아와 시리아에서 온 외교 사절들이 이집트의 파라오 앞에 엎드려 있는 그림이다.

변화가 일어났음을 뜻한다.

가장 중요한 지역은 지중해 동부의 레반트 해안 지대였다. 투트모세 3세는 이곳을 정복하기 위해 17년의 세월을 쏟아 부었다. 하지만 그는 끝내 시리아 동부와 메소포타미아 북부를 지배했던 거대한 미탄니 제국을 정복하지는 못했다.

그의 후계자들은 방향을 완전히 바꾸었다. 급기야 한 파라오는 미탄니의 왕녀와 결혼까지 했다. 이렇게 신왕국은 레반트 지역에서 나라를 보호하기 위해 미탄니와 좋은 사이를 유지하는 친선 정책을 펼쳐 나갔다.

이집트는 오랫동안 보호벽처럼 작용했던 고립에서 서서히 빠져나오고 있었다. 한편 미탄니는 점차 강해지는 북쪽의 히타이트인에게 계속해서 압박을 받고 있었다. 히타이트인은 기원전 2000년대 후반 서아시아의 질서를 뒤흔든 야심 찬 민족이었다. 이처럼 이집트의 주위에는 또 다른 세력들이 일어나고 있었다.

신왕국시대의 이집트는 일찍이 대외 정책을 매우 중시했다. 아멘호테프 3세와 4세의 통치 기간이었던 기원전 1400년경부터 기원전 1362년 사이에 작성된 외교 문서에 이런 사실들이 상세히 기록되어 있다.

아멘호테프 3세 때 이집트의 권력과 번영은 절정에 이르렀다. 이때가 테베 지역은 가장 큰 영광을 누린 시대였다. 아멘호테프 3세는 이곳에 묻혔는데 그의 무덤은 왕의 무덤 중 가장 큰 것이었다. 하지만 오늘날 후대의 그리스인들이 '멤논의 거대한 조각상*'이라고 부른 유물 외에는 어떤 유적도 남아 있지 않다. 멤논은 신화에 등장하는 영웅으로 에티오피아의 왕이다.

아크나톤의 통치

아멘호테프 4세는 아버지의 뒤를 이어 1379년 파라오의 자리에 올랐다. 그는 종교 개혁을 시도하여 고대의 종교 대신 태양신 아톤만을 모시도록 했다. 그는 자신의 확고한 의지를 드러내기 위해 이름까지 아크나톤으로 바꾸고 테베 북쪽으로 480km 떨어진 아마르나에 새로운 도시를 세웠다. 새로운 종교적 중심지로 자리 잡은 이곳의 신전은 지붕이 없어 햇빛이 신전 안으로 그대로 내리쬐었다.

종교 개혁에 대한 아크나톤의 의지가 확고했고 그 믿음 또한 깊었다는 사실에는 의심의 여지가 없다. 하지만 종교를 쉽게 바꾸려고 하지 않는 그 당시 이집트인들의 종교적 보수성을 생각하면, 그의 시도가 시작부터 어려운 일이었음은 분명하다.

어쩌면 그가 아톤에 대한 숭배를 고집한 데에는 정치적 의도가 깔려 있었을지도 모른다. 아마도 아몬-레를 모시던 종교 지도자들

*멤논의 거대한 조각상
아멘호테프 3세의 신전에 남아 있는 커다란 조각상. 19.5m의 이 거대한 조각상은 원래 아멘호테프 3세를 만든 것이지만, 훗날 그리스인들은 트로이 전쟁의 영웅인 에티오피아의 왕 멤논이라고 여겼다. 그래서 이 조각상을 '멤논의 거대한 조각상'이라고 불렀다.

태양신 아톤의 자비로운 빛을 받으며 아크나톤과 그의 아내 네페르티티가 딸들과 함께 있는 모습. 이 시기 이집트 예술은 전통에서 꽤 벗어나 있었고, 인물도 이전처럼 어색하지 않은 편한 자세로 표현되었다. 이런 표현 양식은 그동안 규범이 되어 왔던 딱딱하고 엄격한 예술 양식과는 다른 것이었다. 하지만 이집트 예술은 이후 원래의 전통으로 되돌아갔다.

이 휘어잡고 있던 권력을 되찾으려 했을 것이다. 어쨌든 아크나톤은 이런 종교 혁명에 몰두해 있었고, 그 때문에 다른 쪽으로는 신경을 쓰지 못했다. 그동안 히타이트는 무시할 수 없는 세력으로 성장해 갔다.

아크나톤은 미탄니가 공격을 받을 때 도움을 줄 수 없었다. 미탄니는 기원전 1372년 히타이트에게 유프라테스 강 서쪽 지역을 모두 잃었고, 내란으로 큰 분열을 맞았다. 이로써 미탄니 왕국은 점차 쇠퇴하였고, 결국 30여 년 뒤 역사의 무대에서 완전히 사라지고 말았다.

이집트의 세력 역시 약해져 갔다. 나중에 아크나톤의 이름이 공식적인 왕의 계보에서 빠진 것은 종교 개혁에 반대한 사람들의 분노 때문이기도 했지만 나라의 세력이 약해졌기 때문이기도 했다.

투탕카멘

아크나톤의 후계자는 고대 이집트의 왕들 가운데 가장 잘 알려진 왕이다. 아멘호테프 4세의 사위였던 투탕카톤*은 아멘호테프가 아크나톤으로 이름을 바꾸었듯이 사신의 이름을 투탕카톤에서 투탕카멘으로 바꾸었다. 아크나톤의 종교 개혁을 되돌려 예전의 아몬-레 숭배를 되살린다는 뜻을 명백히 하기 위해서였다.

'왕가의 계곡'에 그의 무덤이 웅장하게 지어진 것은 아몬-레를 다시금 숭배할 수 있도록 했던 것에 대한 감사의 뜻이 담겨져 있는 것 같다. 하지만 아몬-레를 다시 숭배하게 한 것을 제외하면, 그는 단지 젊은 나이에 죽은 왕일 뿐이었다. 통치 기간 중 두드러진 업적을 찾아볼 수도 없다.

이집트의 쇠퇴

신왕국은 투탕카멘이 죽고 나서도 200년간 지속되었지만 점차 빠른 속도로 쇠퇴해 갔다.

신왕국의 쇠퇴는 투탕카멘이 죽은 후 그의 부인이 히타이트 왕자와 결혼하려고 한 사실에서도 짐작할 수 있다. 그러나 결혼식이 있기 전 왕자가 살해당하면서 이 시도는 실패로 돌아갔다.

후대의 왕들은 쇠퇴한 나라를 되살리려고

* **투탕카톤**
제18왕조 스멘크카레의 동생으로 8세라는 어린 나이에 왕위에 오른 이집트의 왕. 즉위한 후 이름을 투탕카멘으로 바꾸고, 이전의 신들과 제사 의식을 부활시켰다. 원래의 이름인 투탕카톤은 '아텐 신을 숭배한다'는 뜻이지만, 그는 종교개혁을 하면서 '신들의 왕 아문을 섬긴다'는 뜻의 투탕카멘으로 이름을 고쳤다.

아크나톤에 대한 존경의 표시로 그 이후 제18왕조의 통치자였던 아이(기원전 1352~1348)에게 금을 선물로 바치고 있는 모습. 아이의 무덤에서 발견된 부조 작품이다.

애썼고, 어느 정도 성과를 거두기도 했다. 그럴 때면 이집트군은 팔레스타인 위쪽까지 세력을 넓히기도 했다. 어떤 파라오는 이전의 파라오들이 다른 민족의 공주와 결혼했던 것처럼 히타이트의 공주를 신부로 삼기도 했다. 하지만 곧 새로운 적들이 나타났다. 히타이트와의 동맹조차 더 이상 보호막이 될 수 없었다.

에게 해는 곧 혼란에 휩싸였다. '섬들이 사람들을 토해냈다', '그들 앞에서는 어떤 나라도 견디지 못했다.' 이집트의 한 기록은 당시의 혼란을 이렇게 적고 있었다. 이 해상 민족은 마침내 격퇴되었지만, 그들과의 싸움은 힘겨운 것이었다.

이처럼 이집트가 극심한 변화를 겪고 있을 때, 이집트인들이 '헤브라이인'*이라고 부르는 작은 셈족 집단이 나일 강 삼각주 지대를 떠났다. 전설에 따르면 그들은 모세라는 지도자를 따라 이집트를 벗어나 시나이 사막으로 들어갔다고 한다.

기원전 1150년부터 이집트 안의 혼란을 드러내는 현상들이 여기저기서 나타났다. 람세스 3세는 궁중의 음모로 암살당했다. 그는 번영을 이룬 이집트의 마지막 왕이었다. 람세스 3세 이후에는 심지어 파업이 벌어지고 경제적인 어려움이 생기기도 했다. 테베에 있는 왕들의 무덤을 몰래 파헤치는 일까지 벌어졌다.

파라오는 성직자와 관리들에게 권력을 빼앗겼다. 마지막 왕 람세스 11세는 자신이 사는 궁에 거의 갇혀 있었다.

이집트 제국의 시대는 결국 막을 내리고 말았다. 그리고 기원전 2000년대 말에 이르면 히타이트나 다른 제국도 비슷한 운명을 맞았다. 이집트 세력뿐만 아니라 이집트를 돋보이게 했던 주위의 세력들 역시 사라져 가고 있었다.

이집트 남동부 아스완 지역의 아부심벨 신전에 있는 부조 작품의 일부. 람세스 2세와 히타이트의 왕 무와탈리스 사이에 벌어졌던 카데슈 전투를 묘사하고 있다.

이집트의 유산

이집트는 왜 쇠퇴의 길을 걷게 되었을까? 아마도 고대 세계 전체에 영향을 미친 전쟁과 같은 극심한 혼란과 변화 때문일 것이다. 하지만 신왕국시대 말기에 드러난 여러 문제점은 사실 이집트 문명이 시작될 때부터 있어 왔던 것들이다. 하지만 이집트의 거대한 건축물과 수천 년간 이어온 그들의 역사를 보면, 이집트 문명이 초기 단계에서부터 문제점이 있었을 것이라는 생각을 하기란 쉽지 않다.

창조적인 면에서 보면, 이집트 문명은 사실 별다르게 이룩해 낸 것이 없다고 할 수 있다. 엄청난 노동력을 한 곳에 모을 수는 있었지만, 그들이 만든 것은 거대한 묘지일 뿐이었다. 또한 뛰어난 솜씨를 지닌 이집트 기술자들이 만든 것은 고작 묘지의 부장품들이었다.

이집트에는 복잡하고 세련된 언어를 쓸 줄 아는 명석한 지식인들이 있었다. 그들은 더없이 편리한 도구로 글을 쓸 수도 있었다. 하지만 이집트인들은 그리스인이나 유대인에

*헤브라이인
오늘날의 유대인 또는 이스라엘인을 가리키는 말. 원래 다른 민족이 유대인을 낮추어 부르는 말이었다. 그러나 이후 성서 등에서 더 넓은 의미로 많이 사용되었다. 한국에서는 '히브리'로 많이 쓴다.

색을 칠하고 회반죽을 바른 목제 현판. 제작 연대는 제21왕조 또는 제22왕조로 추정된다. 한 음악가가 레-하라크티를 경외하는 뜻에서 하프를 연주하고 있다. 레-하라크티는 카이로 북동쪽 헬리오폴리스 지역의 신으로 매처럼 생긴 머리에 태양을 왕관처럼 쓰고 있는 모습으로 묘사되었다. 손에는 지팡이와 채찍을 들고 있는데, 이 둘은 이집트의 왕권을 상징한다.

비할 만한 철학적이거나 종교적인 사상을 후대에 남겨 주지는 못했다. 그토록 화려했던 문명의 중심에 기본이 될 정신적 바탕이 없었던 것이다.

그러나 어쨌든 이집트는 매우 오랜 세월 동안 지속되었다. 그것은 대단한 일이다. 이집트는 적어도 두 번 이상 상당히 쇠퇴했던 시기가 있었지만, 그럼에도 불구하고 변함없는 모습으로 다시 일어섰다.

그렇게 큰 규모의 국가를 다시 회복시킨다는 것은 역사적으로 매우 위대한 성공이다. 하지만 이집트가 더 발전하지 못한 채 그 수준에서 멈춰 버린 이유는 아직도 여전히 알 수 없다. 이집트의 군사적·경제적 힘은 결국 세계에 거의 아무런 변화도 낳지 못했다.

사실 이집트 문명은 다른 지역에 제대로 전파된 적이 없었다. 그것은 아마도 고립된 주변 환경 때문일 것이다. 만약 이집트처럼 외부의 침략을 거의 받지 않았다면, 다른 고대 문명도 무척 오랫동안 지속될 수 있었을 것이다. 중국이 놀랄 만큼 오랜 역사를 자랑하는 것도 사실 그와 같은 이유 때문일 것이다.

고대에는 모든 사회적·문화적 변화가 대단히 느리고 미세하게 일어났다는 사실을 다시 한 번 기억할 필요가 있다. 급격하게 변하는 현대사회 속에서 사는 우리는 변화에 익숙하기 때문에 과거에 번영을 누렸던 사회 체제가 얼마나 오랫동안 변하지 않고 옛것을 지키려 했는지 깨닫기가 어렵다. 고대 세계에서는 급격한 변화와 발전이 지금보다 훨씬 더 적게 일어났다.

선사시대와 비교해 보면, 고대 이집트의 역사는 확실히 빠르게 전개되었다. 하지만 기원전 3000경 메네스 시대로부터 기원전 1450년경 투트모세 3세 시대에 이를 때까지 이집트인들의 일상생활에는 거의 변화가 없었다. 이는 무려 1,500년에 이르는 긴 세월이었다.

그들의 두드러진 변화는 갑작스럽게 대규모의 자연 재해가 일어났을 때나 침략이나 정복이 일어났을 때 볼 수 있었다. 하지만 나일 강은 항상 자연 재해에 어느 정도 안전장치가 되어 주었다. 또 이집트는 오랫동안 서아시아의 전쟁이 일어나던 곳 주변에 머물러 있었다. 이따금 출몰 후 사라져 간 이민족들에게나 영향을 받았을 뿐이다.

기술이나 경제적인 힘이 이집트인의 변화에 영향을 끼치기까지는 오랜 시간이 걸렸다. 학문 같은 지적 분야에서도 원래 알고 있던 것들을 그대로 유지하려고만 했기 때문에 큰 변화를 일으키기가 어려웠다.

이집트의 역사라고 하면, 늘 나일 강이라는 거대한 자연의 이미지를 떠올리게 된다. 나일 강은 언제나 이집트인들의 눈앞에 있었다. 그 존재가 너무나 컸기 때문에, 이집트인들은 그 유역을 벗어난 더 큰 세상을 바라볼 수 없었을 것이다.

메소포타미아 지역에서는 우리가 다 알지도 못하는 수많은 전쟁이 일어났지만, 고대 이집트는 같은 시대를 지나오면서도 여기에 거의 영향을 받지 않고 수천 년간 유유히 이어져 왔다. 이는 나일 강의 영향 때문일 것이다.

나일 강 기슭에 자리 잡은 사람들은 감사하는 마음으로 강이 선사하는 풍요로움을 누렸다. 그 덕분에 그들은 삶에서 진정으로 중요한 일에 몰두할 수 있었다. 그들이 몰두한 일은 바로 죽음을 제대로 준비하는 일이었다.

죽은 이집트인의 관을 싣고 나일 강을 따라 항해하는 배. 인생의 마지막 여행을 표현하고 있다.

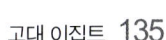

4 침략자와 침입자들
—고대 서아시아의 암흑시대

메소포타미아와 이집트는 역사시대의 출발점이었다. 세계사는 한동안 이 두 문명지에 대한 이야기들로 가득했다. 그래서 어느 정도는 메소포타미아와 이집트의 역사를 다른 세계와 따로 떼어 놓고 다룰 수 있었다.

하지만 이들의 이야기를 고대 세계나 고대 서아시아에 관한 이야기의 전부라고 할 수는 없다. 기원전 2000년이 지나자 곧이어 이민족이 이동하면서 서아시아의 질서가 파괴되고 새로운 상황이 벌어지기 시작했다. 또 그로부터 1,000년 후에는 그 외의 지역에도 문명의 중심지가 나타나게 된다. 그때쯤이면 우리는 이미 역사시대로 한참 들어와 있다고 말해도 무리가 없을 것이다.

역사가들에게는 불행한 일이지만, 사실 비옥한 초승달 지대에 대해서도 정확하게 알 수는 없다. 오랫동안 세계의 그 어떤 지역보다 창조적이고 역동적인 곳이었는데도 말이다.

기원전 2000년경부터 새로운 제국들이 출현하는 기원전 9세기경까지 그곳에는 변화의 소용돌이가 휘몰아쳤다. 그러나 이러한 급격한 변화가 어떻게 일어났는지 아주 기본적인 사실조차 알기가 어렵다.

이제 역사는 더욱 빠르게 변화하고, 문명은 인간에게 새로운 기회를 제공했다. 아마도 수많은 사건을 하나하나 알아보는 것보다 그러한 변화의 주요 원인들을 살펴보는 것이 좀 더 의미 있을 것이다.

복잡해지는 세계

변화를 일으킨 가장 큰 요인은 민족의 대이동이었다. 기원전 2000년 이후로 1,000년 동안 민족의 이동에 따른 변화가 계속되었다. 인도-유럽계 민족들이 동쪽과 서쪽에서 비옥한 초승달 지대로 압박해 들어온 것이

*공성탑
성을 포위, 공격하기 위해 성보다 높게 만든 장치. 사다리를 타고 올라가 성 안으로 군사가 뛰어들 수 있게 만들어졌다. 바퀴가 달려서 이동도 가능했다.

그림을 도드라지게 표현한 부조 작품으로 아시리아의 유물이다. 아시리아의 부조 작품 중에는 전투 중에 도시를 포위하는 장면들이 많다. 이라크 북부에 있는 고대 아시리아 유적지인 님루드의 성에서 발견된 이 부조 작품에서는 아시리아인이 철로 무장하고 바퀴로 움직이는 공성탑*을 이용해 성을 공격하고 있다. 공성탑에는 벽을 부수는 데 쓰이는 무기가 달려 있다.

이 지역의 변화를 일으킨 가장 기본적인 원인이었다. 이들 민족은 더욱 다양해지고 많아졌다. 주목할 만한 사실은 그중에 그리스인의 조상도 있었다는 것이다.

셈족 역시 메소포타미아 계곡을 두고 인도-유럽계 민족과 싸움을 벌였다. 이집트와 이후에 밝혀질 신비의 해상 민족은 시나이 반도, 팔레스타인, 레반트를 두고 싸웠다. 그리고 또 다른 인도-유럽계 민족 하나가 이란에 세력을 형성했다. 그들은 그로부터 기원전 6세기경에 마침내 최고의 고대 제국인 페르시아 제국을 세웠다. 인도로 밀고 들어간 또 다른 인도-유럽계 민족도 있었다.

인도-유럽계 민족의 이동은 수세기 동안 주변의 여러 나라들이 왜 그렇게 변화해 갔는지를 설명해 준다. 빠르게 변화하는 현대의 기준에서 볼 때, 그래도 꽤 오랫동안 지속된 국가가 여럿 있었다. 러시아 남부 카프카스 지역에서 온 카시트인이라는 민족은 기원전 1600년경부터 약 450년 동안 바빌론을 지배했다. 하지만 수천 년의 역사를 이어 온 이집트의 기준에서 보자면, 카시트 왕조의 역사는 한순간에 불과했다.

서아시아를 뒤바꾼 군사 기술

당시 새롭게 등장한 많은 문화와 문물들은 민족의 대이동에 큰 힘을 실어 주었다. 이 가운데 이전의 제국과 왕국들이 마침내 취약함을 드러냈다는 것은 전혀 놀랄 만한 일이 아니다. 민족의 이동이 뚜렷한 자취를 남긴 것들 중 하나가 바로 군사 기술의 혁신이다.

기원전 2000년경 메소포타미아에는 이미 성을 쌓거나 적을 포위하는 기술이 꽤 높은 수준에 도달해 있었다. 이러한 기술을 갖고 있던 인도-유럽계 민족들 중 일부는 유목 민족이었다. 혁신적인 기술 덕분에 이들 유목 민족은 전쟁에서 크게 이길 수 있었다. 물론 적을 포위하는 공격 기술은 그 이후로도 오랫동안 그다지 완벽하지 않았다.

바퀴가 두 개 달린 전차와 기마병이 전투에 등장하자 전쟁의 양상은 크게 달라졌다. 고대의 기록을 보면, 수메르의 병사들은 당나귀가 끄는 볼품없는 사륜 전차를 타고 있는 것으로 묘사되어 있다. 수메르군에게 전

네 명의 전사가 타고 있는 아시리아의 사륜 전차. 전차를 탄 전사는 기원전 2000년경 서아시아의 전투에서 모습을 드러내기 시작했다.

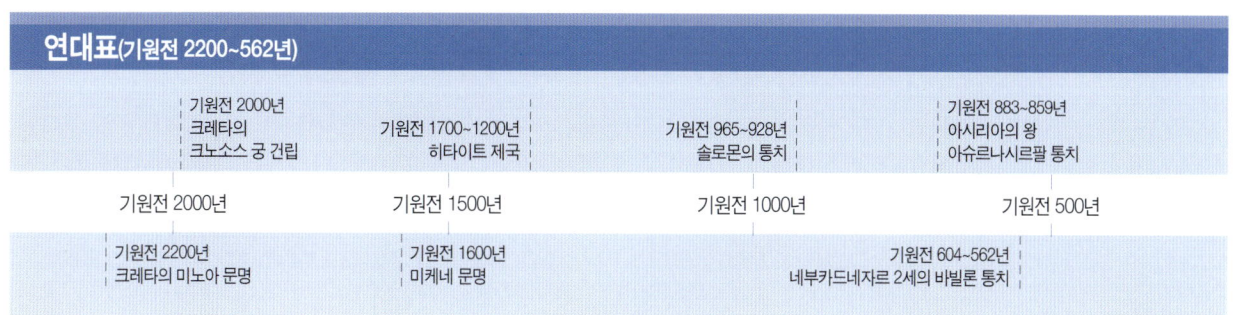

연대표 (기원전 2200~562년)

기원전 2200년	기원전 2000년	기원전 1700~1200년	기원전 1600년	기원전 965~928년	기원전 604~562년	기원전 883~859년
크레타의 미노아 문명	크레타의 크노소스 궁 건립	히타이트 제국	미케네 문명	솔로몬의 통치	네부카드네자르 2세의 바빌론 통치	아시리아의 왕 아슈르나시르팔 통치

침략자와 침입자들

기원전 7세기의 아시리아 왕 아슈르바니팔이 니네베에 있는 왕궁 근처에서 사냥을 하는 모습이다. 당시는 안장도 등자도 없었기 때문에 말을 탄 사람들은 균형을 잡기가 무척 힘들었을 것이다.

차는 장군이나 지휘관이 장소를 이동하는 수단으로 사용되었고, 정작 전차병들은 창과 도끼로 적과 싸웠다.

진정한 의미의 전차는 바퀴가 두 개 달린 말이 끄는 전투용 마차였다. 전차는 보통 두 명의 병사가 탔다. 한 명은 전차를 몰고, 다른 한 명은 뿔로 만든 활을 사용해서 적에게 화살을 날렸다.

카시트인은 이런 식으로 말을 활용한 최초의 민족이었다. 카시트의 통치 계급은 인도-유럽계 민족이었던 듯하다. 그들은 비옥한 초승달 지대 북부와 동부의 초원 지대로 나아가 그곳 유목민들의 땅에서 쉽게 말을 구할 수 있었다. 반면에 메소포타미아 지역은 말이 많지 않았다. 말은 왕이나 지도자들만이 이용할 수 있는 사치품이었다. 따라서 말을 잘 사용했던 카시트인은 메소포타미아인에 비해 군사적으로나 심리적으로 한 수 위에 있었다.

그러나 결국 서아시아에 있는 모든 거대 왕국의 군대에 전차가 도입되었다. 전차는 누구에게나 결코 무시할 수 없는 값진 무기였다. 이집트인은 전차를 탄 힉소스인에게 정복당했지만, 마침내 똑같이 전차라는 놀랄 만한 무기를 이용해서 힉소스인을 쫓아냈다.

기병의 등장

말을 타고 싸우는 기병이 등장하면서 전투를 하는 모습도 달라졌다. 안장에 걸터앉아 말 위에서 적과 싸우는 것이 진정한 의미의 기병이지만, 이런 기술을 제대로 익히는 데는 오랜 세월이 걸렸다. 말을 몰면서 동시에 활이나 창을 다루는 일은 무척 어려운 일이었다.

말 타기는 이란 고원 지대에서부터 시작되었다. 이곳에서는 일찍이 기원전 2000년부터 말 타는 기술이 널리 이용되었다. 이 기술은 기원후가 되기 전까지 서아시아와 에게 해 지역으로 고루 퍼져 나갔다. 기원전 1000년 이후에는 무기로 무장한 기병이 등장했는데, 그들의 전투력과 신속한 기동력은 보병을 능가했다.

이를 시작으로, 오랜 세월 동안 중무장한 기병은 중요한 전투 수단이 되었다. 하지만 그 가치가 충분히 빛을 발하게 된 것은 몇 세기 뒤 등자*가 발명되고 기마병이 자유자재로 말을 다루게 되면서부터였다.

철기의 중요성

기원전 2000년대에 철은 무엇보다 중요한 자원이었다. 전차에 쓰이는 부품들을 철로 만들었기 때문이었다. 바퀴에도 철 테를 두르기 시작했다. 군사 무기를 철로 만드는 것은 확실히 유리했다. 따라서 철기가 있는 나라에서는 그것이 전파되는 것을 막으려고 했다. 하지만 철기는 순식간에 서아시아와 그 이외의 지역까지 퍼져 나갔다.

최초로 철기를 사용한 나라는 히타이트였다. 하지만 히타이트는 쇠퇴했고, 그 뒤 철기 제조 기술이 널리 퍼져 나갔다. 철로는 훨씬 더 강력한 무기를 만들 수 있었고, 희귀하다고는 하지만 그래도 구리니 주석보다 풍부했기 때문이다.

철기는 사람들에게 큰 자극이 되었고 군사적인 변화뿐만 아니라 경제적인 변화까지 낳았다. 철기로 농사를 짓는 민족은 나무나 돌로는 어림도 없는 거친 땅을 경작할 수 있었다. 하지만 전체적으로 보았을 때 새로운 금속을 도입하는 과정은 빠르지 않았다. 그때까지 인간의 도구가 천천히 석기에서 동기 그리고 청동기로 바뀌어 갔듯이, 철기 역시 청동기에서 천천히 바뀌어 갔다. 물론 일부 지역은 다른 곳보다 그 과정이 훨씬 더 빠르게 일어났다.

이미 기원전 1100년대 지중해 동부의 키프로스에서는 철제 무기가 사용되고 있었다. 그리고 기원전 1000년 이후 키프로스에서부터 에게 해 근방으로 철기가 전파되었다. 기원전 1000년은 청동기시대에서 철기시대로 넘어가는 경계선이라 할 수 있다. 하지만 이렇게 단순히 연도로 시대를 구분하는 것은 그다지 의미가 있는 것은 아니다.

철기가 보다 풍부해졌다고는 하지만, 문명화된 세계에서도 여전히 청동기를 사용하는 지역이 남아 있었다. 청동기 문화는 또 다른

*등자
안장에 매달아 말을 타거나 앉을 때 발을 받쳐 주는 장비.

구리에서 철로

구리나 금은 작업하기가 쉬운 천연자원으로 서아시아에서 사용된 최초의 금속이었다. 기원전 7000년대 서아시아와 유럽 동남부, 그리고 기원전 3000년대 동아시아에서는 열을 가하면 다양한 광물로부터 금속을 추출해 낼 수 있다는 사실이 발견되었다.

또한 기원전 4000년대 서아시아와 기원전 3000년대 동아시아에서 구리와 주석의 합금인 청동이 만들어졌다. 청동은 무기나 도구를 만드는 데 널리 쓰였다. 작업하기가 좀 더 까다로운 철은 기원전 2000년대 초부터 서아시아에서 사용되었다. 철은 점차 청동을 대신해서 무기 등을 제작하는 데 쓰이게 되었다.

철은 상대적으로 풍부했다. 또 철광석에 석탄을 첨가하면 무기를 보다 날카롭고 예리하게 만들 수 있었는데, 이렇게 하려면 매우 높은 온도가 필요했다. 이런 기술은 기원전 600년경 중국에서 처음 시작되었다. 하지만 세계의 다른 곳에서는 그 후 1,000년이 지날 때까지 여전히 탄소가 포함된 주철을 사용하고 있었다.

청동과 철로 만든 아시리아의 철 몽둥이 머리 부분. 제작 연대는 기원전 900년경으로 추측된다.

곳에서 계속 이어져 온 신석기 문화와 함께 매우 천천히 사라졌다. 이러한 청동기시대는 기원전 1000년 무렵까지 이어졌다. 철이 풍부해졌다고는 해도 세계 어디서나 널리 사용할 수 있었던 것은 아니었기 때문이다.

장거리 교역

금속을 다루려면 야금술이 필요했고, 이러한 기술은 또 다른 변화를 일으켰다. 금속을 얻기 위해 먼 지역 간에 복잡한 장거리 무역이 이루어지게 된 것이다. 장거리 교역으로 다양한 물건을 교류하면서 고대 세계에는 통일된 특성이 생겨났다. 이런 통일성은 기원전 2000년대 말이 되어서야 붕괴되었다.

예컨대 주석은 메소포타미아와 아프가니스탄, 아나톨리아에서 가져와야 했다. 키프로스의 구리 역시 많이 거래되었다. 유럽은 고대 역사에서 주변부에 머물러 있었지만, 구리를 찾는 과정에서만큼은 중요한 지역으로 새롭게 떠올랐다.

발칸 반도에 있는 땅속으로 뚫은 어떤 길을 보면, 기원전 4000년 이전에 구리를 캐기 위해 지상으로부터 20여 미터를 파들어 갔다는 것을 알 수 있다. 따라서 이후 일부 유럽 민족이 높은 수준의 야금술에 도달하게 되는 것은 전혀 놀라운 일이 아니다. 이들은 특히 청동을 두들겨 넓게 펴거나 철기를 특정한 형태로 만드는 데 뛰어났다. 고온으로 철을 녹여 물건을 만들 수 있기 전까지 철은 청동보다 훨씬 더 작업하기 어려운 금속이었다.

| 새로운 운송 수단 |

장거리 교역이 성장하느냐 마느냐의 여부는 운송 문제에 달려 있었다. 처음에는 물건을 나르는 데 당나귀를 이용했다. 그리고 기원전 1500년 무렵 낙타를 가축으로 기르게 되자, 아시아와 페르시아 만에서는 먼 곳을 돌아다니며 장사를 하는 대상무역이 가능해졌다.

낙타 덕분에 그 전까지는 거의 접근할 수 없다고 여겼던 사막도 지나갈 수 있게 되었

니네베에서 출토된 기원전 7세기의 부조 작품. 시의 성벽 바깥에 있는 아시리아군 진영의 모습을 묘사한 것이다. 부조 작품에서 혹이 하나인 단봉낙타를 두 마리 볼 수 있다. 단봉낙타는 기원전 2000년대 후반 아라비아에서 메소포타미아로 들어온 것으로 추측된다. 낙타는 운송 수단으로 쓰였으며, 전투용으로는 쓰이지 않았다.

기원전 16세기 벽화. 그리스 남부에 있는 티라 섬의 아크로티리에서 발견되었다. 산맥에 둘러싸인 해안 도시가 그려져 있다.

다. 유목민의 경우를 제외하면, 바퀴가 달린 운송수단은 그다지 중요하게 쓰이지 않았을 것이다. 당시는 바퀴 달린 운송수단이 지나다닐 만큼 도로 상태가 좋지 않았기 때문이다.

수레는 주로 소나 당나귀가 끌었다. 소나 당나귀는 기원전 3000년경에는 메소포타미아에서, 기원전 2250년경에는 시리아에서, 그로부터 200~300년 뒤에는 아나톨리아에서, 기원전 1500년경에는 그리스 본토에서 수레를 끄는 데 이용되기 시작했다.

해상 운송의 발달

기원전 2000년대에도 운송할 물건이 많을 때는 배로 나르는 것이 값싸고 편리한 방법이었다. 이러한 상황은 증기기관차가 생기기 전까지 마찬가지였다.

상인들이 메소포타미아와 이집트에 아라비아 남부 해안의 고무와 송진을 전해 주기 오래전부터, 사람들은 배를 통해 이런 물품들을 홍해까지 실어 나르고 있었다. 또 상인들은 무역선을 타고 에게 해를 돌아다녔다.

신석기시대 사람들은 통나무배를 타고 먼 거리까지 항해했다. 심지어 기원전 7000년대에 항해를 했다는 증거까지 남아 있다. 기원전 2000년대에 들어서 해상 운송 기술은 더욱 새롭게 발전하면서 운송 분야에 많은 변화가 일어났다.

기원전 2600년 무렵, 제3왕조의 이집트인들은 바다를 항해하는 배에 돛을 달기도 했다. 중앙 돛대와 가로로 된 돛을 사용하면서 사람의 힘이 아닌 다른 동력으로 움직이는 선박 항해가 시작되었다. 그 후 2,000년 동안 선박 장비들은 천천히 발전해 갔다.

이 무렵 세로로 된 돛이 만들어지기도 했다. 배가 바람이 불어오는 쪽으로 항해할 때는 세로로 된 돛이 필요하다. 하지만 고대의 선박 대부분은 가로로 된 돛이 달려 있었다. 이 때문에 해상 이동 및 수송 환경에서는 바람의 방향이 결정적이었다.

배를 움직이는 또 다른 주요 동력은 바로 인력이었다. 일찍부터 발명된 노는 먼 바다를 항해하고 배를 원하는 방향으로 운행하는 데 꼭 필요한 수단이었다. 노는 전함에 더 많이 사용되었고, 돛은 일찍부터 상업적인 용도의 배에 보다 많이 사용되었다.

기원전 1300년대에는 구리 덩어리 200개 이상을 실어 나를 수 있는 배가 지중해 동부를 항해했다. 그리고 그로부터 몇 세기 뒤에는 물이 새지 않는 갑판을 갖춘 배들이 나타나기 시작했다.

화폐의 발명

오늘날에도 물건과 물건을 맞바꾸는 물물교환은 세계 곳곳에서 이루어지고 있다. 고대의 교역이라는 것도 처음에는 대부분 물물교환이었을 것이다. 하지만 화폐가 발명되면서 커다란 도약이 이루어졌다.

화폐는 메소포타미아에서 처음 발명된 듯하다. 이곳에서는 기원전 2000년 이전에 이미 곡식이나 은으로 물건의 가치를 계산하고 있었다. 청동기시대 말에는 지중해 전역에서 구리 덩어리가 화폐로 이용되었던 것으로 보인다. 공식적으로 화폐로 인정받은 최초의 교환 수단은 기원전 3000년대 말 지중해 동쪽의 아나톨리아 중동부 지역인 카파도키아에서 사용한 은 덩어리였다. 이것은 진정한 의미의 금속 화폐였다.

그러나 비록 화폐가 중요한 발명이었고 이후 널리 전파되었지만, 그것은 단순한 금속 덩어리에 불과했다. 일정한 동전 모양으로 만든 최초의 주화는 기원전 7세기가 되어서야 등장한다.

화폐제도는 무역을 더욱 활발하게 했다. 메소포타미아에서는 일찍부터 신용제도 등의 복잡한 제도가 있었다. 하지만 그것이 당시 꼭 필요했던 것이라고 말할 수는 없다.

고대 세계의 사람들은 화폐 없이도 잘 지낼 수 있었다. 무역에 뛰어났던 전설적인 민족 페니키아인은 뛰어난 상술과 지혜를 자랑했지만, 기원전 6세기 전까지 화폐가 없었

무역과 물품의 비축

고대 유물 가운데에는 기원전 2000년대 서아시아에서 무역의 중요성이 커졌다는 사실을 보여 주는 증거가 많다. 물론 그렇다고 해서 당시에 실질적인 시장경제가 존재했다고 보기는 어렵다. 화폐가 만들어지기 시작한 것은 기원전 7세기에 들어서이다. 그 전에는 금속 덩어리나 물건의 교환을 통해 교역이 이루어졌다. 물물교환과 외교적 선물 또는 공물은 당시 흔히 볼 수 있는 관행이었다. 이집트에서는 서기관과 성직자들의 관리 아래 곡물을 쌓아 두었다. 그 덕분에 이집트인들은 흉작 때도 잘 견뎌 낼 수 있었다. 성서의 요셉 이야기에 이런 일들이 잘 묘사되어 있다.

제11왕조 시대 이집트의 분묘 벽화. 식량을 미리 모아 두는 과정이 그려져 있다.

이집트 제18왕조 벽화. 누비아의 사절들이 이집트의 파라오에게 선물을 바치고 있다. 고대의 많은 물건들이 원래의 산지에서 멀리 떨어진 곳에서 발견되곤 했는데, 이는 아마도 왕에게 바친 선물이었을 것이다. 물론 그중 일부는 장거리 교역의 결과다.

다. 중앙통제 경제를 유지하며 거대한 부를 누렸던 이집트는 그로부터 200년이 지나기 전까지는 주화를 도입하지 않았다. 켈트족이 지배하던 유럽은 주로 금속으로 교역을 했지만, 그럼에도 불구하고 일정한 형태의 주화를 만든 것은 그로부터 200년 이상 지난 뒤의 일이었다.

화폐 없이 이루어진 무역

당시에는 화폐 없이 물물교환이 이루어진 경우가 많았을 것이다. 하지만 이것이 정확히 어떻게 이루어졌는지는 짐작하기가 힘들다.

거래하는 물품의 양은 크게 늘었지만, 기원전 1000년경까지는 오늘날과 같은 '무역'이라고 말할 수 있는 경우는 많지 않았을 것이다. 사실 고대의 경제체제라는 것은 오랫동안 그다지 분명하지 않은 상태였다.

예컨대 도기 제조업처럼 어떤 특별한 업종이 존재한다는 것은 그들을 뒷받침하는 단체가 있었다는 것을 의미한다. 이런 단체는 생산된 물품을 다른 사람들에게 나누어 주고 한편으로는 그런 물품을 생산하는 전문 직업인들을 먹여 살렸다. 이를 위해서는 생활에 필요한 식량이나 다른 물품들을 서로 다시 나눠 주어야 했다. 하지만 그것이 비록 물물교환의 형태라 할지라도 그것은 무역이라고 말할 수 있는 것은 아니었다.

역사시대 수많은 민족들이 족장이나 왕 등의 우두머리를 통해서 사람들에게 물건을 나눠 주었다. 그들은 공동의 물품을 관할했다. 어떤 의미에서는 공동체의 모든 것을 '자기 것'으로 소유하고 있었다고도 할 수 있다. 그들은 사회가 제대로 돌아갈 수 있는 한도 내에서 그런 물건들을 사람들에게 나누어 주었다. 수메르의 신전에서 이루어지던 중앙집권적 통제 경제의 배후에는 이런 현실이 숨어 있었던 것이다.

이 때문에 사람들이 신전에 바치는 물건을

기록하고 확인하는 일은 매우 중요했다. 따라서 고대에는 기록과 회계가 떼려야 뗄 수 없는 관계로 연결되어 있었다는 것을 알 수 있다.

공동체 간의 경제적 교환이 초기 단계에 어떻게 이루어졌는지 한마디로 선불리 말할 수는 없다. 하지만 일단 역사적 기록이 가능해진 시대에 들어서면, 많은 활동이 있었다는 사실을 확인할 수 있다. 모든 교류가 금전적 이익을 목표로 하지는 않았지만, 물건을 옮기고 다른 사람에게 전해 주는 일들이 생겨났다. 이러한 물건들은 대부분 지도자 간의 선물이나 제물이었다.

기원후 19세기까지 중국은 외국과의 교역을 다른 나라에서 공물을 바치면 그들에게 하사품을 내리는 행사쯤으로 생각했다. 고대 이집트의 무덤 벽화를 보면, 파라오 역시 에게 해 민족들과의 교역을 비슷한 식으로 해석했음을 알 수 있다.

고대 세계에서는 일정한 무게의 용기나 삼각대 혹은 동일한 크기의 반지처럼 일정한 기준이 될 물품들을 거래에 이용하기도 했다. 따라서 이런 물품들이 당시에는 어느 정도 화폐의 성격을 띠고 있었다고 볼 수 있다.

이런 일들은 어떤 때에는 실제로 유익하기도 했고 또 어떤 때는 그저 상징적인 행위에 불과하기도 했다. 분명한 점은 상품의 이동이 크게 증가했다는 사실이다. 그리하여 마침내 상업이라고 할 수 있는, 이익을 위한 거래들이 생겨나기 시작했다.

새롭게 생겨나는 도시들은 교역이 더욱 활발히 일어날 수 있도록 하는 촉매가 되었다. 이러한 도시들은 부분적으로 인구가 증가하면서 서아시아 전역에서 생겨났다. 도시는 농업으로 생겨난 부를 충분히 활용했을 뿐 아니라 농촌에서 거둬들이는 세금을 바탕으로 성장해 갔다.

도시로부터 농민들이 소외당하는 상황은 이미 성서의 구약에서부터 등장한다. 하지만 도시는 문화를 창조해 나가는 데에 새로운 힘을 더해 주었다. 도시에 의해 문명의 발달이 더욱 가속화되었던 것이다.

문자의 역할

문명의 발달이 가속화되는 징조는 문자의 보급에서 나타났다. 문명의 초기 단계였던 기원전 2000년경까지는 여전히 문명의 중심지와 이에 영향을 받은 일부 지역에만 문자가 보급되어 있었다.

길고 뾰족한 모양의 설형문자는 메소포타미아를 통해 퍼져 나갔다. 이 설형문자는 두세 가지 언어에 사용되었다. 이집트에서는 기념 건축물의 비문에 상형문자가 쓰였지만, 일상적으로 쓰는 파피루스에는 단순화된 형태의 신관문자*가 쓰였다.

1000여 년 뒤에는 상황이 많이 달라졌다. 서아시아 전역과 크레타, 그리스에 문자가 전파되었다. 설형문자는 이를 계기로 훨씬 더 많은 언어에 영향을 미쳤다. 심지어 상형문자를 쓰고 있던 이집트 정부조차 외교 문제를 원활히 해결하기 위해 설형문자를 도입했다.

*신관문자
이집트 상형문자인 신성문자의 흘림체. 이집트 제1왕조 때 처음 사용되었으며, 수세기 동안 신관(神官)들이 사용해서 '신관문자'라고 부른다.

금을 입힌 이 구리 단검에는 사자를 사냥하는 장면이 그려져 있다. 미케네의 한 무덤에서 출토되었으며, 제작 연대는 기원전 1600년경으로 추정된다.

그림 문자와 알파벳

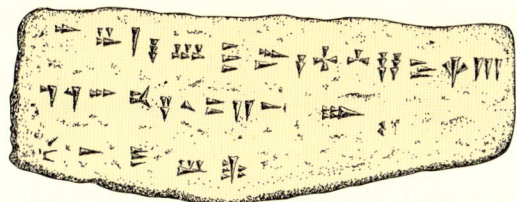

우가리트 진흙판

크레타 진흙판(선형 A문자)

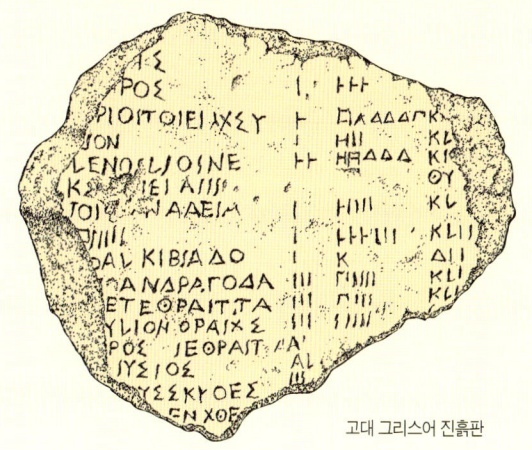

고대 그리스어 진흙판

기원전 2000년대 중반부터 고대 세계에는 문자가 널리 보급되었다. 크레타에서는 이집트의 상형문자에서 유래된 두 종류의 그림 문자가 사용되었다. 이들은 각각 '선형 A문자'와 '선형 B문자'로 불렸다. 지금까지는 선형 B문자만 해독된 상태다.

그 뒤 가나안 문자라는 최초의 알파벳이 등장하면서 중요한 전기가 마련되었다. 우가리트 문자를 포함하여 다른 알파벳들은 가나안 문자에서 비롯되었다. 우가리트 문자는 그리스 문자의 바탕이 되었고, 그리스 문자에서 나중에 라틴 문자가 발전해 나온다.

이외에 다른 문자들도 개발되었다. 그중 하나는 크레타에서 등장했다. 이곳에는 기원전 1500년경 그리스어를 사용하는 민족이 존재했다. 그들은 셈 문자, 더 정확히 말하자면 페니키아 문자*를 받아들였다. 페니키아 문자는 기원전 800년경에 그리스 본토에까지 전해져 있었다. 그리고 그 무렵 그곳에서 서양 문학의 시초라고 할 수 있는 호메로스의 『일리아스』와 『오디세이아』*가 탄생했다.

국가와 권력

각 지역의 역사가 세계사의 흐름과 언제나 일치하는 것은 아니다. 한 지역을 가까이 들여다볼수록, 세계사의 흐름에서는 보이지 않는 변화들이 드러나기 마련이다.

물론 어떤 민족이든 세계사의 공통된 영향을 받는다. 또한 역사가 진행되어 갈수록 더 많은 민족과 더 많이 접촉하게 된다. 그러나 이런 외부의 영향을 받으면서도 각 사회는 그들만의 고유한 특징을 발전시켜 나갔다. 그중 특히 문자는 고유의 전통을 확립시켜 주었고, 이런 전통은 그 사회의 의식을 표현하는 것이었다.

사람들은 국가와 민족, 자신들의 존재에 대해 깨닫기 시작했고, 이런 인식은 국가가 체계를 갖추면서 더욱 강해졌다. 방대한 영토를 차지한 제국이 결국 민족에 따라 다시 여러 지역으로 분리되는 현상은 수메르 시대부터 현대에 이르기까지 익히 보아 온 결말이다. 그렇지만 일부 지역은 계속해서 문화적 전통의 중심지로 등장했다.

기원전 2000~1000년 사이의 국가들은 더 강력해지고 더 오래 지속될 수 있는 힘을 지니게 되었다. 하지만 당시의 국가가 오늘날만큼 완벽하게 백성을 통제하거나 지배할 수 있었던 것은 아니다.

하지만 까마득한 고대의 기록에서도 통치 방식에서 질서를 보다 강하게 하고 권력을

---

* **페니키아 문자**
셈 계열 중 하나인 북셈 문자에서 발달한 글자 체계. 22개의 자음으로 이루어져 있으며 오른쪽에서 왼쪽으로 썼다. 페니키아인의 활발한 무역 활동 덕분에 이 문자는 지중해 지역으로 널리 퍼져 나갔다.

* **『일리아스』와 『오디세이아』**
『일리아스』는 트로이 전쟁의 마지막 사건들을 다룬 24권의 서사시이며, 『오디세이아』는 트로이 전쟁 이후 주인공 오디세우스의 10년간에 걸친 모험과 귀국을 담은 이야기다. 호메로스의 이 두 작품은 그리스 민족의 뛰어남을 나타내며 유익한 교훈을 담고 있어 오랫동안 그리스를 비롯한 유럽 문학의 시초가 되어 왔다.

제도화하려는 부단한 움직임을 엿볼 수 있다. 왕은 자신의 주위에 관료들을 배치하고, 세금 징수원들은 더 큰 사업을 벌일 수 있는 자금을 계속해서 마련해 주었다.

법은 점차 많은 곳에서 사용되었다. 처음에는 명백하게 드러나지 않았다고 하더라도, 법을 어느 정도 받아들인 곳에서는 어디든 개인의 권력이 제한되고 그 법을 만든 사람들의 힘이 커졌다. 군대를 먹이고 무장시키고 운영하는 만만치 않은 문제는 기원전 1000년경에 이르러 완벽하게 해결되었다.

다양해진 문화

국가가 강력해지자, 통치 제도와 사회 제도는 초기 문명의 수준을 넘어서기 시작했다. 국가 간에 서로 교류하는 일이 수월해지면서 세계를 하나로 인식하는 생각도 등장했다. 그러나 여전히 사회는 매우 다양한 길들로 나아갔다.

정신적 차원에서 볼 때, 다양성이 가장 두드러진 분야는 종교였다. 고전시대 이전에 이미 한 신만을 믿는 유일신 사상이 나타날 기미가 엿보인 것은 사실이다. 그러나 여러 신들을 모아 놓은 거대한 만신전 안에 각 지역의 수많은 신들이 함께 모셔져 있었던 것 역시 분명하다. 간혹 특정 신이 부각되는 경우도 있었지만, 대체로 큰 문제 없이 공존했다.

문화의 다른 측면에서도 다양하게 분리되는 현상이 일어났다. 완전히 별개로 존재하지는 않았지만 예술은 이미 종교나 주술에서 어느 정도 독립된 활동으로 자리 잡고 있었다.

정신적 차원의 또 다른 측면으로는 놀이가 있었다. 메소포타미아, 이집트, 크레타에서는 놀이판이 등장했다. 아마도 사람들은 그 당시에 이미 도박을 하고 있었을 것이다. 왕과 귀족들은 사냥에 열심이었고, 왕궁에서는 음악가와 무희들이 공연을 벌여 사람들을 흥겹게 했다. 크레타에서는 일찍이 청동기시대에 권투 시합이 벌어졌으며, 황소 위로 뛰어오르는 독특한 운동 경기도 볼 수 있었다.

지금까지 관심을 갖고 살펴본 지역에서 이제 각각의 개별적인 문명이라는 것은 점차 의미가 없어지기 시작했다. 각각의 문명이 활발한 교류 속에서 서로 많은 영향을 미치면서 고유한 특징을 말하기가 어렵게 된 것이다.

그러다가 기원전 1500년에서 기원전 800년 무렵, 이 지역에 커다란 변화가 일어났다. 최초의 문명이 일어난 이집트와 수메르 역시 그 영향력에서 피해 갈 수 없었다. 기원전 1000년 무렵, 혼란과 격변에 휩싸여 있던 서아시아와 지중해 동부 지역에서는 수메르나 이집트 왕국과는 또 다른 새로운 세계가 형성되고 있었다.

| 초기 에게 문명 |

여러 문화 간의 교류는 서아시아 주변의 민족들에게 많은 변화를 일으켰다. 그리스에서 일어난 에게 해 문명도 그중의 하나다.

흑단과 상아로 만든 놀이판. 제18왕조 투탕카멘의 묘에서 출토되었다.

크레타의 크노소스 궁에 있는 웅장한 이 프레스코화는 기원전 3500년경의 것이다. 황소 위로 뛰어오르는 독특한 운동경기의 모습이 그려져 있다.

초기 에게 해의 섬들에 자리 잡은 문명은 그 외의 다른 지역처럼 신석기를 바탕으로 일어났다. 그리스에서 처음 발견된 금속 물질인 구리 구슬은 제작 연대가 기원전 4700년경이다. 이곳은 아시아뿐만 아니라 유럽의 영향도 받았을 것이다.

크레타는 그리스에서 가장 큰 섬이었다. 기원전 2000년 이전의 몇 세기 동안 이곳에 비슷한 구조의 도시들이 생겼다. 도시를 세운 사람들은 신석기시대부터 줄곧 그곳에 살고 있던 민족이었다. 그들이 지중해 동쪽 아나톨리아와의 교류를 통해 에게 문명이라는 뛰어난 업적을 이룬 것인지도 모른다. 하지만 그 증거는 명백하지 않다. 그들은 아마도 초기에는 스스로의 힘으로 문명에 이르렀을 것이다.

어쨌든 1000여 년간 그들은 그곳에 집과 묘지를 세웠다. 고고학적 기록을 보면, 그들의 문화는 독특했지만 그 형식은 큰 변화가 없었다. 기원전 2500년경 이 지역의 강과 바다 부근에는 중요한 도시와 마을들이 세워져 있었다. 건물은 돌과 벽돌로 만들어졌다. 주민들은 금속을 정교하게 다듬는 일을 했고, 멋진 도장과 보석들을 만들었다.

이 무렵 크레타인은 그리스 본토나 소아시아와 많은 부분에서 문화를 함께 이어 나갔다. 또한 에게 해 지역의 다른 사회와도 물물교환을 했다. 그 후 그들에게 변화가 일어났다. 약 500년 뒤부터 거대한 궁들을 세우기 시작한 것이다. 이런 궁들은 미노아 문명에서 매우 가치가 높은 업적으로 기억되는 건축물이다. 그중 가장 유명한 건축물인 크노소스 궁은 기원전 1900년경에 세워졌다.

그리스의 섬들 중 크레타만큼 인상적인 곳은 없었다. 크레타는 에게 해 진역에서 문화적 지배권을 장악했다.

크레타에서 일어난 미노아 문명

크레타 섬에서 일어난 문명을 크레타 문명, 혹은 미노아 문명이라고 한다. '미노아'는 매우 흥미로운 이름이다. 미노스 왕에서 유래된 이름인데, 미노스 왕은 실존하지 않았을 가능성이 큰 신화 속의 인물이다. 그리스인들은 미노스가 크노소스 궁에 사는 크레타의 위대한 왕이었다고 믿었다. 그리스 신화에 따르면, 미노스는 신과 대화를 나누는 사이였고, 태양신의 딸인 파시파에와 결혼했다.

그런데 파시파에는 황소와 사랑을 나누어 미노타우로스를 낳았다. 사람의 몸에 머리가 황소인 괴물 미노타우로스는 제물로 바쳐진 그리스 소년과 소녀들을 잡아먹으며 미로 안에서 살고 있었다. 이 괴물은 결국 그리스의 영웅 테세우스에 의해 죽게 된다.

이 이야기는 학자들의 상상력을 자극했다. 그들은 이 이야기가 크레타 문명을 알게 해 주는 실마리라고 믿었다. 하지만 미노스 왕이 실존 인물이라는 증거는 어디에서도 찾을 수 없었다. 신화가 대개 그렇듯, 미노스라는 인물은 여러 명일 수 있으며, 크레타를 통치한 지도자들에게 붙여진 호칭일 수도 있다. 어쨌든 미노스 왕은 아서 왕처럼 역사를 넘어 신화의 영역에 있던 매력적인 인물 가운데 하나이다.

미노아 문명은 단순히 청동기시대 크레타에 살았던 사람들의 문명을 말한다. 이 문명은 약 600년간 지속되었다. 하지만 그 역사에 대해서는 어렴풋하게 윤곽만을 그릴 수 있을 뿐이다.

크레타인은 크노소스 궁에 사는 왕들에게 어느 정도 의존하고 있었다. 그들은 300~400년 동안 번영을 누리며 이집트나 그리스 본토와 교역을 했고 농업을 발달시켰다.

오늘날도 마찬가지지만, 당시 크레타는 그리스의 다른 섬이나 그리스 본토보다 올리브와 포도를 생산하기에 적합한 조건이었다. 또한 양을 많이 기르고 양털을 수출했던 것으로 보인다.

정확히 어떤 형태였는지는 모르지만, 크레타는 신석기시대 말에 농업 분야의 중요한 발달을 이루었다. 이로써 곡물 경작이 확대되었을 뿐 아니라, 무엇보다 지중해 농업의 두 가지 주요 품종, 즉 올리브와 포도를 많이 재배하기 시작했다.

올리브와 포도는 곡식이 자라지 못하는 곳에서도 재배할 수 있었다. 이 두 가지 작물을 발견하면서 그들의 삶은 크게 달라졌다. 우선 인구가 증가했다. 인력이 풍부해지자 농사 외에 다른 일들의 발전도 가능해졌다. 하지만 이로 인해 조직을 갖추고 강하게 통치하는 일이 필요해졌다. 또 보다 복잡해진 농업을 관리하고 농산물을 처리해야 할 필요가 새롭게 생겨났다.

미노아 문명의 종말

미노아 문명이 절정을 이룬 것은 기원전 1600년경이다. 그리고 미노아의 궁전들이 파괴된 것은 그로부터 약 100년 뒤이다. 왜 이러한 사건이 일어났는지는 여전히 궁금증을 자아낸다. 이와 비슷한 시기에 에게 해 여러 섬의 다른 주요 도시들도 불에 파괴되었다.

과거에는 지진이 많이 일어났다. 미노아 문명의 종말도 지진 때문일 수 있다. 최근 학자들은 그 무렵에 그리스의 티라 섬에서 거대한 화산 폭발이 일어났다는 것을 확인했다. 티라 섬은 크레타에서 100km 정도 떨어져 있었지만, 아마 크레타에도 해일과 지진이 밀려 오고 뒤이어 화산재가 떨어져 들판이

▶ 기원전 3000년대 그리스 남부의 키클라데스 제도는 서아시아와 그리스 세계의 나머지 지역을 연결해 주는 다리 역할을 했다. 사진과 같은 벌거벗은 여인의 대리석상이 키클라데스 제도에서 종종 발견된다. 이런 조각상은 기하학 양식*으로 유명하다.

*기하학 양식
기원전 900년경 아테네를 중심으로 고대 그리스에서 발달한 미술 양식. 도형이나 물결무늬 등이 있다.

황폐화되었을 것이다.

어떤 학자는 크레타인이 궁에 살고 있는 통치자에 대항해 반란을 일으켰다고 생각했다. 또 어떤 학자는 새로운 침략의 증거를 발견하기도 했다. 바다에서 이민족이 쳐들어와 물건을 빼앗고 포로들을 데리고 갔으며 이렇게 큰 손실을 입고 나서 그대로 방치되었기 때문에 크레타의 정치권력이 붕괴되었다고 말하는 사람들도 있다.

미노아 문명이 어떤 이유로 갑작스럽게 막을 내렸는지 아직까지도 결론이 나지 않았다. 당시 어떤 일이 일어났는지는 상상을 해볼 도리밖에 없다. 부족하기는 하지만 일부 고고학적 증거들을 살펴볼 때, 티라 섬에서 일어난 자연 재해가 미노아 문명이 멸망하는 데 결정적인 역할을 했다고 보는 것이 적절할 것이다.

하지만 초기 크레타 문명이 이렇게 한순간에 막을 내린 것은 아니었다. 왜냐하면 그리스 본토에서 온 사람들이 100년 정도 크노소스 궁을 차지하고 있었기 때문이다. 그러나 얼마간 번영기가 찾아왔다고 하더라도 크레타인은 사실상 권리와 힘을 모두 잃어버린 상황이었다.

한동안 크노소스는 여전히 번영을 누리고 있는 듯했다. 하지만 그 뒤 기원전 14세기 초 크노소스 역시 불타고 말았다. 이런 일은 전에도 있었지만, 이번에는 왕궁이 더 이상 재건되지 않았다. 그리하여 초기 크레타 문명의 이야기는 여기서 끝을 맺게 된다.

해상권을 장악한 미노아 문명

미노아 문명의 역사를 상세히 알아보는 어렵다. 하지만 미노아 문명의 두드러진 특징에 대해 살펴보는 것은 비교적 수월하다.

가장 분명한 사실은 미노아 문명이 바다와 깊은 관련을 맺고 있었다는 점이다. 1,000년이 훨씬 더 지난 뒤, 그리스인들은 미노아 문명이에게 해에서 정치적 지배권을 장악하고

강력한 해군력을 보유하고 있었다고 믿었다.

하지만 현대의 학자들은 고대 그리스인들의 이런 생각을 대부분 인정하지 않는다. 학자들은 그리스인들의 생각을 시대착오적인 것으로 여기고, 보다 설득력 있는 의견을 내놓았다. 확실히 크레타가 5세기의 아테네나 19세기의 대영제국처럼 강력한 해상권을 행사했다고 볼 수는 없을 것이다.

당시 크레타에 많은 배가 있었을지도 모른다. 하지만 그 무렵에 배들이 각각의 목적에 맞게 따로 만들어졌다고 보기는 어려울 듯하다. 청동기시대에 무역용 선박이나 약탈을 위한 선박, 해적을 무찌르기 위한 선박이 따로따로 있지는 않았을 것이다. 크레타에 항상 주둔해 있는 해군이 있었을 것이라고 생각하기도 어렵다.

그렇지만 크레타인은 바다가 그들을 보호해 주고 있다고 확신했다. 아마도 그들은 대

바다는 미노아 문명의 예술에서 반복되어 사용된 주제였다. 이는 바다가 크레타인의 일상생활에서 중요한 역할을 했다는 사실을 반영한다. 사진처럼 바다생물인 문어가 항아리를 장식하는 데 종종 사용되었다.

*지중해의 3대 반도
지중해를 이루고 있는 핵심적인 반도로, 발칸 반도, 이탈리아 반도, 이베리아 반도가 이에 속한다. 우선 가장 동쪽에 위치한 발칸 반도에는 그리스가 자리 잡고 있다. 그리고 그 서쪽으로는 아드리아 해와 이오니아 해를 사이에 둔 이탈리아 반도가 있다. 가장 서쪽으로는 포르투갈과 스페인이 자리 잡은 이베리아 반도가 있다. 그리스, 로마, 카르타고 등 수많은 나라가 세워졌고 이들 사이에는 전쟁이 끊이지 않았다.

*설화석고
백색에 입자가 매우 곱고 치밀한 석고. 미술 작품에 많이 쓰인다.

크노소스 궁에 있는 왕실의 주거 공간. 한쪽 벽을 장식한 유명한 돌고래 프레스코화가 다채로운 이미지와 즐거운 분위기를 표현한다. 이는 크레타 예술의 전형적인 특징이라고 할 수 있다.

체로 북부 해안에 자연적으로 만들어진 항구로 가는 길을 자신들이 장악하고 있다고 확신했을 것이다. 그들은 적을 막기 위한 요새도 없이 북쪽 해안 근처에 도시를 이루고 살았다. 그리고 무역 활동과 해적 활동을 번갈아 하며 영토를 지켜 나갔다.

이처럼 크레타인은 다른 민족이 주변 여건을 활용하듯이 그들의 주변 환경인 바다를 활용했다. 그 결과, 물품과 사상의 교환이 원활하게 이루어졌다. 교류가 활발하게 이루어지는 곳에서 문명이 번성한다는 사실을 여기서 다시 한 번 깨달을 수 있다.

크레타인은 기원전 1550년 이전에 시리아와 긴밀한 관계를 맺고 있었다. 그리고 멀리 이탈리아 남서부의 시칠리아와 그 너머 지역까지 교역을 확대했다. 크레타의 물품은 이탈리아 반도와 발칸 반도* 사이의 아드리아 해 연안에서도 찾아볼 수 있었다. 더욱 중요한 것은 크레타의 물품이 그리스에까지 흘러 들어갔다는 것이다.

크레타는 초기 문명들의 물품과 사상이 청동기시대 유럽에까지 도달하는 데에 중요한 통로 역할을 했을 것이다. 때로는 기원전 2000년대 이집트에서도 크레타의 흔적이 나타나기 시작했다. 이집트는 크레타의 중요한 판매처였다. 이집트 신왕국에서도 크레타의 영향을 찾아볼 수 있다.

심지어 어떤 학자들은 한때 이집트인들이 영향력을 행사하기 위해 크노소스 궁에 살고 있었다고 말하기도 했다. 또 크레타인이 이집트인과 함께 힉소스인과 싸웠다는 주장도 있었다. 지중해 동쪽 소아시아에서는 크레타의 항아리와 금속 세공품이 발견되기도 했다.

현재까지 전해져 오는 것들 외에도 크레타인이 목재, 포도, 기름, 금속 항아리, 아편 등 다양한 물품을 그리스 본토로 수출되었다는 주장도 있다. 크레타인은 이런 물품들 대신 소아시아로부터는 금속을, 이집트로부터는 설화석고*를, 리비아로부터는 타조 알을 수입했다고 한다. 당시에 이미 그곳은 그만큼 복잡한 교역이 이루어지는 세계였다.

문화적 성취

농업과 무역의 발달로 미노아 문명은 탄탄하

크노소스 궁

크노소스 궁의 평면도

범례
1. 중앙 뜰
2. 중앙 복도
3. 작업장
4. 왕실 처소
5. 극장
6. 입구
7. 공식 알현실
8. 행진의 회랑
9. 계단
10. 기둥의 홀
11. 양날 도끼의 홀

고대 그리스인에게 크노소스는 미노스 왕이 통치하던 크레타의 수도였다. 아마도 방대한 유적이 미노타우로스의 미로에 관한 전설을 낳았을 것이다. 전설에 의하면 미노스 왕이 포세이돈에게 노여움을 사서 그의 아내가 머리는 소, 몸은 사람의 형상을 한 미노타우로스를 낳게 했다. 그러자 미노스 왕은 한 번 들어가면 아무도 빠져나올 수 없는 미로를 만들어 그 속에 미노타우로스를 가두었다고 한다.

크노소스 궁은 확실히 크레타에 있는 모든 미노아의 궁 가운데서 가장 중요한 궁이었다. 서기 1900년 아서 에번스에 의해 유적 발굴이 시작되었고, 여기서 구운 진흙판 형태의 수많은 기록들이 발견되었다. 진흙판에 쓰인 글들은 '선형 B문자'라고 불렸는데, 해독하는 데 50년의 세월이 걸렸다. 진흙판의 글들을 통해 미노아 문명의 크레타인들이 당시 어떻게 살고 있었는지 상당히 많이 알 수 있었다.

크노소스 궁은 기원전 1900년경 사람들이 오랫동안 살고 있던 언덕 위에 세워졌고, 약 500년 뒤 찬란한 절정기를 맞았다.

게 지속될 수 있었다. 크노소스 궁이 거듭하여 재건된 것을 보면 알 수 있듯이, 미노아 문명은 자연 재해를 극복하며 오랜 기간 살아남았다.

크노소스 궁은 미노아 문명이 남긴 가장 훌륭한 유산이다. 하지만 크노소스 궁뿐만 아니라 도시들 역시 잘 만들어져 있었고, 물을 흘려보내는 배수 시설과 하수도 시설을 정교하게 갖추고 있었다. 따라서 그들의 기술 수준이 상당히 높았음을 알 수 있다. 크노소스 궁의 욕실과 화장실은 로마시대 이전까지 다른 곳에서는 결코 찾아볼 수 없는 거대한 규모를 자랑한다.

그들의 문화는 예술적이기는 하지만 정신적인 면에서는 그다지 뛰어나지 못했고 실용적이지도 않았다. 크레타인은 이집트로부터 수학을 받아들였지만, 수학을 더 이상 발전시키지는 못했다. 종교도 있기는 했지만, 후대에 아무것도 남겨 놓지 않았다. 그러나 크레타인은 그리스 본토에 일어난 또 다른 문명의 양식에 중요한 기여를 했다.

미노아 문명의 절정은 예술을 통해 표현되었고, 그것이 바로 이 문명이 남긴 가장 화려한 유산이었다. 크레타인의 천재적인 예술성은 회화에서 유감없이 발휘되었다. 놀랄 만큼 생생한 느낌을 전해 주는 왕궁의 프레스코* 벽화는 미노아 문명 최고의 예술성을 보여 준다.

미노아 문명의 예술은 독창적인 양식을 가지고 있었다. 그들의 예술은 바다를 건너 이집트와 그리스에 영향을 미쳤다. 또한 보석이나 귀금속 같은 왕궁 예술품을 통해 다른 곳에서 유행을 만들어 갔다.

미노아 문명의 생활상

미노아 문명의 예술에는 크레타인의 생활이 그대로 묘사되어 있는 것들이 많다. 따라서 오늘날에도 크레타인의 생활에 대해 어느 정도 알 수 있다.

크레타인은 옷을 제대로 입지 않은 듯하다. 여자들은 대개 가슴을 드러내 놓은 모습으로 표현되었다. 남자는 수염이 없었다. 꽃과 식물도 넘쳐나는 것으로 표현했는데, 이는 크레타인들이 자연의 혜택에 깊이 감사했음을 보여 준다.

크레타인들은 외부 세계를 적대적으로 보지 않는 듯한 인상을 준다. 그리고 왕궁에서 발견된 크고 아름다운 기름 단지를 보면, 고대의 생활수준으로서는 비교적 부유했음을 알 수 있다. 그들은 안락하고 우아한 생활을 추구했다. 왕비가 사는 처소를 장식하는 돌고래와 백합들은 그들이 추구했던 안락함과 우아함을 분명하게 보여 준다.

고고학적 증거를 살펴보면, 크레타의 종교 세계는 두려움이나 공포에 물들어 있지 않았다. 물론 종교에 대해서 남아 있는 기록이 없기 때문에 많은 것을 알 수는 없다. 크레타의 신과 여신 모습은 남아 있지만, 그들이 정확히 누구인지는 파악하기가 어렵다. 제단과 양날 도끼를 많이 볼 수 있고, 주로 어떤 여신을 숭배했다는 사실 정도 외에는 그들의 제사의식이 어떠했는지도 알 수 없다.

이 여신은 이후에도 계속 나타나는 신석기 시대 풍요의 여신인 듯하다. 후대에는 여신 아스타르테와 아프로디테의 모습으로 나타난다. 크레타에서 이 여신은 가슴을 드러낸 채 우아하게 치마를 두르고 있다. 손에는 뱀을 쥐고 있으며, 그 양 옆으로는 사자들이 그녀를 보호하고 있다.

남신이 있었는지는 분명하지 않다. 하지만 여러 곳에서 황소의 뿔을 볼 수 있다. 황소는 고귀한 동물로 프레스코화에도 자주 등장한다. 남신이 대거 등장하는 후대의 그리스 신화와 연관시켜 생각해 보면, 이 시대에 남신도 있었을지 모른다는 추측을 해 볼 수 있다.

신화에 의하면 그리스 최고의 신 제우스는 크레타의 전설적인 왕 미노스의 어머니 에우로파를 유혹하기 위해 황소로 변신한 적이

＊프레스코
석회를 바른 벽에 그것이 마르기 전에 색칠을 하는 기법. 이 기법으로 벽에 색칠을 하면 오랫동안 색깔이 변하지 않고 잘 보존되어 중요한 건축물에 많이 사용되었다.

제작 연대가 기원전 1500년 경인 크레타의 술잔. 스파르타 인근의 바피오에 있는 묘지에서 이런 술잔들이 여러 개 발견되었다. 이는 크레타와 그리스 본토 사이에 교류가 있었다는 증거. 술잔에는 밧줄과 그물로 황소를 사로잡는 장면들이 묘사되어 있다.

티라 섬의 아크로티리 궁에 있는 프레스코화 중 하나로, 제작 연대는 기원전 2000년대 중반이다. 이 프레스코화의 양식은 크레타의 미노아 왕궁에서 발견된 프레스코화와 비슷하다.

있다. 또 미노스의 아내 파시파에는 황소와 사랑에 빠지기도 했다. 여기서 태어난 자식이 사람 몸에 황소 머리가 달린 미노타우로스다. 또 크레타에서는 자세한 것을 알 수는 없지만 '황소 뛰어넘기'라는 매우 중요한 운동경기가 열렸다.

크레타의 종교가 활력이 있었다는 것은 확실하다. 운동을 하거나 춤을 추는 그림들, 세련된 프레스코화와 도기들은 그들이 불행하거나 우울한 민족이 아니었다는 것을 알려 준다.

미노아 문명의 정치

이들의 사회는 정치제도가 불분명했다. 왕궁은 왕족의 거처였을 뿐만 아니라 경제의 중심지였다. 말하자면 그곳은 거대한 상점이었다. 통치자가 물건을 나누어 주는 것이 바탕이 되어 점차 물물교환이 발달하다가 경제의 중심지가 이루어졌을 것이다.

왕궁은 신전이기도 했지만, 적을 막기 위한 요새는 아니었다. 그곳은 아시아의 영향을 받아 고도로 조직화된 사회의 중심지였다. 크레타인은 이집트나 메소포타미아 제국이 축적한 지식을 활용했을 것이다.

미노아 문명의 통치 집단이 어떤 일을 했는지는 현재 남아 있는 수천 개의 진흙판을 통해 알 수 있다. 거기에는 미노아 문명의 행정에 관한 기록이 보존되어 있다. 이를 통해 지위의 등급을 엄격하게 정한 제도와 체계적인 행정 조직이 있었음을 알 수 있다. 하지만 그것이 실제로 어떻게 작용했는지는 알 수 없다.

그들이 얼마나 효과적으로 통치를 했는지는 알 수 없지만, 남아 있는 기록을 통해 미노아 문명의 통치자들이 사람들을 관리하고 감독하는 데 애썼다는 사실을 알 수 있다. 그들의 관리·감독 제도는 후대의 그리스 세계에서는 상상할 수 없을 만큼 정교하고 치밀했다. 여기서 아시아의 제국들이나 이집트와의 유사성을 다시 한 번 찾아볼 수 있다.

현재 진흙판들을 통해 알 수 있는 사실은 미노아 문명의 마지막 단계뿐이다. 아직도 많은 진흙판이 해석이 안 되었기 때문이다. 크노소스에서 발견된 진흙판 중 많은 것이 그리스어로 쓰였는데, 그들의 제작 연대는 기원전 1450~1375년이다. 이 사실은 그 무렵 그리스 본토에서 침략자들이 건너와 지배권을 장악했다는 고고학적 증거와도 일치한다.

진흙판은 당시 일종의 문서였다. 진흙판 문서에 적힌 문자는 '선형 B문자'라고 부르는 것이었다. 하지만 이전의 기록을 보면, 처음에는 이집트에서 들여온 몇 가지 기호와 함께 상형문자가 주로 쓰였고, 그 뒤 기원전 1700년경부터는 '선형 A문자'라는 또 다른 문자가 쓰인 것을 알 수 있다. '선형 A문자'는 아직도 해독이 안 되고 있으며, 이것은 그리스어가 아니다.

아마도 크레타에 들어온 그리스인이 미노아 문명의 관행을 없애고 자신의 언어로 기록을 남겼던 것 같다. 그 이전의 진흙판에도 나중에 쓰인 진흙판의 내용과 비슷한 이야기가 담겨 있었을 테지만, 그것은 그리스인 침략자들이 들어오기 전의 크레타에 관한 정보일 것이다. 미노아 문명이 알 수 없는 이유로 수

▶ 다양한 색깔로 장식한 이상아 조각상은 크레타의 크노소스 궁에서 발견되었다. 여신이나 여제사장의 모습인데 양손에 뱀을 쥐고 있으며 머리에는 고양이 한 마리가 앉아 있다.

수께끼처럼 막을 내릴 때까지 크레타를 통치하고 있던 사람들은 그리스 본토에서 건너온 자들이었다.

문화의 종말

그리스 본토에서 온 사람들이 크레타 지역을 성공적으로 침략했다는 것은, 청동기 말의 혼란스러운 상황에서 미노아 문명이 서서히 무너지고 있었다는 뜻이다. 사실 크레타 지역에는 오랫동안 그들을 위협할 만한 적이 없었다. 이집트는 크레타를 침략할 여유가 없었고 크레타 섬 북쪽으로는 오랫동안 위협적인 세력 자체가 존재하지 않았다.

하지만 북쪽의 상황이 점차 바뀌기 시작했다. 북쪽에서 움직이기 시작한 사람들은 이미 역사의 여러 장면에서 등장했던 인도-유럽계 민족이었다.

그중 일부는 크노소스가 마지막으로 몰락한 뒤에도 또다시 크레타로 왔다. 그들은 저지대를 장악하고 크레타인을 쫓아냈다. 산산조각 난 미노아 문명은 보잘것없는 피난민들의 도시로 축소되었다. 크레타인은 그곳을 끝으로 세계 역사의 무대에서 사라지고 만다.

미노아 문명이 멸망하기 불과 200~300년 전만 해도 그들의 문화는 그리스를 장악하고 있었다. 그러한 사실에 비추어 보면, 이 문화가 이처럼 쉽게 사라졌다는 것은 분명 이해하기 힘든 일이다. 이후 크레타는 그리스인들에게 언제나 사라진 낙원 같은 곳이었다.

미노아 문명의 문화가 그리스 본토에 직접적으로 전파된 것은 일찍이 그리스어를 구사하던 북방 산지의 아카이아인을 통해서였다. 이들은 그리스 남부의 아티카와 펠로폰네소스로 내려와 기원전 18~17세기에 도시와 촌락을 형성했다. 그들은 아시아와 오랫동안 관계를 맺어 온 동부 지역으로 쳐들어갔다. 그곳 주민들은 특히 미래에 그리스인의 삶에서 중요한 상징이 되는 아크로폴리스* 탄생에 크게 기여했다. 아크로폴리스는 도시의 높은 곳에 세운 요새를 말한다.

◀ 문자가 새겨져 있는 크레타의 진흙판.

침략자들은 결코 그들이 정복한 자들보다 문화적으로 우월하지 않았다. 다만 그들은 말과 전차를 타고 있었을 뿐이다. 크레타인과 비교하면 그들은 야만인이었고, 독자적인 예술도 없었다. 또한 그들은 폭력과 전쟁을 중요하게 생각했다. 외부 세력의 침입을 막아 주는 바다의 보호를 받아 본 적이 없고, 자신들이 떠나 온 지역으로부터 끊임없이 공격을 받았기 때문이다. 그래서 그들은 도시에 웅장한 성을 쌓아올렸다.

침략자들은 군사력으로 나라를 이끌어 가는 군국주의적 양식의 문화를 만들어 갔다. 그들이 머문 지역은 종종 훗날 그리스의 중요한 도시국가가 되었는데, 그중에는 아테네와 필로스도 있다. 도시는 그다지 크지 않았

*아크로폴리스

신전을 짓고 적들을 막기 위해 만든 고대 그리스 도시들의 중심지역. 원래는 '폴리스'라고 불렀지만, 이후 도시국가를 뜻하는 폴리스와 구분하기 위해 '아크로폴리스'라고 부르게 되었다. 지형적으로 높은 곳에 위치하며 주요 건물들이 밀집해 있었다.

크레타에서 발견된 채색 석관의 일부. 그림은 종교적 장례식을 묘사하고 있다. 왼쪽에서는 여인들이 제단에 포도주를 따르고 있고, 오른쪽에서는 남자들이 죽은 자를 나타내는 형상 앞에 갖가지 제물을 바치고 있다.

고, 가장 큰 도시라고 해야 주민은 수천 명에 불과했다.

그 가운데 가장 중요한 도시는 미케네였다. 그 이름을 딴 미케네 문명은 기원전 2000년대 중반 그리스 전역으로 퍼져 나갔다.

미케네 문명이 꽃핀 그리스

미케네 문명은 후세에 찬란한 유적을 남겨 놓았다. 미케네 문명은 금을 풍부하게 사용했으며, 미노아 문명의 예술에서 많은 영향을 받았다. 미케네에서 꽃핀 문명은 진정한 의미에서 그리스 문화와 원래의 토착 문화가 융합된 것이라고 할 수 있었다.

그들의 제도는 가장인 남성이 절대적인 권리를 가지는 가부장제에 뿌리를 두고 있었다. 그것은 많은 인도-유럽계 민족에서 발견되는 것인데, 미케네 문명은 그 정도가 좀 더 강했다. 크노소스의 점토판과 기원전 1200년경 펠로폰네소스 서부 필로스에서 만들어진 또 다른 점토판에서 국가적으로 강한 권위를 세우려는 그들의 열망을 확인할 수 있다. 이는 아카이아인에게 정복당한 크레타로부터 본토 쪽으로 거꾸로 변화의 역류가 밀려 들어왔다는 사실을 말해 준다.

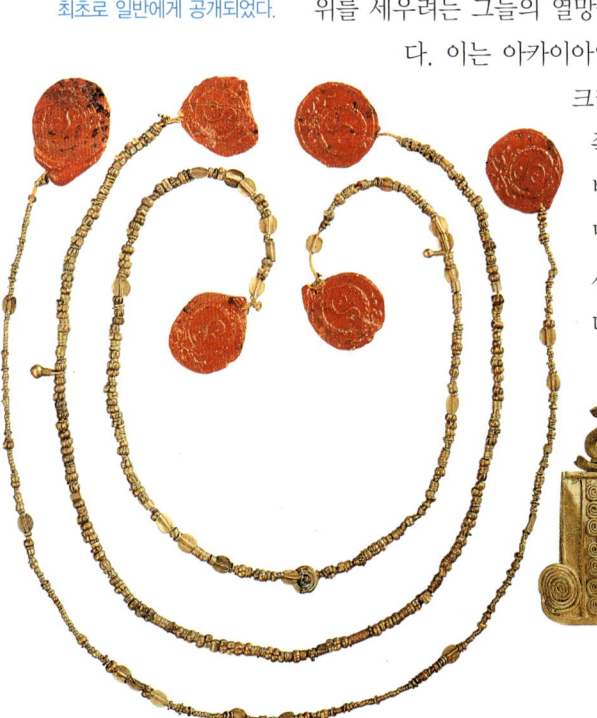

트로이의 장신구. 서기 19세기 말 하인리히 슐리만에 의해 발견되었다. 이 아름다운 장신구들은 1996년 4월 모스크바의 푸슈킨 박물관에서 최초로 일반에게 공개되었다.

규모가 큰 도시에는 저마다 왕이 있었다. 미케네에서는 전사들이 땅을 차지하고 있었고, 그곳에 살던 사람들은 땅을 경작하는 소작인이나 노예였다. 미케네를 통치하는 왕은 일찍부터 그리스의 여러 왕들 중 우두머리였던 것 같다. 또한 히타이트의 외교 기록은 그리스가 어느 정도 정치적으로 연합해 있었다는 증거를 보여 준다.

필로스 지역의 진흙판에 따르면, 왕의 지배 아래 사회가 철저히 관리·통제되었다. 관료들의 등급은 서로 차이가 있었고, 노예와 자유인의 구분도 명확했다. 하지만 이런 차이와 구분이 실제로 무엇을 의미했는지는 정확히 알 수 없다. 또 미케네 문화의 뿌리에 있는 경제생활도 대부분 알 수 없다. 우리가 아는 것이라고는 크레타처럼 미케네 문명에서도 왕실에 경제가 집중되어 있었다는 사실 정도다.

물질적 토대를 어디에 두었든 미케네 문명의 문화는 기원전 1400년경에 이르러 그리스 본토 전역과 많은 섬들로 확산되었다. 그리스는 고전시대까지 방언의 차이가 남아 있었지만, 이미 그 당시에 하나의 공통된 지역으로 묶을 수 있게 되었다.

미케네 문명은 미노아 문명을 제치고 지중해 무역을 장악했다. 그들은 지중해 동부의 레반트 지역에 무역을 위한 중심지들을 세우기도 했다. 히타이트 왕은 미케네를 강대국으로 대접했다. 미케네의 도기는 종종 미노아의 도기를 대신해 수출되었고, 미노아 문명의 정착지였던 곳에 미케네 문명의 정착지가 형성되기도 했다.

미케네 제국은 기원전 15~14세기에 절정기를 맞았다. 이집트가 쇠약해지고 히타이트가 무너져 가면서 한동안 상황은 미케네에게 유리하게 작용했다. 또 무역으로 부유해진 미케네인은 강대국들의 국력이 쇠퇴하면서 잠시 동안 그들에게 걸맞지 않은 위상을 누렸다.

미케네의 식민지들은 지중해 동부 소아시아의 해안에 자리 잡고 있었다. 당시 다른 아시아 도시들, 특히 트로이와의 무역이 크게 번성했다. 하지만 기원전 13세기 말부터 쇠퇴의 징조가 나타났다. 아마도 전쟁이 원인이었던 것 같다.

우리에게 트로이 전쟁*으로 유명한 아카이아인은 기원전 13세기 말 이집트를 공격하는 데 중요한 역할을 담당했다. 이들의 공격은 기원전 1200년경에 일어났던 것 같다. 미케네 문명의 도시들에서 왕조의 교체가 계속해서 일어난 데에는 이런 혼란스러운 사건들의 배경이 있었다.

에게 해의 암흑시대

어느덧 에게 해에 암흑시대가 다가왔다. 같은 시기 서아시아에서 어떤 일이 벌어지고 있었는지 제대로 알지 못하는 것처럼 에게 해의 암흑시대에도 무슨 일이 일어났는지 정확히 알기는 힘들다.

트로이가 함락되었을 때, 그리스 본토는 이미 새로운 세력의 침략을 받기 시작한 뒤였다. 그리고 기원전 13세기 말 미케네 문명의 중심지가 파괴되었다. 어쩌면 지진 때문일지도 모른다. 어쨌든 최초의 그리스는 각각의 도시가 산산조각 났다.

이로써 하나의 통일된 공동체를 이루었던 미케네 문명은 붕괴되었다. 하지만 미케네 문명의 모든 중심지들이 황폐화된 것은 아니었다. 파괴되지 않은 나머지 몇몇 도시들은 주목할 만한 성취를 이루지는 못했다고 하더라도 여전히 계속 유지되었다.

왕가의 보물들은 사라지고, 무너진 왕궁들은 재건되지 않았다. 반면 어떤 곳에서는 수세기 동안 원래의 주민들이 편안하게 살아갔다. 하지만 다른 곳에서는 원래의 주민들이 새로운 정복자들의 노예가 되거나 살던 곳에서 쫓겨났다. 이 정복자들은 북쪽에서 온 인도-유럽계 민족으로 트로이가 함락되기 100여 년 전부터 남쪽으로 내려오고 있던 중이었다.

그리스를 침략한 이 새로운 세력은 언제나 약탈한 지역에서 살았던 것 같지는 않다. 하

＊트로이 전쟁과 아카이아인
트로이 전쟁의 원인에 대한 가설은 다양하다. 대체로 그리스 신화에서 그 원인을 찾지만, 학자들은 실제로 좀 더 현실적인 원인이 있었다고 본다. 트로이가 지형적으로 교통의 요충지여서 이를 침략하기 위해 아카이아인들이 전쟁을 일으켰다는 것이다. 물론 이외에도 다양한 가설이 존재한다.

흔히 아트레우스의 보고(寶庫, 보물창고)라고 불리는 미케네 왕이자 아트레우스의 아들인 아가멤논의 묘지 입구. 이 묘지는 기원전 13세기에 만들어졌고, 서기 1874년 하인리히 슐리만에 의해 발견되었다. 아마추어 고고학자였던 슐리만은 그리스 영웅들의 묘지들을 찾아다녔다.

미케네의 왕 아가멤논은 『일리아스』에서 그리스인 가운데 가장 강력한 인물로 등장한다. 오늘날에도 그가 살던 수도의 유적이 기원전 15세기와 14세기의 중요한 고고학적 증거가 되고 있다. 사진은 도시의 성벽(위)과 웅장한 입구(사자의 문, 아래)의 모습이다.

* **세계주의와 지역주의**
세계주의는 국가나 민족의 구분을 두지 않고 인류 전체를 하나로 보는 것을 말한다. 반면 지역주의는 각 지역의 특수한 성격과 그 안의 관계들을 중시한다. 따라서 세계주의가 꽃피면 여러 지역과의 교류가 늘어나고 공통된 특성을 나타내는 일도 많아지지만, 지역주의가 지배하면 그 반대가 된다.

* **다르다넬스 해협**
지중해 북동쪽, 에게 해에서 흑해로 통하는 통로로 오늘날 터키 지역에 속한다. 지중해 서쪽의 많은 민족들이 동쪽을 침략하기 위해 이 해협을 건너야 했다.

지만 그들은 기존의 정치적 구조를 완전히 없애 버렸다. 이제 그리스의 미래는 미케네의 제도가 아니라 새로운 세력이 들여온 혈연관계가 바탕을 이루는 사회가 된다.

에게 해의 암흑시대가 깊어지면서 이곳은 혼란스러워졌다. 그러다가 기원전 1000년이 되기 직전, 이곳에 새로운 조짐이 나타났다. 그리스의 고전시대가 구체적으로 드러나기 시작한 것이다.

도리스인과 이오니아인

혼란스러웠던 이 시기에 새롭게 등장한 세력 중 도리스인의 역할은 매우 컸다. 그들은 활기차고 대담한 성격으로 훗날 헤라클레스의 후손으로 불리게 된다.

초기 침략자들의 전통을 살펴보면 그들이 도리스 방언을 쓰던 사람들이었다는 것을 알 수 있다. 도리스 방언은 도리스인과 다른 그리스인을 구분해 주는 특징으로 고전시대까지 이어져 내려왔다.

그리스 남동부의 스파르타와 북동부의 아르고스에서는 훗날 도시국가로 발전할 도리스인 사회가 형성되었다. 하지만 다른 그리스인들도 이 혼란스러운 시기로부터 새로운 문명을 탄생시키는 데 한몫했다. 그중 가장 큰 성공을 거둔 사람들은 이오니아 방언을 구사하는 그리스인들이었다.

암흑시대의 이오니아인들은 그리스 중부 아티카에서 나와 남부의 키클라데스 제도와 이오니아에 근거를 마련했다. 이오니아는 오늘날 터키의 에게 해에 접한 지역을 말한다. 참고로 이 당시 아테네는 혼란의 시기를 무사히 넘겼거나 아니면 침략자들을 성공적으로 동화시켰다.

도리스인과 이오니아인은 이주민인 동시에 해적으로 도시들을 빼앗거나 새롭게 건설했다. 섬은 아니었지만 도시들은 거의 해안이나 해안 근처에 위치해서 이후 해상 활동에 유리한 도시국가가 되었다. 그들이 택한 지역은 대개 미케네인들이 차지하고 있던 곳이었다. 그들은 이따금 지중해 연안의 스미르나 지역에서 그랬던 것처럼 원래의 그리스 정착민들을 내쫓아 버렸다.

사실 지중해 지역은 그 당시 매우 혼란스러웠다. 그리고 그들의 삶을 확인할 수 있는 증거는 아주 부분적인 것들뿐이었다. 하지만 이런 혼돈으로부터 서서히 통일된 문명이 다시 등장해 청동기시대의 에게 해에 뿌리를 내렸다.

하지만 처음에는 서로 갈라지고 배척하는 시기가 찾아왔다. 한때 이곳에는 개개인이 세계의 일원이라고 생각하는 세계주의*가 지배하고 있었다. 그런데 새로운 시대의 지역주의*가 그 자리를 대신했고, 이어서 교역이 쇠퇴하고 아시아와의 교류도 시들해졌다. 이를 대신한 것은 사람들의 이동이었다. 어떤 때는 새로운 곳에 자리를 잡는 데 수백 년이 걸리기도 했지만, 마침내 미래 그리스 세계가 서서히 그 모습을 드러내기 시작했다.

에게 해 지역의 인구 감소

드디어 에게 해 문명지에 엄청난 위기가 찾아왔다. 고대의 문명은 참으로 불완전했다. 기원전 1100~1000년에는 많은 지역에서 인구가 극심하게 줄어들었다. 많은 학자들이 갑작스러운 자연 재해를 원인으로 제시한다. 전염병이 일어났거나 갑작스러운 기후 변화로 그나마 얼마 안 되는 농경지가 갑자기 줄어들었다는 것이다.

원인이야 어떻든 그 결과 예술과 기술이 쇠퇴했다. 보석이나 장신구, 프레스코화, 세련된 도기들을 더 이상 생산할 수 없게 되었다. 오로지 노래나 신화, 종교 사상 같은 정신세계에서만 그 문화가 이어져 왔다.

호메로스의 그리스

이 혼란스러운 시기에 일어났던 일들은 당시 이곳저곳을 떠돌아다니며 시를 읊었던 음유시인들의 서사시 속에 희미하게나마 반영되었다. 그리고 이런 서사시는 나중에 『일리아스』와 『오디세이아』 탄생의 밑거름이 되었다. 이 두 작품에는 수많은 세대 동안 입에서 입으로 전해져 온 이야기들이 녹아 들어갔다. 서사시 낭송의 전통은 사실 음유시인들이 입으로 역사적인 사건들을 전해 주던 시대와 거의 함께 시작되었다. 그럼에도 그 영

청동으로 만든 갑옷과 금속 귀 보호대가 달린 투구. 그리스의 덴드라에 있는 기원전 1400년경 미케네시대의 묘지에서 발견되었다. 아카이아의 전사들은 몸을 보호하기 위해 금속 갑옷을 입고 다녔다. 반면 이런 갑옷이 없었던 적들은 그들의 상대가 되지 못했다. 이러한 내용은 『일리아스』에서 확인할 수 있다.

트로이

그리스 문학은 호메로스가 쓴 두 편의 서사시 『일리아스』와 『오디세이아』에서 시작된다. 『일리아스』는 그리스인들이 트로이를 포위 공격하는 내용을, 『오디세이아』는 그리스 영웅 오디세우스가 귀향하는 내용을 다루고 있다.

이 두 편의 서사시는 기원전 8세기경에 씌어졌다. 이 무렵이면 이야기 속의 사건들이 이미 끝나고 난 뒤다. 『일리아스』와 『오디세이아』에 풍부하게 담겨 있는 신화적인 요소들은 트로이가 한낱 신화 속의 도시에 불과하다는 인상을 심어 주었다.

하지만 하인리히 슐리만은 트로이가 실제로 있었다고 믿었다. 그는 1870년부터 트로이가 있었던 곳으로 추정되는 다르다넬스 해협* 입구의 언덕을 발굴했다. 슐리만은 기원전 3000년 전의 보물을 발견하고 나서 이것을 트로이의 왕 프리아모스의 보물이라고 생각했다.

그 뒤 계속된 발굴로 트로이가 기원전 3000년부터 약 2,000년간 실제로 존재했던 큰 도시였다는 사실이 밝혀졌다. 트로이 유적의 일곱 번째 지층에서 기원전 13세기 이 도시를 불로 파괴한 흔적이 발견되었다. 아마도 그리스의 침략자들이 트로이에 불을 질렀을 것이고, 호메로스는 그들의 이런 행동을 실제로 『일리아스』에 기록한 듯하다.

트로이는 기원전 1100년경 완전히 버려졌다. 기원전 700년에는 이곳이 다시 그리스의 중요한 도시 중 하나로 부각되었지만, 오랜 세월이 지난 후 다시 사람들에게 잊혀졌다.

광은 모두 호메로스에게로 돌아갔다.

하지만 정확히 어떤 일들이 이야기 속에 반영되었는지는 논란이 많았다. 최근에는 미케네시대나 그 얼마 후에 일어났던 일이 이야기에 거의 반영되어 있지 않다는 의견을 대체로 받아들이고 있다.

여기서 『일리아스』의 가장 중요한 소재인 트로이 전쟁이 실제로 일어난 사건인지 아닌지 여부는 중요하지 않다. 물론 그 이야기가 아카이아인이 소아시아로 전력을 다해 진출했다는 사실을 말해 주고 있기는 하다. 하지만 『일리아스』에 남아 있는 것은 그 당시에 대한 추상적인 정보일 뿐이다.

호메로스는 『일리아스』를 통해 미케네 왕의 출중함을 특별히 강조했지만, 그의 이야기는 사실 기원전 8세기 미케네 문명 이후의 에게 해에 관한 것이다. 이때는 에게 해가 암흑시대에서 회복되기 시작한 때다.

작품 속의 사회에서는 왕이 아니라 포악한 장군들이 권력을 잡고 있었다. 호메로스의 작품에 등장하는 왕들은 가장 고귀한 귀족이며 대가족의 가장이었다. 하지만 실질적인 권력은 모두 왕이 아닌 잔인하고 공격적인 전사들에게 있었고, 왕은 전사들의 견제를 받았다. 또한 그들은 각각의 능력에 따른 평가를 받았다.

왕들의 삶은 불안정하고 가혹했다. 그들은 개인주의적이고 무정부주의적이었다. 어쩌면 미케네의 진흙판에서 칭송하는 이상적인 통치자가 아니라 바이킹의 우두머리와도 같았다. 이 서사시가 이전 시대나 후대 사회를 얼마나 반영하든 이는 원시 사회의 일면을 비춰 주고 있을 뿐이다.

『일리아스』에 등장하는 이 원시 사회는 여전히 혼란 속에서 형성되어 가는 과정 중에 있었다. 그것은 미케네 문명만큼 발달한 사회도 아니었고, 미래의 그리스에 대한 어떠한 조짐도 전혀 찾아볼 수 없었다.

그러나 마침내 오랜 기간의 혼돈 속에서 새로운 문명이 모습을 드러낼 준비를 하고 있었다. 이 문명은 동양과 다시금 교류를 하면서 큰 영향을 받았다. 헬레네스*가 섬들로 나아가 이어 아시아 본토로까지 이주해 간 것은 매우 중요한 일이었다.

이들이 차지한 지역은 두 문화가 만나는 곳이었다. 하지만 아시아와 유럽을 연결하는 고리는 이뿐만이 아니었다. 문명의 씨앗은 언제나 세계사의 중개자, 즉 위대한 무역 민족에 의해 뿌려지는 법이다.

기원전 8세기경의 대리석 부조 작품. 아시리아의 님루드에서 발견되었지만, 디자인은 페니키아식이고, 소재는 이집트에서 가져온 것이다. 날개 달린 스핑크스가 파라오의 머리를 장식하고 있다.

해상 민족 페니키아인

페니키아인은 해상 민족이자 무역 민족으로 길고 험난한 역사를 이어 왔다. 그러나 전설 속에서는 실제 역사보다 훨씬 더 오래 이어 온 것으로 전해진다. 페니키아인의 주장에 따르면, 그들은 기원전 2700년경 지중해 동쪽 레바논 남부의 티레에 도착했다고 한다. 이런 주장은 조금은 과장된 것이라 할 수 있지만, 페니키아인이 기원전 2000년대에 이미 오늘날의 레바논 해안에 정착한 것은 사실이다. 그 무렵 이집트인은 페니키아인으로부터 삼나무 목재를 수입하고 있었다.

페니키아인은 셈족이었고 홍해의 아랍인들처럼 선원이 되었다. 바다에 접한 지리적 조건 덕분에 그들은 내륙보다 해상으로 눈을 돌리게 되었다. 그들은 역사적으로 아시아와 아프리카의 교통로가 되어 온 좁다란 해안 지역에 살았다. 주변 지역의 땅은 농업을 하기에 좋지 않은 조건이었고, 해안 지역의 마을과 도시들은 언덕에 막혀 서로 교류하고 연합하기가 어려웠다.

페니키아인도 후대의 그리스인처럼 바다를 이용한 다양한 활동에 매력을 느꼈다. 그 결과 그들은 무역뿐만 아니라 식민지를 만드는 사업에도 열정적으로 뛰어들었다.

사실 페니키아인은 본국에서는 큰 힘을 발휘하지 못했다. 그래서 헤브라이인, 이집트인, 히타이트인에게 차례대로 지배당하기도 했다. 이집트와 미케네, 히타이드 제국이 쇠퇴한 후 페니키아인이 등장한 것은 우연이 아닐 것이다. 그들은 다른 나라가 쇠퇴하는 동안 세력을 확대해 갔다. 비블로스, 티레, 시돈 등 페니키아의 도시가 짧막하나마 황금기를 누린 것은 미노아의 무역이 활발하던 시대가 훨씬 지난 기원전 1000년 이후의 일이었다.

당시 페니키아의 중요성은 성서에서도 찾아볼 수 있다. 그들은 솔로몬의 신전을 건립하는 데 중요한 역할을 했다. 솔로몬은 "우리 쪽에는 시돈 사람처럼 벌목에 능숙한 사람이 없습니다."라고 말하며 그들에게 값을 제대로 치러 주었다고 한다. 솔로몬의 신전 건립은 고대에 유례가 없는 거대한 공공사업이었다.

페니키아인이 계속해서 중요한 활약을 했다는 증거는 그 뒤에도 많이 나타난다. 고대의 저술가들은 페니키아인을 상인이자 식민지 개척자로서 자주 강조했다. 그들은 심지어 잉글랜드 남서부의 콘월 지역 사람들과도 목재를 거래했다. 그 정도로 먼 지역까지 나아갔다면, 그들은 상당한 항해 기술을 보유하고 있었을 것이다.

페니키아의 염료는 오랫동안 세계적으로 유명했으며, 고전시대까지 사람들이 많이 찾는 품목이었다. 그들은 분명 상업적인 필요성 때문에 새로운 것을 만들어 냈을 것이다. 그 대표적인 예가 알파벳이다. 그리스인들이 도입한 알파벳은 비블로스라는 도시에서 발명되었는데, 이 비블로스Byblos라는 도시 이름은 책Book이라는 단어의 어원이기도 했다.

페니키아의 알파벳은 실로 엄청난 발전이었고, 이 덕분에 문자가 아주 많은 곳으로 보급될 수 있었다. 하지만 페니키아인이 남긴 기록은 대단한 게 없었다. 반면 예술은 무역의 중개인이었던 그들의 역할을 비교적 잘 나타낸다. 그들은 아시아와 이집트의 예술을 빌려 오거나 그대로 배꼈다. 아마도 예술 작품을 사는 사람들이 그런 것을 좋아했기 때문일 것이다.

페니키아의 무역 기지

무역은 페니키아인의 직업이었고, 처음에는 이 때문에 해외에 정착지가 필요하지 않았다. 하지만 그들은 점차 식민지나 무역 기지가 필요해졌다. 어떤 때는 미케네인이 앞서 무역을

*헬레네스
그리스를 침략한 자들이 이전의 그리스인들과 자신을 구분하기 위해 사용한 이름. 그리스 신화에서 그리스인의 선조격인 인물 '헬렌'에서 따왔으며, 처음에는 일부 지역에서만 사용되다가 점차 널리 퍼져 그리스인 전체를 뜻하는 단어가 되었다.

했던 곳에 무역 기지를 건설하기도 했다.

페니키아인은 지중해에 모두 25곳의 무역 기지를 세웠다. 처음 세워진 곳은 지중해 동부 키프로스의 키티온으로 기원전 9세기 말에 세워졌다. 그 이후 초기 페니키아인들이 상업 활동을 벌이던 지역에 몇몇 식민지들이 건설되었다.

이들 식민지는 기원전 1000년대 초에 독립했던 시기가 잠깐 있었다. 하지만 그 후 페니키아의 도시들에는 곧 고난의 세월이 찾아왔다. 기원전 7세기 시돈은 완전히 파괴되었고, 티레 왕의 딸들은 아시리아의 왕인 아슈르바니팔의 후궁으로 끌려갔다. 페니키아는 이처럼 점차 쇠퇴해 갔다.

페니키아가 지중해 지역에 식민지를 건설한 것은 어쩌면 서쪽에서 밀려오는 그리스 식민지에 대한 불안 때문이었을 것이다. 그리스의 식민지 건설은 금속을 얻는 데 방해가 되었다. 특히 영국의 주석과 스페인의 은을 얻기 어려웠다. 100여 년 전 페니키아가 아프리카 북부 카르타고에 식민지를 건설한 것도 금속을 원활하게 얻기 위해서였을 것이다. 카르타고는 나중에 티레나 시돈보다 훨씬 막강한 권력의 자리에 오르게 되고, 독자적인 식민지를 만들어 나가게 된다.

페니키아인은 서쪽으로 더 나아가 지중해와 대서양을 연결하는 지브롤터 해협 너머의 카디스까지 이미 알고 있었다. 그들은 그곳을 대서양 무역을 북쪽으로 확대시키기 위한 전초 기지로 생각했다.

페니키아인은 여러 지역에 문명을 전해 준 가장 중요한 민족으로 손꼽힌다. 하지만 페니키아인 말고 다른 민족들도 있었다. 예컨대 미케네인과 헬레네스는 그들의 문화를 확산시키고 문명의 중개자가 되었다. 크레타인은 그 이상이었다. 그들은 문명의 진정한 창조자였다. 그들은 위대한 문화의 중심지에서 문명의 씨앗을 받아들이고 문명을 꽃피운 뒤 그것을 다시 세계에 전해 주었다.

이들은 모두 보다 빠르게 변화하는 세계를 창조하는 데 큰 영향을 끼쳤다. 문명을 여러 지역에 전달해 준 이러한 민족들을 통해 유럽 대륙은 많은 자극을 받았다. 탐험가들은 광물을 찾기 위해 알려지지 않은 미지의 땅으로 점점 더 깊이 들어갔다.

기원전 2000년대에 이미 복잡화된 미래를 예시하는 가장 오래된 증거가 있었다. 미케네에서 발견된 어떤 구슬은 발트 해 연안의 호박이라는 광물을 재료로 오늘날의 영국에서 만들어진 것이었다.

무역을 통해 점차 지역 간의 고립이 무너지고 사람들 간의 관계가 변화해 갔다. 또한 새로운 사상이 생겨나기도 했다. 하지만 민족주의가 한창인 에게 해 지역에서 무역을 통한 새로운 사상이 제대로 뿌리를 내리기는 어려웠을 것이다. 기원전 2000년대부터 시작된 아시아의 혼란스러운 역사는 여전히 계속되고 있었다.

혼란의 시대를 맞은 서아시아

혼란스럽다는 것은 어떤 시각에서 보느냐에 따라 다르게 판단할 수 있는 문제다. 세계사의 시각에서 보자면, 크노소스가 멸망한 뒤 약

아시리아의 부조 작품에서 볼 수 있는 기원전 1000년대의 페니키아 전함. 전함에는 적군의 배에 구멍을 내기 위해 뾰족하게 튀어나온 무기가 달려 있었다. 줄을 지어 노를 젓는 사람들과 병사들의 방패를 확인할 수 있다. 기원전 1000년대 초부터 페니키아의 배들이 서지중해의 항로를 장악했다.

800년 동안 서아시아는 매우 혼란스러웠다.

당시 벌어지고 있던 일들의 핵심은 고대 세계 최고의 농업 지역에서 점차 커져 가는 부를 누가 지배할 것인가에 관한 경쟁이었다. 서아시아에서 왔다가 사라져 간 제국들은 근처의 사막이나 스텝 지역*에서 필요한 자원을 찾을 수 없었다. 따라서 그들은 정복 활동을 할 수밖에 없었다.

부를 차지하기 위한 이 경쟁의 이야기를 연속적으로 이어 나가기는 힘들다. 침략자들은 왔다가 금세 사라져 갔고, 일부는 그 뒤에 새로운 사회를 남겼다. 또 일부는 그들이 정복한 국가 대신 새로운 국가를 건설했다. 하지만 당시 사람들은 이러한 민족들의 경쟁을 거의 느끼지 못했을 것이다.

그러나 이따금 큰 사건이 일어나 집이 불타고 가족들이 뿔뿔이 흩어졌다. 또는 과도한 세금을 요구하는 통치자들이 사람들을 힘들게도 했다. 이런 사건들은 사람들에게 분명 절망스러운 일이었을 것이다.

한편 수많은 사람들은 어떤 변화도 깨닫지 못한 채 수명대로 살다가 평화롭게 숨을 거두었다. 그들에게는 가장 커다란 변화가 어느 날 그들 마을에 처음으로 철제 검이나 낫이 등장하는 사건 정도에 불과했을 것이다. 수백 곳의 사회는 오랜 세월 동안 변하지 않는 사고와 제도 속에서 유지되었다. 청동기에서 철기로 바뀌는 과도기 동안 서아시아에서 일어난 혼란의 상황 속에서도 이렇게 전통이 보존되었다는 것은 매우 중요한 사실이다.

아시아 본토에는 유목 민족이 들어왔다. 그들이 밟은 아시아 지역은 통치 제도가 잘 갖추어져 있었고, 강력하고 지속적인 정치 구조가 형성되어 있었다. 또 행정이나 종교, 교육 분야에서 전문 집단의 위계질서가 탄탄하게 잡혀 있었다. 새로운 민족이 들어왔지만, 에게 해 지역에 비해 서아시아인들이 이

점토를 구워 기와처럼 만든 테라코타로 페니키아 신의 얼굴을 나타낸 작품.

*스텝 지역
사막 주변에 펼쳐져 있는 초원 지대. 아시아와 유럽에 걸쳐 있으며 이러한 지역을 통해 민족과 문화가 연결되었다.

뤄 낸 성과는 많이 파괴되지 않았다. 이는 기존의 제도가 제대로 정착해 있었던 덕분이라고 할 수 있다.

또 한 가지 사실은 많은 외부 세력들이 이미 오랫동안 이 지역의 문명과 교류해 왔다는 것이다. 따라서 이민족들은 서아시아의 문명을 파괴하기보다는 이들 문명이 이뤄 낸 혜택을 그들도 누리길 원했다.

이 두 가지 요인 덕분에 문명은 더욱 확산될 수 있었다. 서아시아는 혼란을 겪고 있다고는 하지만 어쨌거나 서로 연결된 방대한 문명 지역이었다.

철을 들여온 히타이트

문명화된 서아시아의 이야기는 일찍이 기원전 2000년대 초에 시작된다. 이때쯤 소아시아에는 히타이트인이 들어온다. 히타이트인은 미노아 문명의 사람들과 같은 계통이었던 듯하다.

히타이트인은 미노아 문명이 위대한 도약

을 향해 나아가고 있을 무렵 지중해 동부 아나톨리아에서 기반을 다졌다. 그들은 결코 미개한 야만족이 아니었다. 그들에게는 고유의 법제도가 있었고, 바빌론으로부터 많은 것을 받아들인 상태였다.

히타이트는 오랫동안 아시아의 철을 독점했다. 철제 농기구는 농업 생산력 증가에 큰 역할을 했다. 뿐만 아니라 철제 무기는 전차나 성을 쌓는 기술과 함께 히타이트가 군사적으로 한 수 위에 있을 수 있도록 해 주었다. 결국 이집트와 메소포타미아는 이러한 히타이트로 인해 많은 시련을 겪어야 했다.

기원전 1590년경 바빌론을 무너뜨린 사건은 최초의 히타이트 제국이 절정기에 이르렀을 때 일어났다. 그 뒤 쇠퇴기가 있었지만, 히타이트는 기원전 14세기 초 다시금 번영을 누렸다.

이 두 번째 시대는 전보다 훨씬 더 찬란했다. 히타이트의 세력은 한때 지중해 연안에서부터 페르시아 만에까지 이르렀다. 히타이트는 이집트를 제외한 비옥한 초승달 지대 전역을 지배했고, 군사 강국 이집트와 대결을 벌이면서 미케네와 거의 끊임없이 전쟁을 치렀다.

하지만 다른 제국들처럼 히타이트 제국은 약 100년 뒤 쇠약해져 결국 기원전 1200년경 붕괴되고 말았다.

히타이트 제국의 종말

그리스와 에게 해 지역의 암흑시대 초기에는 두 가지 흥미로운 사실을 발견할 수 있다. 우선 이 무렵 히타이트인이 더 이상 철을 독차지하지 못하게 되었다는 사실이다. 기원전 1000년경에 이르면, 철기가 서아시아 전역에서 사용되고 있었다. 히타이트인이 독차지했던 독점 무기인 철기가 널리 전파된 것은 히타이트인이 영향력을 잃게 된 중요한 요인이었을 것이다.

또 한 가지 흥미로운 사실은 그 사건이 당시의 민족 이동과 시기적으로 일치한다는 점이다. 철기 기술을 전파한 자들은 기원전 1200년경 이 지역에 혼란을 몰고 온 인도-유럽계 민족들이었던 것 같다.

소아시아의 트로이는 아카이아인의 약탈과 파괴로 결국 역사의 무대에서 사라졌다. 트로이의 몰락은 당시의 상황에서 매우 중요한 의미가 있는 사건이었다. 트로이는 소아시아의 강국들을 연합하는 데 주도적인 역할을 했다. 당시 소아시아의 국가들이 북부의 다른 민족들에 대항해 힘을 합쳐 싸웠기 때문이다. 하지만 트로이가 무너지자 외부 세력에 대한 대항의 핵심이 사라지고 말았다.

히타이트의 몰락과 이집트에 남아 있는 해상 민족의 공격에 대한 기록을 보면 이들이 매우 비슷

▶ 페니키아인은 지중해 무역 항로에서 지중해 서쪽 끝에 있는 이비사 섬의 전략적 중요성을 금세 알아보았다. 사진은 이비사식 건축물인 공동묘지에서 출토된 테라코타 조각상이다.

히타이트 제국

이 지도는 기원전 14~12세기 히타이트 제국이 가장 방대한 영토를 차지하고 있었을 때를 나타낸다. 히타이트 제국의 지리에 대해서는 알려진 게 그다지 없지만 추측해 볼 수는 있다. 히타이트 제국은 수도 하투사스를 중심으로 아나톨리아 고원에서 커져 갔다. 기원전 1300년에는 오론테스 강가의 카데슈 지역에서 히타이트의 무와탈리스 왕과 이집트의 람세스 2세의 전투가 벌어지기도 했다.

한 시기에 일어난 것을 알 수 있다. 어떤 학자들은 이것을 우연이라고 보지 않는다. 해상 민족 중에는 히타이트를 정복한 프리기아인*이라는 민족이 있었던 것이다.

해상 민족

해상 민족은 당시 민족 대이동에서 생겨난 하나의 현상이었다. 기원전 12세기 초부터 철기로 무장한 자들이 동지중해 유역을 급격하게 공격해 왔고 시리아와 레반트의 도시들을 약탈했다. 그중 일부는 미케네 문명이 붕괴되었을 때 생겨난 도시들의 난민들이었을지도 모른다. 그들은 처음에 에게해 남동부의 도데카네스 제도로 갔다가 다시 지중해 동부의 키프로스로 갔다.

그중 한 집단인 필리스티아인은 기원전 1175년경 가나안에 정착했다. 오늘날 팔레스타인이라는 지역 명은 이 이름에서 따온 것이다.

이집트는 해상 민족에게 가장 피해를 많이 입은 나라였다. 그로부터 2,000년 뒤 등장하는 북해의 바이킹처럼, 해상의 침략자들은 계속해서 이집트의 나일 강 하류 삼각주 지역을 공격했다. 그들은 이따금씩 패배하기도 했지만, 어떤 때는 삼각주를 파라오의 손아귀에서 빼앗기도 했다.

이집트는 해상 민족에게 계속해서 시달렸고, 기원전 11세기 초에는 두 개의 왕국으로 분열되어 서로 다투기도 했다. 그렇다고 해상 민족이 이집트의 유일한 적이라고 할 수는 없

*프리기아인
히타이트가 몰락한 후 소아시아 지역을 지배했던 민족. 히타이트의 뛰어난 문물을 이미 많이 받아들였고, 히타이트가 약해진 틈을 타 그 세력을 키웠다.

◀ 히타이트인은 여러 신을 숭배했다. 돌에 새겨진 이 형상은 번개의 신이다.

히타이트의 전사. 세부 묘사를 생략한 딱딱한 모습으로 표현되었다. 히타이트의 조각에서 볼 수 있는 전형적인 양식이다.

*셈족의 기원
셈족의 기원은 구약성서의 노아라는 인물의 맏아들인 셈에게서 찾는 경우가 많다. 유럽의 대표적인 민족인 이 셈족은 아시리아인, 아라비아인, 바빌로니아인, 페니키아인, 유대인 등 다양한 민족을 낳게 된다. 오늘날의 이스라엘, 팔레스타인, 이라크 사람이 여기에 속한다.

*성서 속 족장시대
구약성서에 나오는 아브라함, 이삭, 야곱이라는 인물을 통해 당시의 삶을 어느 정도 알 수 있다. 그들은 신의 뜻에 따라 여러 지역으로 이동 생활을 했다. 그들이 갖고 있던 양이나 염소는 그 규모가 꽤 컸던 것으로 보이며, 그들은 이동하는 곳에 따라 우물을 파기도 하고 신을 위해 단을 쌓기도 했다.

었다. 아프리카 내륙의 리비아 함대가 삼각주를 공격해 서둘러 물리쳐야 했던 적도 있었다. 남쪽으로는 그때까지 누비아와의 국경에 문제가 없었지만, 기원전 1000년경에 이르러 이집트 남쪽 '수단' 지역에 독립 왕국이 탄생해 이집트를 힘들게 했다.

헤브라이인의 기원

이제 이 지역의 역사는 너무도 복잡하고 분명하지 않아서 명쾌하게 설명하기가 매우 어렵다. 그러나 이러한 혼란 속에서도 두 가지 실마리를 찾을 수 있다.

하나는 말기에 접어든 메소포타미아 문명에 대한 이야기다. 그리고 다른 하나는 전혀 새로운 이야기인데, 정확히 언제 일어난 것인지 알 수 없는 사건과 함께 시작된다. 몇 세기 뒤의 기록을 통해서만 어렴풋이 알게 된 이 사건은 이집트인들이 해상 민족으로 인해 고통받던 시기에 일어난 게 분명하다.

이 사건이 언제 어떻게 일어났든 세계사는 전환점에 이르렀다. 마침내 이집트인이 헤브라이인이라고 부르고, 이후의 사람들이 유대인이라고 부르는 민족이 나타난 것이다.

오랜 세월 동안 수많은 서양인에게 그리스도교 이전의 인류 역사는 유대인의 역사이거나 유대인이 들려주는 다른 민족의 역사였다. 이 두 가지 모두 구약성서에 기록되어 있다. 구약성서는 원래 유대인의 종교에 관한 책이었으나, 그 뒤 수많은 언어로 번역되어 전 세계에 퍼져 나갔다. 이는 그리스도교의 활발한 포교 활동과 인쇄술의 발명 덕분이다.

그들은 '신'이라는 추상적인 개념에 가까이 다가간 최초의 민족이었다. 또한 그들은 이전과 달리 신의 형상을 만드는 것을 금했다.

유대인만큼 보잘것없는 과거에서 시작해서 그토록 대단한 역사적 영향력을 낳은 민족은 어디에서도 찾아볼 수 없다. 그들은 너무도 보잘것없는 민족이었기 때문에 오늘날에도 그들이 이뤄 낸 성공은 여전히 믿기 힘들 정도다.

셈족 계통의 사람들

유대인은 셈족*에서 유래되었다. 셈족은 언제나 비옥한 초승달 지대로 진출하려고 애쓴 아라비아의 유목 민족이다.

유대인의 역사에서 우선 주목해야 할 부분은 족장시대*에 관한 것이다. 이 시대에 대한 내용은 성서의 아브라함, 이삭, 야곱에 대한 이야기에서 알 수 있다. 이 전설적인 인물들이 실제 존재하지 않았다고 볼 이유는 없다. 만약 그들이 실제로 있었다면, 기원전 1800년경일 것이다. 이는 수메르의 도시국가인 우르가 멸망한 이후의 혼란기에 해당된다.

성서에서는 아브라함이 우르에서 가나안으로 갔다고 나와 있다. 이는 꽤 그럴듯한 이야기로, 가나안 주변에 살던 아모리인이나 다른 민족들이 이후 400년간 각지로 퍼져 나간 역사적 사실과도 맞아떨어진다.

그 가운데는 아브라함의 자손으로 알려진 사람들도 있었다. 그들은 '헤브라이인'이라 불리는데, 이는 '유랑하는 사람들'을 의미한다. 헤브라이인이라는 말은 기원전 14세기 또는 13세기의 이집트 기록과 비석에 등장하기 전까지는 어디서도 찾아볼 수 없다. 기원전 14세기, 13세기는 헤브라이인이 가나안에 최초로 정착하고 난 한참 뒤이다.

헤브라이인이라는 이름이 확실히 정확한 명칭이라고 할 수는 없다 해도 이 무렵 우리가 관심을 갖고 있는 종족에게는 가장 적당한 이름일 것이다. '유대인'이라는 이름은 그 이름에 담긴 역사적 의미를 감안해 볼 때 이후의 역사에서 언급하는 것이 좋을 것 같다.

가나안에서 일어난 사건들

성서에서 아브라함과 그 무리들을 최초로 볼 수 있는 곳은 가나안 땅이다. 그들은 양치기들로 묘사되어 있다. 부족의 형태로 이뤄져 있었고, 우물이나 목초지를 두고 이웃이나 친척들과 다투곤 했다. 그들은 가뭄이나 기아 때문에 여전히 남쪽으로 내려오려고 했다.

그들 중에는 기원전 17세기 초 이집트로 간 이들도 있었다. 성서에서는 그들이 야곱의 일가로 등장한다. 구약성서의 이야기를 따라가다 보면 요셉이 등장한다. 그는 야곱

고대 히타이트의 수도 하투사스에 있는 기원전 14세기의 '사자의 문'이라는 유적. 하투사스는 현재 터키의 보가즈쾨이에 해당하는 지역이다.

이 특별히 사랑한 아들로 파라오가 다스리던 이집트에서 높은 지위에까지 오른다. 이 부분에 대해서는 이집트의 기록이 도움이 될 수도 있다.

이러한 사건은 힉소스인이 이집트를 지배하던 때에 일어난 듯하다. 그 당시 사회가 불안했기 때문에 외국인이었던 요셉이 그토록 높은 자리에 오를 수 있었을 것이다. 하지만 이런 내용에 대한 구체적인 증거는 찾을 수 없고, 오로지 전설이 남아 있을 뿐이다. 사실 기원전 1200년경까지 헤브라이인의 역사는 모두 전설로 전해지는 것밖에 없다.

이 전설은 구약성서에 기록되어 있다. 하지만 구약성서의 내용이 현재의 형태를 갖춘 것은 기원전 7세기가 되어서다. 시간적으로 요셉의 이야기가 있은 지 800년이 지난 뒤의 일이다. 물론 구약성서에는 그 이전의 이야기들도 실려 있다. 하지만 유대인의 기원을 밝혀 주는 증거로서 그다지 명확하지 않다. 마치 호메로스의 작품을 통해 그리스인의 유래를 어렴풋이 알 수 있는 정도와 같다.

그 뒤에 일어나는 사건들이 없었다면, 헤브라이인의 기원에 관한 이야기는 그다지 중요하지 않았을 것이다. 그들의 이야기는 전문적인 학자들이나 관심을 가졌을 것이다.

그러나 훗날 전 세계의 운명을 뒤흔드는 그리스도교 문명과 이슬람교 문명이 이 작고 알아보기도 쉽지 않은 셈족에 그 뿌리를 두고 있었다. 메소포타미아와 이집트라는 거대한 제국의 통치자들은 수세기 동안 다른 비슷한 유랑 민족 가운데서 그들을 거의 분간하지도 못했다. 하지만 그들은 이전까지는 없었던 독특한 그들만의 종교적 이상에 도달했으며, 그것은 오늘날까지도 우리를 놀라게 한다.

| 점차 퍼져 가는 일신론 |

고대 서아시아 세계에서는 한 신만을 섬기는 일신론 사상이 많은 호응을 얻었다. 최초의 바빌로니아 제국이 건설된 뒤, 갑작스러운 변화나 재앙이 닥치면서 지방 신들의 힘에 의문을 품을 수밖에 없었던 것이다.

이집트 왕 아크나톤이 태양신 아톤만을 섬기게 했던 것과 메소포타미아에서 여러 신 중 마르두크에 대한 숭배가 확대된 것 모두 이러한 상황에서 일신론이 등장할 수밖에 없었음을 말해 준다.

하지만 일신론 사상은 헤브라이인이나 그들과 같은 신앙을 가진 사람들만이 끝까지 그 이상을 펼쳐 나갔다. 그들은 여러 신을 섬기던 당시의 사회에서 그들만의 일관된 일신론 사상을 만들어 갔다.

야훼와 헤브라이인의 약속

유일신 사상이 언제 완성되었는지 짐작하기는 매우 어렵다. 하지만 8세기 이전에는 기본적인 단계가 끝나지 않았을 것이다.

헤브라이인의 종교는 초기에는 다신론과 일신론의 성격을 동시에 띠고 있었다. 셈족 계통의 다른 민족들처럼 많은 신들이 있다고 여기면서도 오로지 자신들의 신만을 숭배했

기원전 2000년대 시나이 산의 바위에 새겨진 비문. 서쪽 지방의 셈족에게서 유래된 이런 비문은 나중에 가나안, 페니키아, 그리스에서 문자로서 발전하게 된다. 라틴 문자의 뿌리도 여기서 찾아볼 수 있다.

헤브라이의 통치자

성서에 묘사되어 있는 헤브라이인의 전통은 서구 문화에 크나큰 영향을 끼쳤다. 그래서 많은 연구자들이 헤브라이인의 고대 국가에 관해 알아내고자 노력했다. 하지만 고고학적 증거가 부족하기 때문에 성서의 이야기가 역사적으로 사실인지 아닌지 입증하기는 여전히 불가능하다.

아브라함, 이삭, 야곱, 여호수아가 실존 인물인지 아닌지 알 수는 없다. 어쩌면 어느 날 갑자기 어떤 왕궁의 기록들이 발견되어 헤브라이인의 국가에 관한 확실한 정보를 알려 줄지도 모르지만 현재로서는 다윗 이전 헤브라이인에 대한 연대표는 완전히 추측에 따라 구성할 수밖에 없다.

성서시대의 예언자, 왕, 왕조, 주요 사건을 보여 주는 연대표

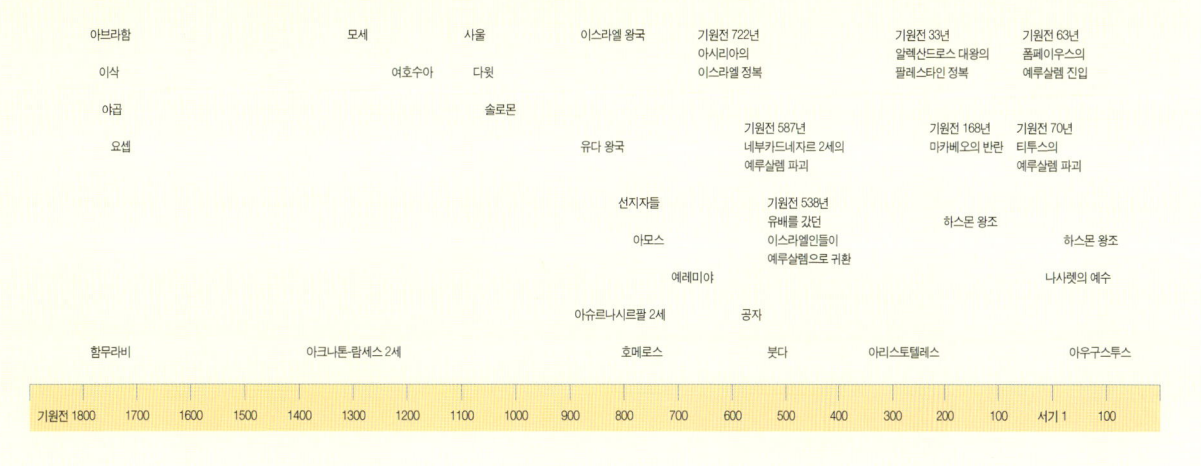

침략자와 침입자들 169

던 것이다.

이후 야곱의 자손인 이스라엘 사람은 오직 그들의 신 야훼에게만 충성한다는 사상이 나타나면서 일신론이 더욱 발전하였다. 야훼는 질투가 많은 신이었다. 그는 자신의 백성에게 다시 가나안에 가게 해 주겠다는 약속을 했는데 야훼는 이전에도 아브라함을 우르에서 나와 가나안으로 가게 한 적이 있었다. 사실 가나안은 오늘날까지도 유대인의 민족적 열정이 가장 많이 드러나는 곳이다.

야훼와의 약속은 대단히 중요하게 여겨졌다. 이스라엘인은 약속을 지키면 그들에게 이로운 일이 있을 것이라고 확신했다. 이처럼 신과 일종의 약속을 맺는다는 것은 메소포타미아나 이집트의 종교에서는 찾아보기 힘든 것이었다.

야훼는 오직 자신만을 섬기길 요구했고, 그 덕분에 일신론 사상이 발전하였다. 야훼의 이러한 요구로 이스라엘 사람들은 더 이상 다른 신을 믿지 않았기 때문이다. 오히려 다른 신들은 그들의 일신론 사상에 걸림돌이 될 뿐이었다.

야훼는 일찍부터 다른 부족 신들과 본성이 크게 달랐다. 자신을 새긴 형상을 만들지 못하게 한 것이 무엇보다 가장 독특한 특징이었다. 그 역시 다른 신과 마찬가지로 신전 같은 고유한 장소나 자연 현상과 함께 나타났지만 이스라엘인의 종교가 발전함에 따라 점차 초월적인 신으로 여겨졌다.

구약성서의 시편에서는 "주님께서 그의 성전에 계신다. 그의 보좌는 하늘에 있다."라고 찬양한다. 그는 만물을 창조했다. 하지만 그는 자신이 창조한 세계와 독립적으로 존재한다고 했다.

시편에서 "내가 주님의 영을 피해서 어디로 가며, 주님의 얼굴을 피해서 어디로 도망치겠습니까?"라고 했듯이 이들에게 야훼의 힘은 대단했다. 이러한 야훼의 힘은 헤브라이인의 전통을 메소포타미아 다른 민족의 전통과 구별되게 하였다.

하지만 이들은 모두 물에서 인간과 세상이 창조되었다고 믿었다. 구약성서의 창세기는 "땅이 혼돈하고 공허하며, 어둠이 깊음 위에 있고……."라고 말한다. 그러나 메소포타미아의 신화에는 순수한 창조 행위가 존재하지 않는다. 거기에는 늘 어떤 물질이 있었고, 신들은 이런 물질을 자유자재로 다루었을 뿐이다.

헤브라이인의 이야기는 다르다. 야훼는 세상을 창조하기 이전의 혼돈 상태마저 창조했다. 야훼는 이스라엘인에게 만물을 만들어 낸 '만물의 창조자'였다. 또한 그는 자신의 형상에 따라 인간을 만들었다. 그에게 인간은 노예가 아니라 친구였다. 인간은 야훼의 창조물 중 가장 뛰어난 존재로 그 자신처럼 선과 악을 구별할 수 있는 능력을 갖고 있었다.

마침내 인간은 야훼의 뜻에 따라 정해진 도덕적 세계에서 살게 되었다. 그 세계에서는 오직 야훼만이 옳았다. 반면 인간이 만든 법은 옳을 수도 옳지 않을 수도 있었다. 정의는 언제나 야훼에게만 있는 것이었다.

민족을 이끌어 낸 모세

헤브라이인의 종교와 사상에 담긴 참뜻은 수백 년이 지난 뒤에야 밝혀졌고, 그것이 완벽히 영향력을 발휘하는 데는 수천 년이 걸렸다. 이들의 사상은 처음에는 전쟁에서 신이 자신들을 지켜 주기를 바라는 마음에서 비롯되었다. 또한 여기에는 사막에서 살아가던 그들만의 특징이 크게 반영되었다.

이후 유대인의 전설은 그들이 이집트에서 탈출해 왔다는 사실을 강조했다. 이 이야기에는 신비에 둘러싸인 위대한 인물 모세가 등장한다. 헤브라이인은 가나안에 당도했을 때 이미 야훼 숭배로 단결된 하나의 민족을 형성하고 있었을 게 틀림없다.

그들이 시나이 반도에서 40년간 살았다는 성서의 이야기는 이때가 그들의 민족의식이 단련되는 중요한 시기였다는 것을 말해 준다. 하지만 여기서도 우리가 의지할 곳은 성서밖에 없는데, 성서가 쓰인 것은 그로부터 한참 뒤의 일이다.

그러나 헤브라이인이 이집트에서 고된 억압을 받다가 도망쳐 나왔다는 이야기는 충분히 믿을 만하다. 성서에는 헤브라이인이 이집트에서 받은 억압과 고통이 잘 드러나 있다.

모세는 이집트식 이름이다. 실제로 이집트에서 탈출을 주도하고 광야에서 헤브라이인의 단합을 유지했던 인물이 존재했을 가능성은 크다. 전해 오는 기록에 따르면, 그는 시나이 산에서 야훼로부터 그들이 지켜야 할 열 가지 법이 쓰인 십계명을 받았다. 이는 이전에 야훼와 그 백성이 맺은 약속을 다시 새롭게 한 것이었다. 이 일로 이집트에서 탈출한 후 오랫동안 나일 강의 삼각주 지역에서 방황하던 헤브라이인들이 그들의 종교적 전통을 다시 회복했다고 볼 수 있다.

불행히도 이 위대한 종교 개혁가이자 민족적 지도자의 정확한 역할이 무엇이었는지는 여전히 불분명하다. 십계명 자체의 기원도 그가 살았던 시대로부터 한참 지난 후에나 추측이 가능하다.

가나안에 도착한 헤브라이인

성서의 기록을 그대로 받아들일 수는 없더라도, 성서는 유대인의 역사 대부분을 설명해 주는 증거로서 존중되어야 한다. 성서에는 다른 자료에서 확인할 수 있거나 추측해 볼 수 있는 많은 사실들이 기록되어 있기 때문이다. 성서 이외에 역사가들이 얻을 수 있는 고고학적 증거는 헤브라이인이 가나안에 도착한 뒤에나 나타난다.

성서의 여호수아서라는 부분에 나오는 가나안 정복에 대한 이야기는 기원전 1200년대에 가나안의 도시들이 파괴당한 증거와 일치한다. 헤브라이인이 지역의 숭배 관습이나 다신론과 싸워야 했다는 성서의 기록도 가나안의 문화와 종교에 대한 역사적인 사실과 일치한다.

가나안 지역을 팔레스타인이라고도 불렀는데, 이 지역에서는 당시 헤브라이인과 원래 이 지역에 살던 민족 간에 싸움이 벌어졌다. 이는 물론 당시 이집트의 영향력이 쇠퇴해 있었다는 사실을 반영한다. 이집트가 여전히 영향력을 발휘하고 있었다면, 팔레스타인처럼 중요한 지역이 소수의 셈족들이 전쟁터가 되지는 않았을 것이다.

아마도 헤브라이인은 야훼를 섬긴다는 공통점을 가지고 다른 유목 민족들과 동맹을 맺는 기초를 마련한 것 같다. 그러나 가나안에 정착한 후에도 이 지역의 여러 부족들과 계속 싸움이 벌어졌다.

하지만 그들은 한결같이 야훼를 숭배했고, 이러한 믿음이 그들을 하나로 만드는 유일한

솔로몬이 지은 성전을 옛 모습대로 재현한 그림. 성서의 상세한 설명에 따르면, 솔로몬의 성전은 길이가 길었고 건물 끝에 언약의 궤*가 놓여 있는 '지성소'라는 장소가 있었다고 한다. 현재 솔로몬의 성전은 흔적조차 남아 있지 않지만, 성서의 설명은 시리아에서 발견되는 같은 시대의 수많은 신전들의 구조와 일치한다.

*언약의 궤
십계명을 새겨 넣은 두 장의 석판이 들어 있던 상자. 십계명을 신과 인간의 약속, 즉 언약의 표시로 새겨진 것이라고 보고 여기서 이름을 따 '언약의 궤'라고 부른다. 이 상자는 아카시아 나무로 만들어 금으로 장식했다.

시나이 반도 남단에 위치한 게벨 무사는 모세가 야훼로부터 십계명을 받은 산으로 여겨지는 곳이다. 하지만 헤브라이인들이 이집트에서 탈출하고 나서 정말로 이 산까지 갔었는지를 확인시켜 주는 증거는 찾을 수 없다.

힘이 되기도 했다. 이스라엘의 정치 구도는 이러한 부족 간의 분리와 단결을 바탕으로 형성되어 갔다.

헤브라이인은 파괴를 하는 동시에 그들에게 필요한 것을 얻어 냈다. 그들은 분명 문화적으로 여러 면에서 가나안 사람들보다 뒤떨어져 있었다. 예를 들면, 헤브라이인은 가나안의 문자와 건축 기술 등을 빌렸다. 하지만 그럼에도 그들이 모든 면에서 가나안인에 버금가는 도시생활 수준에 도달했다고 할 수는 없었다.

사실 이 지역의 중심지인 예루살렘은 오랫동안 불결하고 혼잡하며 비좁은 장소에 불과했다. 오래전 미노아 문명이 도달했던 도시생활 수준의 근처에도 가지 못했던 것이다. 하지만 이제 이곳에는 미래에 꽃필 인류 역사의 씨앗이 뿌려지고 있었다.

| 헤브라이인의 왕권 |

헤브라이인은 원래 군사 작전에 의해서 팔레스타인에 이주, 정착했다. 그리고 군사적인 필요에 따라 국가 건설이라는 다음 단계가 진행되었다. 기원전 1000년경 헤브라이 왕국의 등장을 재촉한 것은 필리스티아인이었다. 그들은 확실히 가나안인보다 훨씬 더 두려운 적이었다.

그 무렵 왕과 함께 선지자들이 등장했다. 선지자들은 왕만큼 영향력 있는 존재였다. 예컨대 최초의 왕 사울과 다윗을 왕으로 임명한 사람은 선지자 사무엘이었다.

성서에 따르면, 사울이 통치하고 있을 때 이스라엘에는 철제 무기가 없었다. 필리스티아인이 그들에게 위협이 될 수 있는 철제 무기가 이스라엘에 넘어가지 않도록 조심했기 때문이다. 그럼에도 유대인은 결국 그들의 적으로부터 철을 다루는 방법을 배웠다. '칼'과 '투구'를 의미하는 헤브라이어는 모두 필리스티아어에서 비롯되었다. 땅을 갈 때 쓰는 철제 농기구는 아예 없었다. 만약 그런 게 있었더라도 그들은 그것을 사용할 줄 몰랐을 것이다.

인간적인 영웅, 다윗 왕

사울은 여러 차례 승리를 거두었지만, 결국 스스로 목숨을 끊었다. 그의 과업은 다윗에 의해 마무리되었다. 장점과 약점을 동시에 지니고 있던 다윗은 구약성서에 나오는 인물 가운데 가장 생생하게 묘사된 사람이다.

그가 실존 인물이었다는 고고학적 증거는 없다. 하지만 다윗은 세계 문학에서 다루는 가장 위대한 인물 가운데 한 명이며 2천 년간 군주의 모범이 되었다. 문학적 기록은 혼란스럽지만, 한편으로 대단히 설득력이 있다. 이에 따르면, 그는 훌륭한 품성을 갖고 있었지만 약점이 있는 너무나 인간적인 영웅이었다.

그는 필리스티아인을 무찌르고 사울이 죽으면서 분열되었던 이스라엘 왕국을 다시 하나로 만들었다. 예루살렘은 이스라엘의 수도가 되었다. 그 뒤 다윗은 이웃 민족들을 자신의 영향력 아래에 두었다. 그중에는 다윗을 도와 필리스티아인에 대항했던 페니키아인도 있었다. 티레가 중요한 독립국가로서의 시위를 잃어버린 것도 이때였다.

번영을 이룬 솔로몬 왕

다윗이 죽고 나서 그의 아들 솔로몬이 왕위를 물려받았다. 그는 세계적으로 중요한 지위에 오른 이스라엘 최초의 왕이었다. 그는 전차부대를 만들었고, 페니키아와 연합하여 오늘날의 요르단 지역에 살던 에돔인을 공격하기 위해 원정군을 파견했으며, 해군을 만들었다.

이스라엘의 열두 지파

두 개의 헤브라이 왕국과 열두 지파의 영토

기원전 928년경 솔로몬이 죽자, 헤브라이인 지파 가운데 가장 남쪽의 두 지파, 즉 유다 지파와 베냐민 지파만이 그의 아들 르호보암을 왕으로 받아들였다. 위의 지도에서 볼 수 있듯이, 그 뒤 헤브라이인의 국가는 두 개의 왕국으로 분열되었다. 남쪽의 유다 왕국은 예루살렘을 수도로 삼았고, 북쪽의 이스라엘 왕국은 처음에는 세겜을 수도로 삼았다.

이스라엘 왕국은 기원전 722년경 아시리아에 의해 마지막 수도 사마리아가 점령당하면서 멸망한다. 유다 왕국은 기원전 587년까지 지속되었다. 하지만 그 해 바빌로니아의 왕 네부카드네자르 2세에 의해 예루살렘이 정복되면서 역시 역사의 무대에서 사라진다. 네부카드네자르 2세는 그 뒤 이곳의 주민들을 강제로 추방했다.

현재까지 전해지는 헤브라이 왕의 모습은 기원전 842년부터 기원전 814년까지의 예후 왕이 유일하다. '살마네세르 3세의 검은 오벨리스크'라고 알려진 이 기념물에서 예후는 아시리아의 왕 살마네세르 3세 앞에 꿇어 엎드린 모습으로 등장한다.

그리하여 정복과 번영의 시기가 찾아왔다.

그 당시의 상황에 대해 성서에서는 "솔로몬은 유프라테스 강에서부터 필리스티아인의 영토와 이집트의 국경에 이르기까지 모든 왕국을 다스렸다. 그래서 솔로몬의 일생 동안 유다와 이스라엘의 모든 사람들은 저마다 자기의 포도나무와 무화과나무 아래에서 평화를 누리며 살았다."라고 기록하고 있다.

약소국은 강대국이 약해져 있을 때 그 기회를 최대한 활용하곤 한다. 당시도 그런 상황이었다고 할 수 있다. 솔로몬 왕 시대에 이스라엘이 번영을 누린 것은 예전의 왕국들이 몰락했다는 증거다. 이는 시리아와 레반트의 다른 여러 민족들 역시 당시 번영을 누리고 있었다는 사실과도 맞아떨어진다. 구약성서에서 묘사한 바에 의하면 이들 소민족들은 당시 정치적으로 혼란스러운 세계를 이루고 있었다. 이들 대부분은 가나안 주변에 살던 아모리인의 후손이었다.

솔로몬은 힘과 추진력을 가진 위대한 왕이었다. 이때는 경제적·기술적 진보 또한 두드러졌다. 그는 누구보다 뛰어난 사업가 자질을 갖고 있었다. 솔로몬이 성전을 지을 때 대량으로 금을 가져 왔다고 하는 전설적인 '솔로몬 왕의 금광'은 그가 최초로 구리 제련소를 건설했음을 말해 준다. 이 구리 제련소는 그 자취가 오늘날까지 전해지고 있다.

솔로몬의 성전 건립은 분명 수많은 공공사업 가운데 하나였을 것이다. 하지만 이 성전 건립이야말로 가장 중요한 사업이었음이 틀림없다. 다윗은 이스라엘을 수도로 삼고 중앙 집권주의를 강하게 세웠다. 성전 건립을 계획한 것도 다윗이었다. 그의 계획은 솔로본에 의해 비로소 완성되었는데, 이로써 야훼 숭배는 그 어느 때보다 눈부시게 발전했고, 동시에 성전이라는 신앙의 중심점이 생기게 되었다.

왕을 호령한 선지자들

헤브라이인이 정착한 가나안 땅에는 풍요를 비는 제사와 여러 신을 섬기는 다신론이 이미 뿌리를 내리고 있었다. 헤브라이의 종교는 이런 농경민족의 종교적 전통을 헤칠 수 있는 위험을 성공적으로 극복했다. 하지만 야훼와의 약속을 깨뜨릴 수 있는 위험은 언제나 있었다.

이스라엘 왕국이 번성하면서 그들에게는 또 다른 위험 요소가 생겼다. 왕국이라면 으레 궁전, 다른 나라와의 교류, 외국인 아내 등이 있어야 했다. 특히 솔로몬시대에는 다른 나라와의 교류를 위해 외국인 아내를 맞는 일이 많았다. 그 외국인 아내들은 자신들 고유의 신을 믿었다.

따라서 선지자의 첫 번째 역할은 다른 신을 숭배해 헤브라이인의 법에 어긋나는 사람을 꾸짖는 것이었다. 그리고 그 두 번째 역할은 사람들이 사치하지 않도록 하는 것이었다.

선지자들은 그들의 신을 최고의 자리에 올려놓았다. 이들은 단순히 미래를 아는 예언자들이 아니었다. 물론 최초로 등장한 두 명의 위대한 선지자, 즉 사무엘과 엘리야에게는 이 말이 충분히 해당될 것이다. 그들은 설교자이자 시인, 정치적·도덕적 비평가였다. 이스라엘의 신이 그들에게 전해 주는 신념을 사람들에게 심어 줄 수 있어야 진정한 선지자가 될 수 있었다. 물론 이런 일을 할 수 있는 사람은 많지 않았다.

이스라엘은 결국 왕의 위대한 업적이 아니라 선지자가 선포한 도덕적 기준에 의해 평가 받았다. 그들은 종교와 도덕을 하나로 연관시켰는데, 이것은 유대교뿐만 아니라 이후의 그리스도교와 이슬람교에서도 두드러지는 특징이다.

선지자들은 야훼 숭배를 세상의 모든 신에 대한 숭배로 발전시켰다. 그들은 공정하고 자비로우며 죄를 처벌하는 데는 엄격하지만

포위된 도시의 모습. 아시리아의 부조 작품에는 이런 장면이 자주 등장한다. 이스라엘 왕국의 수도 사마리아는 아시리아군의 기나긴 포위 공격 끝에 기원전 722년 함락되었다.

아시리아 미술에서 자주 등장하는 장면. 사람들이 살던 땅에서 쫓겨나 유배를 가고 있다. 기원전 587년 네부카드네자르 2세에게 예루살렘이 정복당한 뒤, 유다 왕국의 주민들도 이와 똑같은 운명을 맞았다.

죄를 지은 자가 그 죄를 뉘우치면 기꺼이 용서했다. 이 신은 서아시아의 종교 문화에서 최고조를 이루었고, 이후 종교는 지방과 민족의 한계에서 벗어날 수 있었다.

선지자들은 또한 사회의 부정을 강하게 공격했다. 아모스, 이사야, 예레미야는 특권을 가진 성직자 계급의 신분을 뛰어넘어 대중들 앞에서 직접 종교 관리들을 비난했다. 그들은 모든 사람이 하느님 앞에서 평등하고, 왕은 단순히 자기가 하고 싶어 하는 일만 해서는 안 된다고 말했다. 또한 도덕규범은 누구나 지켜야 하는 것이며 권위와 상관없이 존재한다고 주장했다.

이에 따라 하느님이 내려 준 법, 즉 율법을 지켜야 한다는 주장은 결국 기존의 정치권력을 비판하는 토대가 되었다. 율법은 인간이 만든 것이 아니기 때문에, 인간의 권력에서 나온 것이 아니었다. 따라서 선지자들은 언제나 이 법을 바탕으로 왕이나 성직자의 권위에 맞설 수 있었다.

나라를 잃은 사람들

사무엘 이후 대부분의 선지자들은 불안정하고 어수선한 상황을 걱정했다. 그들은 그것이 타락과 부패를 나타내는 증거라고 생각했다.

주위의 강대국이 쇠퇴기를 겪는 동안, 이스라엘은 번영을 누렸다. 이때는 여러 왕국들이 금세 나타났다가 금세 사라지곤 했다. 솔로몬이 죽은 후, 헤브라이인의 역사는 번영과 쇠퇴를 거듭했지만, 크게 보면 점차 쇠퇴의 길로 접어들고 있었다.

이스라엘에서는 이미 반란이 일어났다. 왕국은 곧 둘로 갈라졌다. 북쪽에서는 열 개의 지파가 이스라엘 왕국을 세우고 왕국의 수도 사마리아를 중심으로 단결했다. 남쪽에서는 베냐민 파와 유다 파가 예루살렘을 수도로 유다 왕국을 세웠다.

그러나 기원전 722년 아시리아가 쳐들어와 이스라엘을 멸망시켰다. 10개의 지파는 집단으로 추방당해 역사에서 사라졌다. 유다 왕국은 좀 더 오랜 기간 지속되었다. 유다 왕

아시리아의 왕 티글라트필레세르 3세(기원전 744~727)가 왕좌에 앉아 있고 그 뒤에 고관과 하인들이 서 있다. 이 장면은 고대 도시 틸바르시브의 아시리아 왕궁에서 발견된 거대한 벽화의 일부이다.

국은 작고 튼튼했지만, 거대 국가가 되지는 못했다.

기원전 587년 드디어 예루살렘의 벽이 무너지고 솔로몬이 지은 성전이 바빌로니아군에게 침략당했다. 유다 왕국의 주민들 역시 추방을 당했다. 그중 많은 수가 바빌론으로 끌려가는 '바빌론 유수'*를 경험했다. 바빌론 유수 기간은 매우 중요한 민족 형성기였다. 이제야 그들을 진정한 '유대인'으로 부를 수 있게 되었다. 이때부터 비로소 그들은 오늘날에도 여전히 지속되고, 또 쉽게 확인할 수 있는 그들만의 전통을 이어 갔다.

당시는 거대한 제국이 다시 한 번 메소포타미아를 장악한 뒤 마지막 문명의 꽃을 활짝 피우고 있던 때였다. 따라서 유대인이 다시 나라를 세우기는 쉽지 않은 상황이었다. 그러나 유대인들은 그들의 종교를 잃지 않았다. 이는 그들의 민족적인 의식이 여전히 살아 있음을 뜻했다.

메소포타미아를 휩쓴 혼란

함무라비시대 이후 메소포타미아 지역 사람들은 다른 곳에서 이주해 온 민족들에게 시달림을 많이 당했다. 한쪽에서는 히타이트와 미탄니가 오랫동안 적이 되었다. 게다가 또 다른 적들이 밀고 들어와 아수르와 바빌론을 점령하기도 했다.

이후 히타이트마저 점점 쇠퇴하자, 고대 메소포타미아에는 기원전 9세기까지 거대 국가의 군사력이 남아 있지 않게 되었다. 그러나 간단하게만 보이는 이러한 역사 뒤에는 많은 것들이 숨겨져 있었다.

기원전 11세기 초 아시리아 왕이 시리아와 바빌론을 짧게나마 정복한 적이 있다. 그러나 아시리아 왕은 학자들이 아람인이라고 부르는 진취적인 셈족에게 곧 밀려나고 말았다. 아람인 역시 셈족의 전통을 따라 사막에서 비옥한 지대로 이동해 왔다. 그들은 바빌론 지역을 다스리던 카시트족처럼, 아시리아와 원만하지 못한 관계에 있었다. 이는 무려 200여 년간 지속되었다.

당시 셈족 가운데는 칼데아인이라는 민족이 있었는데, 칼데아라는 이름은 바빌로니아와 같은 뜻으로 쓰이기도 한다. 이처럼 지명에 혼란이 있는 것은 그 지역을 지배한 민족이 바뀌면서 생긴 결과다.

*바빌론 유수
바빌로니아가 유다 왕국을 정복한 뒤 유다 왕국의 주민들을 바빌로니아에 강제로 머물게 한 사건. 세 차례의 공격으로 유다의 도시들은 폐허가 되었고 주민들은 포로가 되었다. 그러나 그들은 이러한 환경 속에서 그들의 종교를 이어 갔고 법전 등 다양한 문헌을 만들어 고유의 민족성을 다져 갔다.

아시리아 제국

기원전 9세기, 혼란스러운 사건들 속에서도 메소포타미아는 나름의 자리를 잡아 가기 시작했다. 구약성서에 따르면, 그 뒤 아시리아의 군대가 다시 한 번 시리아와 유대인의 왕국으로 진격해 왔다. 몇 차례 거센 저항에 부딪혔지만, 아시리아군은 몇 번이고 다시 쳐들어가 그 지역을 정복했다.

이제 서아시아 역사에서 새롭고 중요한 과정이 시작되었다. 새로운 아시리아 제국이 만들어지고 있었던 것이다. 기원전 8세기, 아시리아는 전성기로 향해 가고 있었다. 아수르를 대신하여 아시리아의 수도가 된 티그리스 강 상류 지역의 니네베는 이제 메소포타미아 역사의 중심이 되었다.

아시리아 제국은 다른 거대 제국과는 다른 방식으로 나라를 합쳐 갔다. 아시리아는 다른 나라의 왕을 자신의 부하로 삼고 속국을 만들지 않았다. 그 대신 원래의 통치자를 내쫓고 그 자리에 아시리아의 총독을 파견했다. 때로는 국민들을 몰아내기까지 했다. 그 중 한 가지 방법이 집단 유배였다. 아시리아가 멸망시킨 이스라엘의 열 개 지파는 잘 알려진 집단 유배의 희생자다.

아시리아는 압도적인 승리를 거듭하며 영토를 넓혀 갔다. 가장 큰 승리는 기원전 729년에 일어났다. 이 해에 바빌론이 함락되었다. 곧이어 아시리아군은 이스라엘을 멸망시키고 이집트를 침략했다. 그리하여 이집트의 영토는 상이집트가 있던 나일 강 상류 지역으로 한정되었고, 나일 강 하류의 삼각주는 아시리아에 병합되었다.

그 무렵 지중해 동부의 키프로스가 이미 굴복했고, 근처의 실리시아와 시리아도 정복당했다. 마침내 기원전 646년 아시리아는 마지막으로 티그리스 강 동쪽 엘람 땅의 일부를 정복했다. 엘람 왕은 아시리아의 전차를 끌고 니네베 거리를 통과하는 수모를 당했다.

아시리아의 이 같은 여러 차례의 정복은 서아시아 전역에서 커다란 영향을 미쳤다. 표준화된 통치체제와 법률이 그 지역 전체로 확산된 것이다. 또한 병역 의무 때문에 군인이 된 징집병과 추방당한 사람들이 그 안에서 이리저리 이동하면서 한 지역의 특수한 성격만을 강조하는 지역주의가 허물어졌다. 또한 아람어가 공용어로 널리 퍼지기도 했

아시리아 제국의 역사

아시리아 제국은 1,000년 이상 지속되었다. 연구자들은 아시리아의 발전 과정을 구제국, 중제국, 신제국의 세 단계로 구분한다. 구제국은 기원전 18세기부터 14세기까지 유지되었다. 중제국은 아시리아의 영토 확장에 새로운 시대를 열었지만, 흑해 남동부와 카스피 해 남서부의 산악지역에 있던 우라르투가 강성해지면서 기원전 9세기에 끝나고 만다.

아시리아 문명의 절정기는 아슈르나시르팔 1세(기원전 883~859)가 다스린 신제국시대에 찾아온다. 기원전 9세기부터 7세기까지 아시리아인은 비옥한 초승달 지대에 살던 사람들을 공포에 떨게 만들었다. 당시 아시리아의 군사 작전은 왕궁의 벽에 기록되었다.

기원전 612년 아시리아 제국은 바빌로니아인과 메디아인의 연합군에게 패배했다.

니네베 왕궁에서 발견된 7세기의 부조 작품.
아시리아의 왕 아슈르바니팔이 사자 사냥에 나선 모습이 묘사되어 있다.

다. 그리하여 아시리아 이후 새로운 세계주의가 등장할 수 있는 토대가 마련되었다.

아시리아가 남긴 기념물

당시 아시리아인의 거대한 영향력은 인상적인 기념물들을 통해 후세에 전해지고 있다. 기원전 721~705년, 사르곤 2세는 니네베 근처의 호르사바드에 거대한 왕궁을 세웠다. 호르사바드 왕궁은 그 넓이가 약 1.3km²고, 길이가 1.6km가 넘는 부조 작품으로 장식되어 있었다.

정복 사업으로 얻은 이익은 궁정의 재정을 풍요롭고 화려하게 유지할 수 있도록 했다. 아시리아의 마지막 왕 아슈르바니팔(기원전 668~626) 역시 기념물을 남겨 놓았다. 그중에는 이집트의 테베에서 니네베로 가져온 오벨리스크도 있다.

아슈르바니팔은 학문과 고대 유물을 좋아하는 사람이었다. 그가 남긴 가장 훌륭한 유물은 니네베의 도서관에 수집해 놓은 진흙판들이었다. 그는 자신이 발견한 고대 메소포타미아의 기록과 문학 작품을 모두 모아 놓았다. 메소포타미아 문학에 대한 사실들은 대부분 아슈르바니팔의 진흙판을 통해 알게 된 것이다. 그중에는 수메르어를 번역한 길가메시 서사시의 완본도 있었다.

아시리아 문명을 움직인 사상은 다른 자료뿐만 아니라 문학에서도 쉽게 찾아볼 수 있다. 아시리아 왕은 종종 사냥꾼으로 등장한다. 이는 왕을 전사로 표현한 것이며, 또한 예전에 수메르 문명에서 그랬듯이 왕을 전설적인 자연의 정복자로 보는 것이기도 하다.

아시리아 왕의 업적을 기념하는 부조 작품들을 통해서도 당시의 상황을 알 수 있다. 약탈, 노예화, 형벌, 고문, 집단 유배 같은 것이 그 예다. 아시리아 제국은 정복과 위협이라는 폭력적인 방식으로 지탱되었다. 이는 그때까지 볼 수 없었던 강력한 군대가 있었기에 가능한 것이었다.

아시리아의 모든 성인 남자는 의무적으로

아시리아 제국의 범위

티글라트필레세르 3세(기원전 744~727)와 사르곤 2세(기원전 721~705)의 통치 때 아시리아 제국의 영토는 급격하게 확대되었다. 아시리아인은 티그리스 강 유역의 정착지에서 사방으로 뻗어 나가 마침내 비옥한 초승달 지대 전역을 지배하게 되었다. 아슈르바니팔이 통치하던 시기에는 그 영토가 이집트까지 확대되었다.

아시리아 제국의 영토 확대를 보여 주는 지도(기원전 744~705)

병사가 되어 철제 무기를 들고 전쟁에 나갔다. 그들은 성을 공격할 무기를 갖추고 있어서 철벽같던 성벽도 무너뜨릴 수 있었다. 철로 무장한 기병대까지 있는 아시리아군은 모든 무기를 갖춘 군대였다.

어쩌면 여기에는 특별한 종교적 열정도 있었을 것이다. 아수르 신은 아시리아군이 전쟁터에 나갈 때마다 등장한다. 왕들도 아수르 신에게 가서 신앙심이 없는 자들로부터 얻은 승리를 알리곤 했다.

아시리아 제국의 멸망

아시리아는 큰 번영을 누렸지만, 곧 쇠퇴했다. 아마도 방대한 영토가 아시리아인에게 큰 부담이었을 것이다. 아슈르바니팔이 사망한 다음 해에 제국은 허물어지기 시작했다. 그 첫 번째 징조는 바빌론에서 일어난 반란에서 찾아볼 수 있었다. 반란을 일으킨 무리들은 칼데아인뿐 아니라 메디아 왕국에서도 지원을 받고 있었다. 메디아는 아시리아 근처에 있던 이란계의 강력한 국가였다.

역사의 무대에서 메디아가 주요 국가로 등장한 사건은 중요한 변화였다. 메디아인은 오랫동안 북쪽에서 침입해 오는 야만족들을 막아 내느라 다른 데 신경을 쓸 여력이 없었다. 북쪽의 야만족이란 스키타이인으로, 흑해 유역의 카프카스에서 이란으로 밀고 내려왔다. 동시에 흑해 연안을 통해 유럽 쪽으로도 나아갔다.

간단한 무기들로 무장한 스키타이의 기병들은 말을 탄 상태에서 적에게 활을 쏘곤 했다. 그들은 중앙아시아의 유목 민족으로 7세기에 흑해 지방에서 서아시아로 밀고 내려왔다. 이는 사실 서아시아에 새로운 중요 세력이 침입해 들어온 최초의 사례였다.

스키타이인은 서아시아로 내려오면서 다른 민족들을 차례차례 몰아냈다. 소아시아에서 번성했던 프리기아 왕국은 스키타이인에게 쫓겨난 키메르인에 의해 멸망했다. 그러는 동안 이전의 정치 구조는 스키타이인, 메

전차와 기마병, 보병으로 이루어진 아시리아군의 전투력은 막강했다. 이 부조 작품에는 용맹했던 아시리아 보병의 모습이 표현되어 있다.

180 최초의 문명

아슈르바니팔의 왕궁에서 나온 부조 작품. 왕이 왕비와 함께 포도나무 덩굴 그늘 아래서 휴식을 취하고 있다. 왕과 왕비가 음료를 마시고 있고, 하인들이 옆에서 부채질을 해 주고 있다.

디아인, 아시리아인에 의해 모두 무너졌다. 이 모든 일이 이뤄지는 데는 100년이 넘게 걸렸지만, 마침내 역사의 무대는 완전히 새로워졌다.

비옥한 초승달 지대의 주변이 불안한 상태였던 덕분에 아시리아는 강력한 국가를 유지할 수 있었다. 하지만 스키타이인과 메디아인이 힘을 합쳤을 때는 상황이 전과 같지 않았다. 그리하여 아시리아는 한계에 다다랐고, 바빌로니아인은 독립을 되찾았다. 기원전 612년 메디아가 니네베를 함락하면서 아시리아는 역사에서 사라졌다.

니네베의 약탈이 메소포타미아의 전통을 단절시키지는 못했다. 아시리아의 몰락으로 비옥한 초승달 지대는 새로운 주인을 맞았다. 북쪽은 메디아인이 장악했는데, 그들은 지중해 동부의 아나톨리아로 밀고 들어가 리디아 왕국의 국경 지역까지 이르렀고, 한편으로 스키타이인을 러시아로 다시 쫓아내 버렸다.

이집트의 파라오는 비옥한 초승달 지대의 남부와 레반트 지역을 손아귀에 넣었으나, 곧 바빌로니아의 왕 네부카드네자르 2세에게 패배하고 말았다. 네부카드네자르 2세의 치하에서 메소포타미아 문명은 한여름 밤의 꿈 같은 잠시 동안의 찬란한 영화를 맞았다. 메소포타미아가 가장 큰 번영을 누리며 우리의 상상력을 사로잡는 시대는 이 마지막 바빌로니아 제국, 즉 신바빌로니아 제국시대다.

신바빌로니아 제국은 수에즈에서부터 홍해, 시리아를 지나 메소포타미아와 예전 엘람 왕국의 국경까지 펼쳐져 있었다. 엘람 왕국은 당시에 아케메네스라는 이란계의 작은 왕조가 다스리고 있었다.

어쨌든 네부카드네자르 2세는 위대한 정복자로 기억되어야 할 것이다. 그는 유대인이 반란을 일으키자 기원전 587년 예루살렘을 파괴했고, 유다 왕국의 주민들을 포로로 삼았다. 그들을 바빌론의 건축물을 짓는 데 쓰기 위해서였다. 그의 '공중 정원'*은 세계 7대 불가사의 중 하나로 손꼽힌다. 그는 당시 가장 위대한 왕이었으며 그 전에도 그를 능가하는 왕은 없었다.

마르두크 숭배

신바빌로니아 제국은 그들의 신 마르두크에게 번영의 모든 영광을 돌렸다. 마르두크에 대한 숭배는 이제 최고조에 달했다. 해마다 열리는 성대한 신년 축제에서는 지방 신전에 있는 메소포타미아의 우상과 조각상들이 강이나 운하를 타고 내려왔다. 신전에 있는 마

*공중 정원

네부카드네자르 2세가 왕비를 위해 지은 옥상 정원. 실제로 공중에 떠 있는 것이 아니라 건축물의 구조와 위치가 높은 곳에 있을 뿐이다. 메디아 출신의 왕비가 고향을 그리워해 그를 위로하기 위해 지었다고 한다.

오늘날의 호르사바드 지역인 두르 샤루킨에 있는 사르곤 2세(기원전 721~705) 왕궁의 부조 작품. 왕궁을 짓는 데 사용될 목재를 배로 운반하는 모습이다.

메소포타미아 전통의 종말

마르두크 숭배는 메소포타미아의 전통이 마지막으로 번성한 것이었다. 이들은 곧 쇠퇴의 길로 접어들었다. 네부카드네자르 2세의 후계자들이 다스린 신바빌로니아 제국은 계속해서 영토를 잃어 갔다. 그 뒤 기원전 539년 동쪽으로부터 새로운 정복자들이 침략해 왔다. 아케메네스 왕조가 이끄는 페르시아인이었다.

찬란하게 빛났던 신바빌로니아 제국은 순식간에 잿더미가 되었다. 구약성서 중 다니엘서에는 벨사자르라는 왕이 연 큰 잔치를 묘사한 뒤 곧바로 이렇게 기록했다.

르두크에게 조언을 구하고 또 누구와도 비교할 수 없는 그의 우월함을 다시 한 번 인정하기 위해서였다.

그들은 길이가 1.2km에 이르는 행렬로 지나오거나 유프라테스 강을 통해 신전 근처에 도착하여 마르두크 신의 조각상 앞까지 나아갔다. 이는 고대의 다른 어느 곳에서도 찾아볼 수 없는 화려한 행렬이었다. 200년 뒤 그리스의 역사가 헤로도토스가 말한 바에 따르면, 마르두크의 조각상은 2.25t의 금으로 만들었다고 한다.

헤로도토스의 말은 분명 과장일 테지만, 조각상이 거대하고 웅장한 모습이었음은 틀림없을 것이다. 마르두크 신전은 세계의 중심이었다. 이곳에서 신들은 전 세계의 운명에 대해 토론을 벌였고, 또 한 해가 어떻게 진행되어야 할지에 대해 결정했다. 이런 식으로 신들의 세계는 정치적인 현실을 반영했다.

의식적인 집회를 거듭 반복하는 것은 마르두크의 영원한 권위를 인정하는 행위였다. 그리고 바빌론의 절대적 군주제를 인정하는 행위이기도 했다. 세계 질서를 보장하는 책임은 이 바빌론의 절대 군주에게 있었다.

바로 그날 밤에 바빌로니아의 벨사자르 왕은 살해되었고, 메디아 사람 다리우스가 그 나라를 차지하였다. 다리우스의 나이는 예순두 살이었다.

▶ 바빌론 왕궁의 공식 알현실에 있는 유약을 바른 벽화. 기원전 7~6세기의 것으로 원래의 모습처럼 복원했다. 베를린 박물관에 있다.

기원전 2천 년대 초 남부 메소포타미아에서 가장 중요한 도시였던 바빌론은 아시리아 제국이 멸망한 뒤 또다시 찬란한 번영기를 누렸다. 이 벽화는 벽돌에 유약을 발라 만든 것으로, 바빌론의 왕궁에 있는 네부카드네자르 2세의 공식 알현실에서 발견되었다.

그러나 이런 설명은 300년 뒤에 쓰인 것으로 정확한 사실은 이와 달랐다. 다니엘서의 이야기와는 달리 벨사자르는 네부카드네자르 2세의 아들도 후계자도 아니었다. 벨사자르는 네부카드네자르 2세의 외손자였으며, 후계자는 네부카드네자르 2세의 아들 아멜마르두크였다. 바빌론을 차지한 왕 역시 다리우스가 아니라 키루스 2세였다.

그럼에도 불구하고 유대인의 전통은 극적이고 심리적인 진실을 강조하고 있는 게 사실이다. 고대 이야기에 전환점이 있다면, 이때가 바로 그 순간이었다. 수메르까지 거슬러 올라가는 독립적인 메소포타미아의 전통은 여기서 끝이 난다. 이제 우리는 새로운 세계의 문 앞에 와 있는 것이다.

유대의 한 시인은 키루스 2세가 유대인의 구원자로 등장하는 이사야서에서 기쁜 목소리로 다음과 같이 말했다.

딸 바빌로니아야, 잠잠히 앉아 있다가 어둠 속으로 사라져라. 사람들이 이제부터는 너를 민족들의 여왕이라고 부르지 않을 것이다.

연대표 (기원전 450만~550년)

기원전 170만 년
호모 하빌리스 출현

기원전 400만 년 | 기원전 300만 년 | 기원전 200만 년

오스트랄로피테쿠스 출현

에티오피아의 조사팀이 암컷 호미니드의 유골을 발견했다. 유골은 거의 완벽했다. '루시'라는 별명이 붙은 이 암컷은 320만 년 전에 살았던 것으로 추정된다. 골반뼈는 루시라는 이 암컷 동물이 직립 보행을 했으며, 키가 120cm였음을 알려준다. 루시는 오스트랄로피테쿠스 아파렌시스라는 종으로 분류되었다.

오스트랄로피테쿠스(루시)의 뼈

기원전 20만 년 | 기원전 15만 년 | 기원전 10만 년

기원전 23만~3만 년
호모 사피엔스의 초기 종
네안데르탈인 생존

현생 호모 사피엔스 출현

기원전 6500년
아나톨리아에서 최초의 직물이 생산됨
농업이 유럽의 발칸 반도에 도입됨

이라크 북부 지역에서 양을 기름

이란에서 농업 시작

기원전 9000년 | 기원전 8000년 | 기원전 7000년

나르메르 왕의 화장판

나르메르 왕의 화장판에서 볼 수 있는 그림. 고대 이집트의 왕이 적을 내려치려 하고 있다. 오른쪽에 매의 신 호루스가 있다. 호루스는 왕권의 상징이다. 이 장면은 이집트의 통일 전에 일어난 전투를 보여 주고 있다.

기원전 2625~2130년
이집트 구왕국
(제4~제8왕조)

기원전 3000년 | 기원전 2700년 | 기원전 2600년

기원전 3300년
수메르 문명의 시작
설형문자 발명

이 인장 그림은 길가메시가 황소를 제압하고 있는 모습이다. 길가메시는 수메르의 우루크를 통치했던 전설적인 왕이다.

기원전 1980~1630년
이집트 중왕국
(제11~14왕조)

기원전 2200년 | 기원전 2100년 | 기원전 2000년

구데아 왕이 수메르의 라가시를 통치

기원전 2000년 동아시아에서 청동기 사용
영국 솔즈베리 근교에 커다란 돌이 둥근 고리 모양으로 늘어선 스톤헨지의 거석들이 세워짐

크노소스 궁에서 출토된 미노아 문명의 프레스코화

크레타 섬의 미노아 문명은 기원전 2200~1450년까지 지속되었다. 크노소스 궁에서 발견된 이 화려한 프레스코화는 약 3,500년 전의 것이다. 의식처럼 행해졌던 운동 경기인 황소 뛰어넘기를 묘사하고 있다.

기원전 1600년 | 기원전 1500년 | 기원전 1400년

기원전 1600~1200년
미케네 문명

기원전 1539~1075년
이집트 신왕국(제18~20왕조)

기원전 1523~1050년
상나라. 중국 문명의 탄생

기원전 1479~1425년
투트모세 3세. 이집트 제국의 영토 확장이 절정에 이른 시기

기원전 1027~256년
중국의 주나라시대

기원전 965~928년
이스라엘 왕 솔로몬의 통치

기원전 800~450년
유럽의 할슈타트 문화 형성

기원전 1000년 | 기원전 900년 | 기원전 800년

기원전 1020~1000년
이스라엘 최초의 왕 사울의 통치

기원전 1000~961년
이스라엘 왕 다윗의 통치

기원전 928년
이스라엘 왕국과 유다 왕국의 분리

기원전 883~859년
신아시리아 제국의 창시자 아슈르나시르팔 1세의 통치

기원전 100만 년		기원전 25만 년
호모 에렉투스 출현		

기원전 150만 년
최초의 주먹도끼 제작

호모 사피엔스 출현

기원전 5만 5000년
호모 사피엔스가
오스트레일리아 대륙에 도착

기원전 4만 년
호모 사피엔스가
아메리카 대륙에 도착

기원전 1만 500~1만 년
일본에서 최초의
도기 생산

기원전 5만 년		기원전 1만 년

기원전 3만 5000~8000년
유럽의 구석기
후기 문화

프랑스의 레스퀴그에서 출토된 이 조각상은 2만 3000년 전의 것이다. 구석기시대 비너스의 전형적인 특징을 보여 준다. 구석기시대 비너스는 유럽의 곳곳에서 발견된다.

레스퀴그의 비너스

기원전 6000년	기원전 5000년	기원전 4000년

기원전 6200년경 지중해 서부 지역에 농업이 도입되었다. 이런 신생대의 간석기는 원시적인 농경 도구로 나무를 베어 낼 때 사용되었다.

기원전 5000년
나일 계곡과
중국에서 농업 시작

원시적인 농경 도구

기원전 2500년	기원전 2400년	기원전 2300년

인더스 계곡에서
하라파 문명
시작

카프레는 고대 이집트 제4왕조의 파라오로 기원전 2532년 사망했다. 기자의 피라미드 가운데 외면의 일부가 원래대로 유지되어 있는 유일한 피라미드다.

기원전 2400~2350년
사르곤 1세가 최초의
메소포타미아 제국인 아카드를 통치

기자에 있는 카프레 왕의
대피라미드

기원전 1750년
하라파 문명의
멸망

기원전 1700년
히타이트 왕국
건설

기원전 1900년	기원전 1800년	기원전 1700년

이집트의 파라오 아크나톤과 그의 아내 네페르티티가 아톤의 자비로운 빛을 받으며 앉아 있는 모습이다. 아크나톤은 태양신이었던 아톤의 숭배를 대중화하려고 노력했다.

아크나톤과 그의 가족

함무라비 법전과 함께
돌기둥에 새겨져 있던 부조

함무라비 왕은 기원전 1792~1750년에 바빌로니아를 통치했다. 그는 현존하는 가장 오래된 법체계를 만들었다. 함무라비 법전은 백성의 생활을 여러 면에서 규제하고 있었다.

기원전 1200~400년
올메크 문화 형성
중앙아메리카 문명이 시작됨

기원전 1300년	기원전 1200년	기원전 1100년

아슈르바니팔 왕

아슈르바니팔 왕의 통치기 (기원전 688~627년)에 아시리아 제국은 이집트를 정복하면서 영토를 최대로 넓혔다. 니네베 궁에 있는 이 부조는 사냥에 나선 왕의 모습을 표현한 것이다.

기원전 1250년
헤브라이인이 이집트에서
탈출하여 가나안 땅에 도착

기원전 1200~200년
페루의 차빈 문화. 안데스 문명이 시작됨

기원전 604~562년
네부카드네자르 2세의
바빌로니아 통치

기원전 559~529년
페르시아 제국을 세운
키루스 2세의 통치

기원전 525년
페르시아의 왕 캄비세스 2세가
이집트를 정복함

기원전 700년	기원전 600년	기원전 500년

기원전 612년
메디아인과 바빌로니아인이
아시리아를 정복함

기원전 539년
페르시아의 키루스 2세가
바빌로니아를 정복함

색인

ㄱ
가나안 167, 171
가나안 문자 145
가술로 계곡 53
가족의 탄생 27
간빙기 14
간석기 53
고대 그리스어 진흙판 145
고대 문명의 글쓰기 72
고대시기 92
고생대 14
공성탑 136
공중 정원 181
광비원류 19
구데아 96
구석기시대 41
구석기시대의 비너스 46, 47
구약성서 168
구어(口語) 28
군주제 109
그리스 문명 71
그림 문자 145
기단 81
기병 138
길가메시 서사시 83, 84, 87
길가메시 전설 84

ㄴ
나르메스 왕 104, 108
나일 강 105
나일 강의 삼각주 104
네부카드네자르 2세 181
네안데르탈인 13, 37
노모스 110
누비아 129
니네베 178

ㄷ
다니엘서 182
다르다넬스 해협 158
다윗 왕 173
대의제 92
도르도뉴 동굴 37
도리스인 158
동물의 진화 14
뗀석기 53

ㄹ
라스코 동굴 51
란텐인 25
람세스 2세 77, 118
람세스 3세 133
람세스 11세 133
랑바일러 2 유적 64
레반트 해안 지대 131
로제타석 121
루이스 리키 21
룩소르 신전 67

ㅁ
마들렌 문화 44, 51
마르두크 101, 181
마리 유적 99
메네스 왕 108, 111
메디아인 180
메소포타미아 문명 70, 78
멤논 131
멤논의 거대한 조각상 131
멤피스 110
모세 133, 170
무스테리안 석기 38
문명의 발상지 68
미노스 왕 147, 151
미노아 문명(크레타 문명) 70, 147
미라 118
미케네 문명 156
미탄니 131, 132, 177
밀집 대형 93

ㅂ
바빌로니아 제국 97
바빌론 99
바빌론 유수 177
방아두레박 122
백악기 14
부르크하르트 5, 10
비블로스 161
비옥한 초승달 지대 55, 74
비트루비우스의 인체비례도 120
빙하 작용 15
빙하기 14

ㅅ
4대 문명 발상지 70
사르곤 1세 92
사르곤 2세 179
사마리아 173, 176
사무엘 175
사바나 17
사울 왕 172
삼엽충 15
상이집트 107
생물의 분류단계 21
샤머니즘 46
선형 A문자 145, 154
선형 B문자 145, 151, 154
설형문자 81, 82
설화석고 79, 150
셈 문자 121
셈족 137, 161, 166
솔로몬 왕 173
솔뤼트레 문화 44
쇼베 통로 45

ㅇ
수메르 문명 80
수표(數表) 101
슈타인하임 36
스완즈컴 36
스키타이인 180
스텝 지역 163
시돈 162
신관문자 144
신바빌로니아 제국 181
신생대 14
신석기시대 52
신수메르시대 94
신정국가 79

ㅇ
아가멤논 157, 158
아람인 177
아멘호테프 3세 131
아멘호테프 4세 131
아모리인 96
아몬-레 116, 118, 129
아슈르나시르팔 1세 178
아슈르바니팔 138, 162, 179
아슐리안 문화 29
아슐리안형 석기 29
아시리아 제국 178
아카드 제국 93
아카드인 96
아카이아인 155, 157
아케메네스 181
아크로폴리스 155
아테네 155
아톤 119, 131
아크나톤 131
알타미라 동굴 49
알파벳 121, 145, 161
야금술 55, 60
야훼 170

양사오 문화 63
얕은 돋을새김 107
언약의 궤 171
에게 문명 146
에돔인 173
에리두 81
에블라 유적지 102
에우로파 152
엔릴 87, 101
엔키두 84, 85
엘람인 96
엘리야 175
영장류 18, 20, 21
예루살렘 172, 176
예리코 59, 68
오디세이아 145, 159
오벨리스크 120
오셀로 124
오스트랄로피테쿠스 13, 21
오스트랄로피테쿠스 아파렌시스 20, 22
오스트랄로피테쿠스 아프리카누스 22
오시리스 111
올두바이 골짜기 23
올두바이형 석기 29
왕가의 계곡 114, 132
우가리트 문자 145
우루크 81
우르 90, 93
원수류 16
원원류 17
유다 왕국 176
유인원의 진화 19
60진법 101
이슈타르 84
이스라엘 왕국의 선지자 175
이스라엘 열두 지파 173

이스라엘 왕국 176
이시스 118
이오니아인 158
이집트 구왕국 108, 109, 128
이집트 문명 70
이집트 상형문자 72, 120
이집트 신왕국 108, 109, 130
이집트 왕조의 연대기 109
이집트 중왕국 108, 109, 129
인더스 문명 70
인도-유럽계 민족 136, 155, 157
일리아스 145, 159
일신론 168
임호텝 113

ㅈ

장제전 120
절대군주제 101
제우스 152
조가비 도기 57, 58
족장시대 166
주먹도끼 25, 28
주혈흡충증 123
줄무늬 도기 57
중생대 14
중앙아메리카 문명 71
지구라트 80, 86, 88, 91
지중해의 3대 반도 150
진수류 16

ㅊ

청동기시대 60

ㅋ

카데슈 전투 133
카르타고 162
카시트인 137
카탈 후유크 62, 63, 69

카프레 왕의 피라미드 115
카프카스인 96
칼데아인 100, 177
캄브리아기 14
쿠시 129
쿠푸의 피라미드 113
크노소스 궁 147, 151
크레타 147
크로마뇽인 13
키프로스 162

ㅌ

탄소 연대 측정법 34
테베 110
테세우스 148
투탕카멘 132
투탕카몬 132
투트모스 3세 130
튜니 126
트란스발 29
트로이 전쟁 157, 160

ㅍ

파라오 110
파란트로푸스 로부스투스 22
파란트로푸스 보이세이 21, 22
파시파에 152
파피루스 106, 121
판게아 12
팔레스디인 165, 171
페니키아 문자(셈 문자) 145
페니키아인 161
페름기 14
프레스코 벽화 152
프로콘술 18
프리기아 왕국 180
프리기아인 165
피라미드 113, 115

필로스 155
필리스티아인 165

ㅎ

하이집트 107
하인리히 슐리만 159
하트셉수트 130
함무라비 97
함무라비 법전 97, 98
함족 106
해상 민족 165
헤로도토스 116
헤브라이인 133, 166
헬레네스 160
협비원류 19
호루스 111, 116, 118
호메로스 159
호모 사피엔스 36
호모 사피엔스 사피엔스 40
호모 에렉투스 13, 24, 25
호모 하빌리스 13, 23
호미니드 13, 19, 20, 22
화장관 104, 108
활비비 122
황허 문명 70
후수류 16
히타이트 제국 164, 165
히타이트인 96, 131, 163
힉소스인 129

도판 출처

이 책에 도판을 실을 수 있도록 허락해주신 다음의 기관과 개인에게 감사를 드립니다.

설명

AAA: Ancient Art and Architecture Collection Ltd.
AGE: A.G.E Fotostock
AISA: Archivo Iconografico SA
AKG: AKG London
AMH: Archaeological Museum, Heraklion
BAL: Bridgeman Art Library
BL: British Library, London
BM: British Museum, London
BPK: Bildarchiv Preussischer Kulturbesitz, Berlin
CSIC: Consejo Superior de investigaciones Cientificas, Madrid
EM: Egyptian Museum, Cairo
ET: e.t. Archive
MAN: Museo Arqueol@gico Nacional, Madrid
NAM: National Archaeological Museum, Athens
NHPA: Natural History Photographic Agency
NMI: National Museum of India, New Delhi
RHPL: Robert Harding Picture Library
RMN: R@union des Mus@es Nationaux, Paris
SPI: Science Photo Library
VM: Vorderasiatsches Museum, Berlin
WFA: Werner Forman Archive

3 MAN
4 National Gallery, London
10 Magnum / Erich Lessing
17 AGE / Fritz P@lking
18 위 NHPA / Steve Robinson
20 AGE / SPL / John Reader
21위 MAN
21아래 AGE / SPL / John Reader
25 위 Zardoya / Erich Lessing
28 MAN
31 위 왼쪽 MAN
31 위 오른쪽 MAN
31 아래 AGE
32 위 왼쪽 Santos Cid
32 위 오른쪽 Santos Cid
33 Javier Trueba / Diario El Pais, SA
34 SPL / James King-Holmes
35 Comstock
36 Mus@e de l'homme, Paris
38 MAN
39 위 SPL / John Reader
39 아래 R.S. Soleski
40 SPL / John Reader
44 위 왼쪽 MAN
44 가운데 MAN
45 Frank Spooner /Sygma
46 Mus@e de l'homme, Paris
48 아래 MAN
49 위 Godo-Foto
51 아래 AGE
52 Oronoz
53 위 CSIC
53 아래 CSIC
54 위 MAN
54 아래 AAA / Brian Wilson
55 가운데 MAN
56 위 왼쪽 MAN
56 위 오른쪽 MAN
58 위 MAN
58 아래 MAN
59 위 Zaedoya / Erich Lessing
59 아래 Magnum / Erich Lessing
60 MAN
61 위 MAN
61 아래 R@tisches Museum, Chur, Switzerland
62 위 Sonia Halliday Photographs
63 아래 ET / Hittite Museum, Ankara
65 AGE
67 Carmen Redondo
69 BAL / BM
70 Scala / The Iraq Museum, Baghdad
71 위 Godo-Foto
71 아래 RHPL
72 아래 왼쪽 BPK / J@rgen Liepe / VM
72 아래 오른쪽 AGE
73 WFA / BL
75 가운데 BAL / NMI
77 Michael Holford
78 RHPL
79 아래 Scala / The Iraq Museum, Baghdad
80 RHPL
81 위 BPK / J@rgen Liepe / VM
81 아래 J@rgen Liepe / Staatliche Museum, Baghdad
84 아래 RMN / Louvre, Paris
85 위 오른쪽 BPK / J@rgen Liepe / VM
85 아래 RMN / Louvre, Paris
86 Erwin B@him
87 위 AAA / G. Tortoli / BM
87 아래 AISA
89 위 Scala / The Iraq Museum, Baghdad
89 아래 왼쪽 AISA
89 아래 오른쪽 RMN / Chuzeville / Louvre, Paris
90 아래 Michael Holford / BM
91 위 RHPL / Richard Ashworth
92 위 Debate
92 아래 BAL/ BM
93 위 Scala / The Iraq Museum, Baghdad
93 아래 RMN / Louvre, Paris
94 위 AAA / Sheridan / BM
94 아래 RMN / Louvre, Paris
95 RMN / Louvre, Paris
96 위 왼쪽 RMN / Chuzeville / Louvre, Paris
96 오른쪽 BPK / J@rgen Liepe / VM
97 RMN / Louvre, Paris
98 RMN / Louvre, Paris
99 Firoexpress-Firo Foto

100 왼쪽 RMN / Louvre, Paris
100 오른쪽 RMN / Louvre, Paris
101 Hirmer Fotoarchiv
102 AAA / G.T. Garvey
104 J@rgen Liepe / EM
105 아래 Jose Angel Guti@rrez
106 위 BAL / Giraudon / EM
106 아래 Jose Angel Guti@rrez
108 J@rgen Liepe / EM
110 RHPL / John Ross / EM
111 RHPL / F.L. Kenette
112 RMN / Chuzeville / Louvre, Paris
113 AISA / EM
115 AGE
116 BAL / Stapleton Collection
117 RHPL / F.L. Kenette
118 Jose Angel Guti@rrez
119 MAN
120 Debate
121 AAA / Mary Jelliffe
122 WFA / BM
123 BAL / Giraudon
124 AKG / Erich Lessing
125 Debate
126 위 Jose Angel Guti@rrez / BM
126 아래 Jose Angel Guti@rrez
127 AISA / BM
128 BAL / BM
129 J@rgen Liepe / EM

130 위 BAL / Giraudon / EM
130 아래 Jose Angel Guti@rrez
131 Scala
132 BAL / Giraudon
133 AAA / Eric Hobhouse
134 RMN / Louvre, Paris
135 RMN / Chuzeville / Louvre, Paris
136 AAA / R. Sheridan / BM
137 BPK / J@rgen Liepe / VM
138 AAA / R. Sheridan
139 BM
140 BPK / J@rgen Liepe / VM
141 Magnum / Ericj Lessing
142 BAL / Giraudon / EM
143 WFA / E. Strouhal
144 AAA / R. Sheridan
146 RHPL / F.L. Kennett
147 AISA
148 AAA / R. Sheridan
149 Scala / AMH
150 Jose Angel Guti@rrez
152 Scala / NAM
153 Petros M. Nomikos / Idryma Theras, Athens
154 Scala / AMH
155 아래 Scala / AMH
156 Debate
157 AAA
158 위 Jose Angel Guti@rrez
158 아래 Jose Angel Guti@rrez

159 위 Jose Angel Guti@rrez
159 아래 Jose Angel Guti@rrez
160 BM
162 BAL / BM
163 ET / Archaeological Museum, Cagliari
165 MAN
165 아래 Jose Angel Guti@rrez
166 BAL / Giraudon / Louvre, Paris
167 ET
168 Stockimarket
169 BAL / Basilica San Marco, Venice
172 AGE
174 BM
175 AISA / BM
176 Jose Angel Guti@rrez / BM
177 RMN / Chuzeville / Louvre, Paris
178 Jose Angel Guti@rrez / BM
180 Jose Angel Guti@rrez / BM
181 WFA / BM
182 위 AKG / Erich Lessing / BM
182 아래 BPK / J@rgen Liepe / VM
183 AKG / Pergamon Museum, Berlin

지도

Maps copyright @ 1998 Debate Pages 22, 24, 38, 41, 43, 47, 57, 68, 165, 173, 179
Maps copyright @ 1998 Helicon/Debate Pages 74, 107

히스토리카 세계사 1
— 선사시대와 최초의 문명

1판 1쇄 인쇄 | 2007. 02. 09
1판 1쇄 발행 | 2007. 02. 20

지은이 | J.M. 로버츠(J M Roberts)
옮긴이 | 조윤정
펴낸이 | 김영곤
펴낸곳 | (주)이끌리오
책임편집 | 주명석, 박효진
기획편집 | 고동우, 정은주, 배은하
영업마케팅 | 이종률, 허정민
표지 디자인 | 씨디자인

등록번호 | 제16-1646
등록일자 | 2000. 04. 10

주소 | 경기도 파주시 교하읍 문발리 파주출판문화정보산업단지 518-3(413-756)
전화 | 031-955-2403
팩스 | 031-955-2422
이메일 | eclio@book21.co.kr
홈페이지 | http://www.eclio.co.kr

ISBN 978-89-5877-045-9 04900
ISBN 978-89-5877-055-8 (세트)

값 28,000원

이 책 내용의 일부 또는 전부를 재사용하려면 반드시 (주)이끌리오의 동의를 얻어야 합니다.
잘못 만들어진 책은 구입하신 서점에서 교환해드립니다.